大夏教育文存

沈百英卷

主　编　杜成宪
本卷主编　郭　红

华东师范大学出版社

图书在版编目(CIP)数据

大夏教育文存.沈百英卷/杜成宪主编.—上海:华东师范大学出版社,2015.10
ISBN 978-7-5675-4180-1

Ⅰ.①大… Ⅱ.①杜… Ⅲ.①小学教育－教学研究 Ⅳ.①G622.0

中国版本图书馆 CIP 数据核字(2015)第 244214 号

本书由上海文化发展基金会图书出版专项基金资助出版

大夏教育文存　沈百英卷

主　　编　杜成宪
本卷主编　郭　红
策　　划　王　焰
责任编辑　金　勇
责任校对　时东明
装帧设计　高　山

出版发行　华东师范大学出版社
社　　址　上海市中山北路 3663 号　邮编 200062
网　　址　www.ecnupress.com.cn
电　　话　021-60821666　行政传真 021-62572105
客服电话　021-62865537　门市(邮购)电话 021-62869887
地　　址　上海市中山北路 3663 号华东师范大学校内先锋路口
网　　店　http://hdsdcbs.tmall.com

印 刷 者　上海中华商务联合印刷有限公司
开　　本　787×1092　16 开
印　　张　20.25
字　　数　295 千字
版　　次　2018 年 11 月第 1 版
印　　次　2018 年 11 月第 1 次
书　　号　ISBN 978-7-5675-4180-1/G·8700
定　　价　90.00 元

出版人　王　焰

(如发现本版图书有印订质量问题,请寄回本社客服中心调换或电话 021-62865537 联系)

《大夏教育文存》编委会、顾问名单

编委会
顾问　孙培青　陈桂生
主任　袁振国
委员　叶　澜　钟启泉　陈玉琨　丁　钢
　　　任友群　汪海萍　范国睿　阎光才

沈百英先生(1897—1992)

前言

一

1951年10月华东师范大学建校时,也成立了教育系,这是华东师范大学教育学科之源。当时教育系的教师来自大夏大学、复旦大学、圣约翰大学、光华大学、沪江大学等高校教育系科,汇聚了一批享誉全国的著名学者,堪为当时中国教育理论界代表。如:国民政府在20世纪40年代曾实施部聘教授制度,先后评聘两批,各二三十人,集中了当时中国学术界各个学科的顶尖学者。两批部聘教授里均只有一位教育学教授,分别是孟宪承、常道直,后来都在华东师范大学教育系任教,孟宪承还为华东师范大学建校校长;抗日战争期间,国民政府出于"抗战建国"、保证中学师资培养的考虑,建立了六所师范学院,其中五所附设于大学,一所独立设置,独立设置的即为建于湖南蓝田的国立师范学院,院长为廖世承,后来成为华东师范大学副校长、上海师范学院(后为上海师范大学)院长;中国第一代社会学家、奠定中国社会事业研究的基础的言心哲,曾为复旦大学社会学系系主任,后转入华东师范大学教育系从事翻译工作;华东师范大学成立后教育系第一任系主任曹孚,后为支持中央政府成立中央教育科学研究所和人民教育出版社奉调入京;主持撰写新中国第一本《教育学》、后出任华东师范大学校长的刘佛年……就是他们,共同奠定了中国现、当代教育理论发展的基础,也奠定了华东师范大学教育学科60多年的发展基础。

然而,由于历史的原因,这批著名学者当年藉以成名并影响中国现、当代教育学科发展的代表性成果大多未能流传于世,他们中的很多人及其著作甚至湮没不闻,以至今天的人们对中国教育学科的由来与发展中的诸多重要环节所知不详,尤其是对华东师范大学教育学科对于中国现、当代教育理论和实践发展的重要性知之甚少,而这些成果中的相当部分实际上又可以看成是教育理论和实践中国化探索的代表作。因此,重新研究、整理、出版这些学术成果,对于华东师范大学教育学科的学术传承、对于中国的教育学术传承,都具有十分重要的意义。

二

华东师范大学建校之初,在教育系教师名册上的教授共有27位,包括教育学和心理学两个学科。当时身任复旦大学副教务长的曹孚被任命为教育系主任,但由于工作原因晚一年到职,实际上教育系就有教授28位。除个人信息未详的二位外,建系教授简况见下表。

出生年代	姓名(生卒年)	建校时年岁	学历、学位
1890—1899	赵逦传(1890—1958)	61	大学肄业
	廖世承(1892—1970)	59	博士
	张耀翔(1893—1964)	58	硕士
	高君珊(1893—1964)	58	硕士
	欧元怀(1893—1978)	58	硕士
	孟宪承(1894—1967)	57	硕士
	谢循初(1895—1984)	56	学士
	黄觉民(1897—1956)	54	硕士
	萧孝嵘(1897—1963)	54	博士
	黄敬思(1897—1982)	54	博士
	常道直(1897—1992)	54	硕士
	沈百英(1897—1992)	54	五年制中师
	言心哲(1898—1984)	53	硕士
	陈科美(1898—1998)	53	硕士
	方同源(1899—1999)	52	博士
1900—1909	赵廷为(1900—2001)	51	大学预科
	左任侠(1901—1997)	50	博士
	谭书麟(1903—?)	48	博士
	萧承慎(1905—1970)	46	硕士
	胡寄南(1905—1989)	46	博士
	赵祥麟(1906—2001)	45	硕士
	沈灌群(1908—1989)	43	硕士
	朱有瓛(1909—1994)	42	学士
1910—1919	曹孚(1911—1968)	40	博士
	刘佛年(1914—2001)	37	学士
	张文郁(1915—1990)	36	学士

(本表参考了陈桂生《华东师范大学初期教育学习纪事(1951—1965)》一文)

可见华东师范大学教育系初建、教育学科初创时的教授们，出生于19世纪90年代的15人，20世纪00年代的8人，10年代的3人；60岁以上1人，50—59岁16人，40—49岁7人，40岁以下2人，平均年龄50.73岁，应属春秋旺盛之年。他们绝大部分都有留学国外的经历，有不少美国哥伦比亚大学学生。其中博士8人，硕士11人，学士4人，大学肄业1人，高中2人。他们大体上属于两代学者，即出生在19世纪90年代、成名于20世纪二三十年代的一代（五六十岁），出生在20世纪、于二三十年代完成学业的一代（三四十岁）。对于前一代学者而言，他们大多早已享有声誉且尚未老去；对于后一代学者而言，他们也已崭露头角且年富力强。相比较而言，前一代学者的力量又更为强大。任何一个高等院校教育系，如能拥有这样一支学术队伍都会令人感到自豪！

三

令后人感到敬佩的还在于这些前辈教授们所取得的业绩。试举其代表论之，以观全豹。

1923年，将及而立之年的孟宪承撰文与人讨论教育哲学的取向与方法问题，提出：教育哲学研究是拿现成的哲学体系加于教育，而将教育的事实纳入哲学范畴？还是依据哲学的观点去分析教育过程，批评现实教育进而指出其应有价值？他认为后者才是可取的。理由是：教育哲学是一种应用哲学，应用对象是教育；教育哲学研究导源于实际教育需要，是对现实教育的反思与批评，而其结论也需要经过社会生活的检验。这样就倡导了以实际教育问题为出发点的教育哲学，为中国的教育理念和教育理论的转型，即从以学科为出发点转向以问题为出发点，转向更为关注社会、关注生活、关注儿童，从哲学层面作出了说明。之后，不刻意追求体系化知识，而以问题研究为主、从儿童发展出发思考教育问题成为一时潮流。1933年，孟宪承出版《教育概论》，就破除了从解释教育和教育概念出发的教育学理论体系，而代之以从"儿童的发展"和"社会的适应"为起点的教育学叙述体系。在中国，以儿童发展为教育学理论的起点，其首倡者很可能就是孟宪承。1934年，教育部颁布《师范学校课程标准》，其中的《教育概论》纲目与孟宪承著《教育概论》目录几乎相同。而孟著自1933年出版至1946年的13年里共印行50版，是民国时期发行量最大的教育学教科书之一。可以看出孟宪承教育学思想对中国教育学理论转型、教育学学科建设、课程建设、专业人才培养和理论研究的深刻影响。

1921年，创始于美国、流行于欧美国家的一种新教学组织形式和方法道尔顿制传入中国，因其注重个别需要、自主学习、调和教学矛盾、协调个体与群体等特点，而受到中国教育理论界和中小学界的欢迎，一时间，诸多中小学校纷纷试行道尔顿制，声势浩大。东南大学附中的道尔顿制实验是其中的典范。当时主持东南大学附中实验的正是廖世承。东南大学附中的道尔顿制实验与众不同之处就在于严格按照教育科学实验研究方法与程序要求进行，从实验的提出、实验的设计、实验的实施、实验结果分析各个环节都做得十分规范，保证了实验的信度和效度，在当时独树一帜。尤其是实验设计者是将实验设计为一个与传统的班级授课制进行比较的对比实验，以期验证两种教学组织形式的长短优劣。在实验基础上，廖世承撰写了《东大附中道尔顿制实验报告》，报告依据实验年级各科实验统计数据、实验班与比较班及学生、教师的问卷调查结果，分析了实施道尔顿制的优点与缺点，得出了十分明确的结论：道尔顿制的特色"在自由与合作"，但在中国的现实条件下很难实行；"班级教学虽然有缺点，但也有它的特色"。廖世承和东南大学附中的实验及报告，不仅澄清了人们对道尔顿制传统教学制度的认识，还倡导了以科学研究解决教育问题的风气，树立了科学运用教育研究方法的楷模，尤其是帮助人们正确认识了如何对待和学习国外先进教育经验，深刻影响了中国教育的发展。此外，廖世承参与创办南京高师心理实验室首开心理测验，所著《教育心理学》和《中学教育》，在中国都具有开创性。

1952年曹孚离开复旦大学到任华东师范大学教育系主任，是教育系第一任系主任。1951年，在其博士学位论文基础上撰成的《杜威批判引论》出版。书中，曹孚将杜威教育思想归纳为"生长论"、"进步论"、"无定论"、"智慧论"、"知识论"和"经验论"，逐一进行分析批判。这一分析框架并非人云亦云之说，而是显示出他对杜威教育思想的深刻理解和独到把握，超越了众多杜威教育思想研究者。他当时就指出杜威教育思想的主要缺陷，即片面强调活动中心与学生中心，忽视系统知识的传授和教师的主导作用。对杜威教育思想有深入研究的孟宪承曾称道："曹孚是真正懂得杜威的！"后来，刘佛年在为《曹孚教育论稿》一书所做的序中也评价说："这是我国学者对杜威思想的第一次最系统、最详尽的批判。"曹孚长于理论，每每有独到之论。50年代的中国教育理论和实践界，先是亦步亦趋地照搬苏联教育学，又对包括教育学在内的社会学科大加挞伐，少有人真正思考教育学的中国化和构建中国的教育学问题。曹孚在其一系列论文中提出了自己的主张。他认为，教育学的学科基础包括哲学、国家的教育方针政策、教育工作经验、中国教育遗产和心理学五方面；针对当时否定教育继承性的观点，他提出继承性适用于教育，因为教育既是上层建筑，也是永恒范畴；对教育历史人物评价问题，他批评以唯物主义或唯心主义为标准，从哲学、政治立场出发的评价原则，主张将哲学思想、政治立场和教育主张区别而论，主要依据教育思想来评价教育人物；他认为，即使是资产阶级教育思想也不是一无是处，不能"一棍子打死"，也有可以吸取和改造的。在当时环境下，曹孚之言可谓震聋发聩。

1979年，刘佛年主编的《教育学》(讨论稿)由人民教育出版社正式出版。这是"新时期"全国正式出版的第一本教育学教材。之前，从1962年至1964年曾四度内部印刷使用，四度修改。"文革"中还被作为"大毒草"受到严厉批判。1961年初，刘佛年正式接受中宣部编写文科教材教育学的任务。当年即撰写出讲授提纲，翌年完成讨论稿。虽然这本教育学教材在结构上留下明显的凯洛夫《教育学》痕迹，但也处处体现出作者对建设中国教育学的思考。教材编写体现了对六方面关系的思考和兼顾，即政策与理论、共同规律与特殊规律、阶级观点与历史观点、历史与理论、正面论述与批判、共性与特性。事实上这也可以作为教育研究的一般方法论原则。在教材编写之初，第二部分原拟按德育、智育、体育分章，但牵涉到与学校教学工作的关系，出现重复。经斟酌，决定按学校工作逻辑列章，即分为教学、思想教育、生产劳动、体育卫生等章，由此形成了从探索教育的一般规律到研究学校具体工作的理论逻辑，不失为独特的理论建构。1979年教材出版至1981年的两年间，印数近50万册，就在教材使用势头正好之时，是编者主动商请出版社停止继续印行。但这本教育学教材的历史地位却并未因其辍印而受到影响，因为它起到了重建"新时期"中国的教育学理论和教材体系的启蒙教材作用。

不只是以上几位，华东师范大学教育系的创系教授在各自所从事的研究领域都有开风气之先的贡献。如，常道直对比较教育学科的探索与开拓，萧承慎对教学法和教师历史及理论的独到研究，赵廷为、沈百英对小学各科教学法的深入探讨，沈灌群对中国教育史叙述体系的重新建构，赵祥麟对当代西方教育思想的开创性研究，等等，对各自所在的学科都产生了重要影响而被载入学科发展的史册。还有像欧元怀，苦心经营大夏大学二十多年，造就出一所颇有社会影响的著名私立高等学府，为后来华东师范大学办学创造了重要的空间条件。所有前辈学者们的学术与事业，都值得我们铭记不忘。

四

基于以上认识,我们将此次编纂《大夏教育文存》视为一次重新整理和承继华东师范大学教育学科优良学术传统的重要契机。

我们的宗旨是:保存学粹,延续学脉,光大学术。即,将华东师范大学教育学科历史上最具有代表性的学术精华加以保存,使这些学术成果中所体现的学术传统得以延续,并为更多年轻一代的学生和学者能有机会观览、了解和研究前辈学者的学术、思想和人生,激发起继承和发扬传统的自豪感和使命感。希望通过我们的工作实现我们的宗旨。

就我们的愿望而言,我们很希望能够将华东师范大学教育学科一代代前辈学者的代表作逐步予以整理、刊布,然而工程浩大,可行的方案是分批进行。分批的原则是:依据前辈学者学术成果的代表性、当时代的影响和对后世影响的实际情况。据此,先确定了第一辑入选的11位学者,他们是:孟宪承、廖世承、刘佛年、曹孚、萧承慎、欧元怀、常道直、沈灌群、赵祥麟、赵廷为、沈百英。

《大夏教育文存》实际上是一部华东师范大学建校后曾经在教育学科任教过和任职过的著名学者的代表作选集。所选入的著作以能够代表作者的学术造诣、能够代表著作撰写和出版(发表)时代的学术水平、能够为当下的教育理论建设和教育实践发展提供借鉴为原则。也有一些作品,我们希望能为中国的教育学术事业的历程留下前进的脚步。

《大夏教育文存》入选者一人一卷。所收录的,可以是作者的一部书,也可以是若干部书合为一卷,特殊情况下也可以是代表性论文的选集,还包括由作者担任主编的著述,但必须是学术论著。一般不选译著。每一卷的选文,先由此卷整理者提出方案,再经与文存总主编共同研究商定选文篇目。

每一卷所选入著述,在不改变原著面貌前提下,按照现代出版要求进行整理。整理的内容包括:字词和标点符号的校订,讹误的订正,专用名称(人名、地名、专门术语等)的校订,所引用文献资料的核实及注明出处,等等。

每一卷由整理者撰写出编校前言,内容包括:作者生平、学术贡献、对所选代表作的说明、对所作整理的说明。每一卷后附录作者主要著作目录。

五

编纂《大夏教育文存》的设想是由时任华东师范大学教育科学学院院长的范国睿教授提出的。他认为,作为中国教育学科的一家代表性学府,理应将自己的历史和传统整理清楚,告诉后来者,并使之世世代代传递下去。实现这一愿望的重要载体就是我们的前辈们的代表性著述,我们有责任将前辈的著述整理和保护下来。他报请华东师范大学校长办公会议批准,将此项目立项为"华东师范大学优势学科建设项目",获得资助。还商得华东师范大学出版社支持和资助,立项为出版社重点出版项目。可以说,范国睿教授是《大夏教育文存》的催生人。

承蒙范国睿教授和时任教育科学学院党委书记汪海萍教授的信任,将《大夏教育文存》(第一辑)的编纂交由本人来承担,能与中国现、当代教育史上的这些响亮名字相伴随,自是莫大荣耀之事。要感谢这份信任!

为使整理工作能够顺利进行,我们恳请孙培青、陈桂生两位先生能够担任文存的顾问,得到他们的支持。两位先生与入选文存的多位前辈学者曾是师生,对他们的为人、为学、为师多有了解,确实给了我们很多十分有价值的指点,如第一辑入选名单的确定就是得到了他们的首肯。对两位先生我们要表示诚挚的感谢!

文存选编的团队是由教育学系的部分教师和博士、硕士生所组成。各卷选编、整理工作的承担者分别是:孟宪承卷,屈博;廖世承卷,张晓阳;刘佛年卷,孙丽丽;曹孚卷,穆树航;萧承慎卷,王耀祖;欧元怀卷,蒋纯焦、常国玲;常道直卷,杨来恩;沈灌群卷,宋爽、刘秀春;赵祥麟卷,李娟;赵廷为卷,王伦信、汪海清、龚文浩;沈百英卷,郭红。感谢他们在选编和整理工作中所付出的辛劳和努力!研究生董洪担任项目秘书工作数年,一应大小事务都安排得井然有序,十分感谢!

尤其是要感谢入选文存的前辈学者的家属们!当我们需要了解前辈们的生平经历和事业成就,希望往访家属后人,我们从未受到推阻,得到的往往是意料之外的热心帮助。家属们不仅热情接待我们的访谈,还提供珍贵的手稿、书籍、照片,对我们完成整理工作至关重要。谢谢各位令人尊敬的家属!

感谢华东师范大学出版社对文存出版的大力支持!也感谢资深责任编辑金勇老师的耐心而富有智慧的工作,保证了文存的质量。

感谢所有为我们的工作提供过帮助的人们!

杜成宪

2017年初夏

编校前言

一、作者生平

沈百英(1897～1992),又名沈菊泉,笔名石英、白丁等,江苏吴县甪直镇人。1913年考上江苏省立第一师范本科,读书期间勤奋好学,幸得程瑶笙、俞子夷等名师教诲。1918年师范毕业后,任家乡甪直镇第一小学(原甫里两等小学堂)教师。因为沈百英运用了新的教学方法,督学来视察时被评为全县第一名。1920年2月,应江苏一师附小主事吴研因邀请,任设计教学法班主任,并自编文艺教材和音乐教材。杜威①曾经顺道到江苏一师附小听课,对沈百英评价极高,盛赞其教法灵活。1923年,担任尚公小学校部主任。1926年,担任尚公小学校长。1927年3月16日,克伯屈夫妇来尚公小学参观,对尚公小学评价很高。从1928年起,专任商务印书馆编辑35年,长期从事小学教科书的编写工作,编写了《基本国语教科书》、《复兴国语教科书》、《南洋华侨小学国语教科书》等各种类型的教科书,为开创国内各科教材编写新体系作了有意义的尝试。他还写出了诸如《设计教学法演讲集》、《小学教育漫谈》、《小学数学教学法》等教育类著作;编写了《儿童文学读本》、《小学生文库》、《幼童文库》等儿童读物。沈百英在做编审期间,先后兼任过省立上海中学师范部、安定立达学园农村教育部教员,光华大学、沪江大学、大夏大学教育系教授。1951年,沈百英成为新成立的华东师范大学教员。1956年起,沈百英脱离商务印书馆,专任华东师范大学教育系教授、教学法研究室主任,教授《小学教材教法》。

沈百英对小学数学教学提出许多创见,创设数码网格表,指导三算结合教学的改革,在国际上引起反响。沈百英治学严谨,在教学科研上取得丰硕成果。1931年,他编写的《设计教学法演讲集》由商务印书馆出版。他曾在教育刊物上发表论文200多篇。1989年,沈百英与梁镜清合作出版《小学数学教学法》一书。他创作的《十个小朋友》被译成俄文版,《六个矮儿子》获得中国儿童文学好作品奖。晚年,沈百英依然关心教育工作,笔耕不止。沈百英在积极钻研教材编写和教学法的同时,也从事一些社会活动,担任上海市民进会会员、中国珠算协会理事、三算教学研究会顾问等多项社会职务。1992年11月14日下午在上海的自己家中去世,享年96岁。

---

① 杜威曾于1919年5月至1921年7月,应邀在中国各地进行访问考察和教育讲演。——编校者

二、学术贡献

沈百英作为一位教育家,一生都致力于小学教育的研究。他是一位极具创新精神的探索者,在当时的教法创新、教材编写方面,都做出了有意义的尝试和探索,其最突出的学术贡献是在教学法和小学教育理论方面。

(一)探索设计教学法

设计教学法约于1919年前后传入我国。1920年,南京高师首先研究并在附小实验。同年,江苏附小联合会议决推行,各地小学相继而起。该法自从传入我国后,经很多教育家的实验推广,曾风靡一时,盛况空前,在1926~1927年间达到了高潮,之后因种种原因,这种教学法渐入低潮并走向衰落。

1920年,沈百英担任设计教学法班主任,开始了对设计教学法的探索。这赋予了这个年轻教师极好的发展机遇。他认真地接受各种挑战,成为推行该法的典范,也促使他形成了对于教学法的独到见解。沈百英在实验设计教学法时,对该法作了初步的理论探索,在以后的教育实践中他又继续研究,写出了多篇文章和相关著作。我们可以从以下这些文字中获悉他对于该法的理论探索。

他认为设计教学法有很多优点[①]:

1. 以一种主要目的做根据,去组织知识、利用知识。
2. 养成良好的学习态度。自己好像是一个工程师,又是一个劳工,一切问题都是自己解决,自己实行,自己判断,将来到社会上去能做一个有用的人。
3. 能适应现在的生活,并能预备将来生活。
4. 儿童处于富于社会性的活动中,适合现代教育的主张。
5. 可收知行合一之效,与做学教之原理符合。

他指出设计教学法的学习是有动机的、有目的的、学习是肯努力的、学习是肯互助的。

在设计教学法的实施过程时,沈百英基于中国国情而开展,一直探索如何使设计教学法更加适合中国国情。比如,他说在我们中国,"照教育的理论说起来,小学六年是可分成几个阶段试验研究的;教育是把儿童放在团体里、环境里生活;一个团体有一个团体的生活习惯,学生的学习要做有目的的活动;无论他们有什么活动,都是自己需要的,各人要求的;他们在每天的末一节里,各人预定明天要有的学习,这是很能达到设计教学的重要条件的一点"[②]。

[①] 沈百英. 设计教学法演讲集[M]. 上海:商务印书馆,1931年,第16~17页.
[②] 沈百英. 参观南高附小杜威院维城院记略[J]. 教育杂志,1923年,第15卷第11号.

不论在实验过程中还是实验后,沈百英始终对设计教学法进行着理论研究。他积极撰写文章和专著,阐述他对该法的认识和理解。他认为"设计是自然的活动,自然的教学法。设计必须有目的、有计划、有实验,而有社会价值的活动,才能称为设计教学"①。或者说"一种教学能有目的、有计划(包括有方法、有系统组织等各小目)、有实行、有社会价值的活动,才得称为设计教学。简单说来,就是事前要有计划,当时要有方法,事后要有追想,能三思而后行,才得称为完善的设计教学"②。他还提到"初年级实行设计教学,往往有秩序紊乱的现象,对于学校训育上似乎不相宜。诚然,现在有人试行设计法教学,没有了解设计的本身,贸然从事的很多。这一层应该归于教师自身,不能责备设计法的不对"③。所以,在实验该法的过程中,他认为既要有实践层面的探索,也要有理论层面的研究,如何更好地照顾到儿童的需要是实施该教学法必须要考虑的。

他以身示范,亲自实验了设计教学法,这是难能可贵的,对我国教育做出了积极的探索。

(二)编写教科书

沈百英从1922年担任尚公小学主任以来,就已经担任商务印书馆的馆外编辑。1927年,正式调入商务印书馆。1928年,脱离尚公小学,专任商务印书馆编审,长达35年。他参与了多种教科书、教学参考书、大辞书、文库书等的编辑工作。正式调入商务印书馆后,参加了《教育大辞书》的编写。之后编写了《民众识字课本》、《成人补习国语课本》。从1929年起,他就开始担当编写各种小学教科书的重任。

沈百英在最初主编《基本教科书》的时候,对此项工作非常认真,花了大量的时间搜寻资料,还从一些外文资料中寻找适合我国儿童的读物,努力克服了由于受"分级词汇"的束缚而使不少新颖材料无法编进书的困难。他还延聘潘思同、张令涛和胡若佛三位画家,画了很多活泼多姿的图画作为教科书的插图,使教科书的面貌为之焕然一新,最终编印出了符合儿童身心特点和接受能力的教材。

他前后共编写过《基本教科书》④、《复兴秋季教科书》、《复兴春季教科书》、

---

① 沈百英.设计教学法演讲集[M].上海:商务印书馆,1931年,第5页.
② 沈百英.设计教学法演讲集[M].上海:商务印书馆,1931年,第7页.
③ 沈百英.设计教学法演讲集[M].上海:商务印书馆,1931年,第110页.
④ 本书由蔡元培、吴研因校订,1931年5月到1933年出版,共8册,32开,教育部审定,小学初级使用,依教育部颁布新课程标准编纂而成。——编校者

《南洋教科书》①、《侨民适用教科书》、《新复兴教科书》等六大套,各书的销量以《复兴秋季国语》为最多。

后来,沈百英又和商务印书馆的几位专编儿童读物的同仁一起,编了《幼童文库》和《小学生文库》两套书。同时,他又主编了几套小学教师进修丛书,如《小学行政丛书》、《乡村教育丛书》、《幼稚教育丛书》和《小学各科教材教法》等书,以及《国民教育文库》。这些书分别请国内有名的小学教师撰述,取材新颖、内容切实,出版后,深受各地老师们的欢迎。

沈百英当时认为,过去传统的教材和教法都是成人化的,是以"教师为中心"的;而实际上应该根据儿童的需要而供给相应的教材,要审查儿童的需要,要"以儿童为中心"编写教材。这些在当时都是很先进的思想。

(三)研究小学教育

从新教育运动以来,小学国语教学上已有很多有价值的研究,小学国语教学的教材与教法亦已有划时代的进步。但是在教育学上,公认的原理与原则,尚未为一般教师所采用。因此,遍满全国的小学国语教材中,仍充斥着许多不合时宜的教材,他们有许多既不是国民所需的基本知识,其编辑的方式又反乎儿童心理生长的程序。其甚者,不夹着新的与旧的"八股",便带着新的与旧的"呜呼"、"哀哉"的情调,徒然戕贼儿童的心身。对于小学国语的教材与教法,需要以研究与实验的精神作进一步的改进,沈百英就积极投身于小学国语教学的研究,出版了多部著作,发表了多篇文章来阐述他对国语教学的想法。

在他的《小学国语教学讨论集》一书里,他将国语的新旧教法混合编辑,用辩论的方法写出,一则使理论越辩越明,一则使问题越研究越精深。目的就是想参合理论与实际在一个问题下合并研究;竭力避免背书式的叙述,而取问题为中心的讨论,其内容充实,诚为当时研究及从事小学教育者所不可不争相阅览的著作。

---

① 1930年,沈百英编过四本幼稚园读本,是在港厂印刷的,行销于南洋各地,深受侨胞欢迎。商务印书馆对华侨教育十分重视,因此就想把国内的教科书改编为华侨小学用书。由于沈百英对南洋的情况不熟悉,商务印书馆就特请几位侨民教师做他的顾问,把课本中不合当地风俗习惯、不合当地起居生活的内容逐一加以批注,并把需用的参考图书寄到上海,由他仔细改编、改正后,再寄去复核,认为满意了,才正式出版。编华侨小学教科书的重点在于说明祖国的地大物博、地下矿藏丰富、人民智慧勤劳,以及古迹古物多、名胜风景美、工农业生产年年有增加,使侨胞子女读了以后,爱国之心油然而生,这样商务印书馆为教育服务的意图、范围就更加扩大了。1935年,主编华侨小学用的南洋教科书,沈百英编了国语八册,初小算术八册。新中国成立后,1954年,曾主编三套海外小学课本,为印度尼西亚、越南及马来西亚三国所用,沈百英编写了印度尼西亚及马来西亚国语初小一部分及印度尼西亚算术初小一部分。——编校者

在教育理论引进与融合方面,沈百英站在教育的前沿,反对传统的注入法,主张以儿童为中心,以儿童发展为目的,重视儿童自学,重视创造,以学生提出课题为主,教师主要充当观察者和研究者。

在他编写的《小学教育漫谈》一书中我们可以读到他对小学教育更细致的理解,从小学教师的修养问题、教师的乐趣、教书匠的含义、教学手段、学生管理、班级管理、教室管理到学校行政管理等方面他都进行了深入思考,对小学教育的理解逐渐深化、提升,最终形成了他自己的小学教育思想体系。

(四)钻研小学数学教学

沈百英认为作为一名小学教师,除了要具备小学的相关学科知识、熟悉小学的教材外,还必须研究教学法,掌握小学教学规律和方法,从而提高教学的质量和效率。他始终认为:"教学法是一门科学,它要求用科学的方法来提高教学的效率。同样一个班级,用同样的教材,如果教师能用生动具体形象、丰富多彩的语言教学,就可以激发学生的学习兴趣,收到良好的教学效果。如果上课时只由教师个人独白,讲得又是枯燥无味,那么教学的结果非但达不到预期的目的,相反还会把活活泼泼的学生越教越呆滞。"[①]

沈百英从事小学数学教育研究数十年,积累了大量的教学经验和成果。《小学数学教学法》一书就是他多年来对小学数学教学法进行研究的成果之一。他作风踏实,锐意创新,创设了口算教学数码网格表,提倡珠算教学不用口诀,设计珠算指法操,倡导口、珠、笔三算结合,融实践性、科学性、趣味性于一体,在国内外引起强烈反响。[②] 他站在教育前沿,批判旧的传统教学方法,强调教学要顾到儿童的心理特征,要以儿童的需要和兴趣为根据,提倡儿童本位的教学法。在小学数学教学法的原则、小学数学课堂教学结构和三算及三算结合教学方面都有自己的想法。

1. 小学数学教学法的原则

沈百英认为小学数学教学应该遵循三条重要原则[③]:(1)独立自学的原则。(2)因材施教的原则。(3)提高质量的原则。

他还认为这三个原则不是各自孤立的,而是互相联系的。如果单重自学的原则,不顾个别差异,必然会使能力强的人不能崭露头角,使能力差的人永远落

[①] 沈百英,梁镜清. 小学数学教学法[M]. 上海:华东师范大学出版社,1989年,第171页.
[②] 沉痛悼念著名小学教育家沈百英教授[J]. 华东师范大学学报(教育科学版),1993,(1).
[③] 沈百英,梁镜清. 小学数学教学法[M]. 上海:华东师范大学出版社,1989年,第173页.

后。只顾因材施教而不顾其余两原则,就难免走上注入法的老路。只顾提高质量而不顾其他,便会产生学生负担过重的偏向。正确的做法,须在自学中因个性不同而分别给以不同的辅导,用不同的要求发展学生的智慧和能力;在质量要求方面,应以在自学中得到的真成绩,在自学的基础上获得的真技能为主要目标。

2. 小学数学课堂教学结构

课堂教学是学生获取知识的主要途径,是学校教学中最基本的形式。课堂教学的好坏,直接影响到教学质量的高低,并对学生身心发育成长有关系,因此研究课堂教学结构具有重要意义。沈百英根据自己教学的经验,认为可分为温故、知新、初练、自评、家活五个环节。

沈百英认为,数学的系统性很强,旧知和新知仅仅是些微之差,温好旧知,就有利于新知的获得。数学的知新,不同于其他学科的知新。数学学科的系统性强,大部分的所谓知新,并不是全新,而是在旧知识的基础上,稍稍加一点新。因此,大部分的新知不必由老师讲解,学生看了书,稍稍动动脑筋,自会学懂学通。学到新知后,必须迅速进行练习,练习要在课堂上进行,使尚未巩固的新知能够得到教师的直接辅导,避免发生错误。小学数学练习中的错误,有不少是小学生自己能发现的。自评是让学生二人将练习本互相交换后,由教师逐题报出正确的算式和得数,各人画出错记号,再由评者签名后仍旧交还本人,本人再复查一下。家活就是家庭活动,数学的课外活动很多,例如做做数学游戏,练练度量、目测、步测的技能,写写数学园地资料,练练珠算,做做学具,等等。沈百英认为,这些家庭活动,可以培养学生独立研究的能力,促进身体健康,可以发展他们的智力,这要比过去单纯地在家做作业要好。

综上所述,从小学数学的教学原则,到课堂教学的五个环节,我们看出,沈百英对小学数学教学的研究是细致的。他不仅认为教学必须遵循一定的原则,否则就收不到好的教学效果,而且各个原则之间是互相联系的;他还认为课堂教学结构的好坏会直接影响到教学质量的高低,并对学生的身心发育成长有关系;不管怎么实施教学,必须根据儿童的心理特点和学习规律,采取适合国情的措施,强调儿童在教学中的重要地位。

3. 三算及三算结合教学

"三算"就是指"口算、珠算、笔算"。"三算结合"就是"口算、珠算、笔算结合在一起教学"的简称。沈百英在三算及三算结合方面都有很深入的研究。他认为三算有机结合的教法好像心中没有口、珠、笔三种算法,而以学算的效果为主导思想。教到某种知识,宜用哪种方法就采用哪一种,这种结合不是牵强的结合,而是自然的结合。三种算法分开教学,不仅得不到相互配合,反而会产生干扰,而三算结合了教,可以起到相互配合、相互促进的作用。

据沈百英研究,三算可以结合,一是因为三种算法都用十进制数,珠算只是增加了一个起调整作用的"五";二是因为运算都以二十以内的加减、乘法九九表和表内除法作基础;三是因为四则运算中的一些定律和性质都适用。这就表明三种算法之间本来就存在着共同的内在联系,抓住这种联系,进行结合教学是非常自然的。除此之外,"三算结合"符合儿童的认知规律,有助于儿童较好地理解抽象的数的概念,为儿童形成数的概念和计算提供了有效的支持,有助于儿童掌握数学运算方法,培养分析问题和解决问题的能力。

沈百英在为小学教育教学奉献的七十年里,总结了许多关于各科教学法的经验。在小学数学界他享有更高声望,在小学数学方面作出了突出贡献。

(五)创作儿童文学

沈百英给自己取笔名为"童之友",意即他愿意永远做儿童的好朋友,愿意为儿童写作。正是出于对儿童和教育事业的热爱,他才能保持永久的热情,一生都投入到儿童读物的创作中去。沈百英一生创作的儿童读物数不胜数,其种类也是异彩纷呈,有童话、寓言、故事、儿歌、儿童诗、戏剧等。

沈百英认为给儿童看的读物,要精心编写,要讲究科学的方法。首先要认定一个适当的材料,选取儿童所习见的,且对此事物已有相当经验而富于兴趣的材料;然后调查儿童对于该事物的经验有多少、观察儿童对于该事物的欣赏程度如何,读物内容过浅、过深,都不适合儿童阅读;最后确定编辑的体裁、拟定适当的语句。

但如果编辑成文,至少应注意:语句是否整齐;语法是否清楚而不拖沓;音韵是否自然而不勉强。而且,选字、定题、确定欣赏能力、应用适当语句,均属极重要的条件,一定不可忽略。最后,对于编成的一篇儿童读物,还要看看是不是适合以下几个条件[①]:

第一,取材是否合于儿童的经验?儿童能否欣赏?

第二,字句是否采取日常应用的?

第三,语法是否合于儿童的口语?读时是否顺口?

第四,章节句读,是否清楚明了?能作模范语的,是否下过修辞的功夫?

---

① 沈百英.编辑低年级读物的方法[J].儿童教育,第2卷第5期.

第五，如果适合，便成好文；如果不合便不能用，编辑不得不郑重出之。

沈百英的这些观点与他编写小学教科书时的要求非常相似，都体现了"以儿童为中心"的思想。他在其一生的儿童读物创作中，始终把责任放在心头，热爱儿童，怀揣一颗爱国心，以极大的热情投入到创作中，默默地为儿童撰写、工作，奉献出他的一切，真到生命的最后一刻。

他一生执着为儿童写读物的品质，是值得我们今天的文学艺术工作者学习的。

在这里，编校者把他在编写儿童读物时的"座右铭"[①]呈现出来，希望能对我们有所借鉴：

1. 把儿童看作儿童。

2. 反对把教育办成揠苗助长的工具。

3. 培养兴趣，教给方法。

4. 按年龄而施教。

5. 自己获得的观念，比之他人教给的观念更为清晰而深刻。

综上，沈百英毕生从教，90多岁还为学生上课，他一生都是在跟"小"打交道——做小学教师、教小学生、教授小学教学法、编写儿童文学作品等，因此，他对教育和儿童充满着深厚的感情，一生心系儿童，默默地为小学教育事业耕耘了七十年。从幼儿园教师、小学教师、中学教师、编辑，最后成为大学教授、教育专家，他"不平凡的经历，呕心沥血为儿童教育事业创造出许多辉煌的业绩，处处表现出高贵的品质"[②]，为我国小学教育贡献了一生。

三、对所选沈百英代表作的说明

沈百英对教育上的学术贡献主要集中在教学法和小学教育理论方面，所以，我们从他诸多的著作中选择了四本著作收集在册，按照当时出书的时间顺序排列。

所选的《小学社会科教学法》一书于1929年10月由商务印书馆初版，1934年7月再版，是王云五主编的《万有文库》的第一集一千种里的一册。《设计教学演讲集》完稿于1929年3月，于1931年7月由商务印书馆出版。《小学国语教学讨论集》一书于1948年2月由商务印书馆初版，同年6月再版，属于沈百英

---

① 出自沈百英手稿，未发表。——编校者
② 黄协安. 为儿童教育呕心沥血七十年——记沈百英老师[J]. 大夏，大夏：大学建校80周年[M]. 上海：上海大夏大学校友会，2004年，第37页。

与朱经农一起主编的《国民教育文库》中的一册,是沈百英在1947年7月去青岛国民教师暑期训练班的演讲稿。《小学教育漫谈》一书于1949年12月由商务印书馆初版,1950年11月第三版,教育家俞子夷先生为该书作序。整理沈百英教授的这些著作就是希望能从教学法和小学教育方面展现他对教育、教学的理解和诠释。

这四本著作代表了沈百英学术贡献的最可代表的成果,代表了原著撰写和出版当时代的教育学术水平,但可能无法涵盖全部。希望这些著作能够为当下的教育理论建设和实践发展提供一定的借鉴,尤其是为我国当代的小学教育和教学研究提供一些经验。

四、对所作整理的说明

沈百英对教育和儿童充满着深厚的感情,不求功名,甘愿献身教育七十年,其学术贡献和人格魅力在先生逝世后仍然熠熠生辉,令编校者在整理其文集时经常被感动。因此,也非常希望广大热爱教育的师生能够在阅读此卷时受益匪浅。

在整理前,编校者首先去准备工作的底本,即收在本卷里的四本书,从华师大图书馆借来复印后作为编校的工作样本。然后在杜成宪老师的指导下多次开会讨论,在最终确定的编辑整理要求下开始工作。在不改变原著原貌的前提下,按照现今出版要求规范和现行的文字处理标准对原书中的标点符号、文字和语句的脱、衍、误等情况进行了校勘,对其中的多处讹误进行了订正,对书中出现的专用名称(人名、地名、专用术语等)进行了校订,增加了对某些人物的生卒年月、个人简介等的材料补充,对书中所引文献资料进行了核实并查明了出处。之后,根据各种图书资料以及沈百英的手稿整理出了他的主要著作目录附在本卷后面,以期能给予教育界的师生、同仁们有所借鉴。

在这里,要感谢沈百英教授的小儿子沈惠人先生,他为编校者提供了沈百英教授的一些照片、手稿等文献资料,这些珍贵的资料更加丰富了沈百英教授的教育思想和学术人生,使他的学术思想可以更好地流传下来并启示后人。

由于编校者学识粗陋,整理时间又较为紧张,必有疏漏或失误之处,还请方家指正。

郭红

2015年10月8日

目 录

小学社会科教学法 ………………………………… 1

设计教学演讲集 …………………………………… 57

小学国语教学讨论集 ……………………………… 119

小学教育漫谈 ……………………………………… 221

沈百英著述一览表 ………………………………… 285

沈百英著《小学社会科教学法》，商务印书馆"万有文库"1934年版的封面

師範小叢書

小學社會科教學法

沈百英 著

師範小叢書

小學社會科教學法

沈百英 著

商務印書館發行

王雲五主編

萬有文庫

第一集一千種

小學社會科教學法

版權所有翻印必究

中華民國十八年十月初版	著作者	沈百英
中華民國二十三年七月再版	發行兼印刷者	商務印書館 上海河南路
	發行所	商務印書館 上海及各埠

B三七八六

序　言

　　自从民国十一年(1922年)时改用教学制后,小学课程中增设了社会一科。当时小学教育界上,很有许多人不知设科的目的何在,更谈不到如何教法的一层。后经各书局发行社会教科书后,卒疑由是尽释。可惜大家不肯仔细研究,以为社会教学不过如此如此,弄得把社会课本当作图文书读的也有,当作故事讲的也有,闹成笑话百出,弊窦丛生,一般先知先觉者就起面提议改良,完全采用设计新法。殊不知矫枉过正,为害相同,结果变成专门开会啦,请客啦……天天闹得不亦乐乎,实际上毫无实益可得。于是又有人要想法改良了(并非不用设计法,是把设计方法加以改良)。试问社会一科,毕竟应该如何教法呢?著者不揣愚陋,敬将此项问题,约略贡献一些意见。是否有当,尚祈指正为幸。

民国十七年(1928年)六月一日

编辑大意

一、本书专供小学教师参考之用。若师范学校采用本书,作为研究之助,亦颇适用。

二、本书对于初级小学社会科教法讨论颇详。对于后期小学社会科教法,另有专书分科编辑,兹不多赘。

三、本书内容,对于设科目的、课程编制、教材编选、教学方法、测验材料等问题均阐发无遗。

四、社会科分为公民、历史、地理、卫生四项,本书主张混合教授,不取分科讨论。

五、本书注重实际,不尚空谈;所有材料,悉从实施报告中取来。

六、本书以教课余暇从事编辑。谬误之处,在所不免。尚望海内明达,加以指正!

目　录

第一章　总论 ·· 10

第二章　目的 ·· 11

第三章　选材标准 ·· 14

第四章　教材来源 ·· 15
  第一节　实行调查 ·· 15
  第二节　收集疑问 ·· 15
  第三节　日常谈话 ·· 16
  第四节　布置环境 ·· 16
  第五节　研究时事 ·· 17

第五章　课程编制 ·· 18
  第一节　编制的原则 ·· 18
  第二节　编制的步骤 ·· 18
  第三节　排列的方式 ·· 19
  第四节　使用的方法 ·· 20
  第五节　课程纲要 ·· 20
  第六节　细目编法 ·· 21
  第七节　学习最低限度的标准 ·································· 22

第六章　教材编著 ·· 24

第七章　教学方法 ·· 26
  第一节　观察法（包括游历参观） ··························· 26
  第二节　调查法 ·· 27

第三节　收集法　　　　　　　　　　　　　28
　　第四节　演讲法（讲故事法）　　　　　　　29
　　第五节　讨论法　　　　　　　　　　　　　31
　　第六节　游戏法　　　　　　　　　　　　　31
　　第七节　模仿法　　　　　　　　　　　　　33
　　第八节　表演法　　　　　　　　　　　　　34
　　第九节　装排法　　　　　　　　　　　　　37
　　第十节　参加法　　　　　　　　　　　　　37
　　第十一节　集会法　　　　　　　　　　　　38
　　第十二节　展览法　　　　　　　　　　　　39
　　第十三节　实习法　　　　　　　　　　　　40
　　第十四节　制作法　　　　　　　　　　　　41
　　第十五节　结论　　　　　　　　　　　　　41

第八章　教学要项 ……………………………………… 42
　　第一节　思考养成法　　　　　　　　　　　42
　　第二节　社会化教法（The Social Recitation）　46
　　第三节　阅书指导法　　　　　　　　　　　47

第九章　社会科与他科联络 …………………………… 48

第十章　成绩考查及测验法 …………………………… 51

第一章　总论

人类依社会而生活，社会靠个人的进步而发达。儿童就是将来社会上的主人翁，一定要他明了社会上的种种情形，希望他担当未来的一切事业。但是社会却不绝地在进化，环境又随着进化而不绝地变更。个人生在复杂的环境中，用有限的智力与时间，去应付无限而多变化的社会，哪里可望成功呢？唯一的办法，只有在小学里设立社会一科，从幼年时就使他们学得社会的知识，养成探讨社会问题的习惯与态度。

我国自采用新学制课程后，前期小学的课程表中，有社会一科，它的内容包括公民、卫生、历史、地理四项（后期小学，四科分列，不再归并为社会一科）。公民就是从旧时的修身科蜕嬗而来，加以扩充，注重于社会的生活，而不限于个人的修养。卫生就是旧时修身科中，占着一部分的位置，现在把它的内容更加扩展起来，使注意于衣、食、住的个人卫生外，更着重于公众的卫生、历史和地理，旧时仅片段地散见于国文科中。现在把它提出来，重新组织一下，注重研究社会的进化和发展。

社会科虽然包含公、史、地、卫四种不同的科目，但是研究起来，不可缺略一科。如果讲了卫生，忘与公民联络；为了地理，不顾历史，这样不必有什么混合的社会科了。我们应该知道课程为了教师研究的便利起见，而分成四种科目，实施上应该把它们打成一片，联成整个的设计教学，才能合于设科的目的。

有时有个设计，只能限于一种科目，或者至多联合两种、三种科目，而不能四种一齐联络起来的，也好算是适当的教材。总之，社会科可分为单独的四科，而不能认为四科之上再有一顶空大的帽子。

第二章 目的

　　社会的发展，人类的进化，全靠各个人的健全。社会研究，就在介绍人与社会接触的一架桥梁。它的目的有以下各项：

　　一、使知社会的过去及现在、远及近的情形和社会与人生的关系——人生不能离社会而生活，便不能不研究社会的情状。从前专从个人的见地，谋个人的发达，以期个人人格的完成，是一种错误的见解。要知个人为社会的一分子，当然要他有适于社会的人格，使他成为一个健全的"社会人"。然后将来毕业后，不致与社会格不相入，并且还能替社会谋幸福。

　　社会科中要研究过去人类的历史，作现在社会的参考；研究现在社会的情形，作处世立身的张本；研究远的社会及近的社会的生活，借此可以明了全世界人类互助合作的关系。

　　二、培养儿童观察社会的兴趣，指导对付社会的方法，及尽力促进社会的精神——我国人向来缺乏关心社会的兴趣，社会上无论怎样腐败，也无人监督；社会上无论有多少事业要想举办，也无人肯负责任。专养成了一班腐化、恶化的分子，在上者借款卖国，瘠公肥私；在下者横霸一方，鱼肉贫民。而无人顾问，真是可叹亦可恨！

　　现在的小学生，应该及早使他们知道社会的情形，负起改良社会的责任，将来出而任事，才能为国效忠，为人民谋幸福。但是社会情形，至繁且复，决非童稚所能彻底明了。在小学中不过希望他们有一些观察研究的兴趣罢了。因为观察不周，不能引起兴趣，无兴趣即不能明了社会的实况，不能应付社会的变化，更谈不到有促进社会的能力了。

　　社会上的问题，千变万化，决不能使儿童一一备尝。社会教学的功能，只不过指导儿童学得几种对付社会的方式罢了。

　　社会上的种种事业，虽有成人在那里担当办理，幼年儿童似可不必顾问。但是幼年不学，老年何为？幼年不谋促进社会的方法，长年非但不能化社会，反被社会所化了。国家何能发达，人类何能进步？所以第二条目的，也是社会科中重大的一项。

　　三、使儿童明了人类征服自然环境的事迹——研究过去的社会，就使儿童知道社会的逐渐演进。换句话说，就是要知人类征服自然的成绩。凡是人类征服自然的力量愈大,进步就愈快。明了了怎样征服的方法,使后来的人继往开来地再努力去研究改良,促进未来社会的进步。

四、培养儿童有革命的思想,努力改造社会,誓雪国耻——社会进化中,一面不绝地改良,一面仍有一部分的腐旧势力存在,循环不息地阻挠社会的进步。要使儿童研究社会,不但要使他们明了一切情形,还应当使他们判别哪一种是有益人类的风俗习惯,设法保存它,使成一个健全的社会;哪一种是腐败的习性,足以妨碍安宁的事情,应该就能力所及,奋不顾身地去革除它。这种精神,不是威迫的,不是利诱的,不是盲从的,也不是为己的,乃是出于爱群的至诚,觉得义务所在,自有不得不做的趋向。

此外还要养成一种精神,使知我国与外国交涉失败的情形,及历来给予外国租借割让的耻辱,使儿童具有湔雪国耻的决心。

五、有促进家庭、学校、家乡、国家的幸福和志愿——儿童是家庭的一员,应该使他明了家庭的情形,谋增进幸福的方法。一面是学校里的一个学生,应该替学校谋幸福;扩而大之,做家乡的一分子,不能不替本乡尽些义务;做一个国家的国民,当然要直接或间接替国家谋幸福。

依中国现状而言,大多数的人民,只知个人私利,不顾团体公利,只顾小团体的利益,不顾大团体的损失,以致全国人民,群趋于营私作弊之途。欲望争存于世界,哪里做得到。所以现在无论中小学校都要增设社会一科,希望能化个人为团体之一分子,能知个人之幸福,必于团体幸福中得来,欲求个人之利益,必于团体利益中得之;并知小团体的存在,须望大团体之巩固。庶几国可强而家可兴了。

六、有服从法律和尊重领袖、尊重他人人格的精神习惯——做共和国的公民,有享受自由的幸福。但是自由要有范围,要在法律以内发展自由,才是真自由;决不是侵人的自由,就算自由。

缩小说来,凡是一个团体里的一分子,应该尊重一团体的领袖,尊重他人的人格。决不能以己所不欲者,施诸于人,还要厚着脸子向人说道,这是我的自由。

七、养成社会生活的必要习惯——社会上人与人的接触,团体与团体的交际,都有一种相当的礼貌。欲求儿童能适应于社会,首先在校时养成他们各种优良的习惯,使他们将来立身社会,不为恶习惯所转移。试看有些人何尝不知某事当做,某事不当做。但是一到实行时,便不问好坏,都要作乱犯法起来了,这便是没有养成正当习惯的结果。所以学校教育,就该在童年习惯未成时树立种种良好习惯的根基。

八、有维持健康的种种常识与习惯——要造成健全的社会,先要养成健全的个人;个人健全的精神,寓于健全的身体。所以对于身体上之种种卫生常识,不可不令儿童确切明了。

由心理学试验的结果,确知儿童幼年时期是养成习惯的绝好机会。教学卫生时,就该利用他们的动机,养成各种正当的习惯,例如要教他们知道保护牙齿的道理,就教他们练习使用牙刷的方法。养成天天刷牙齿的习惯,使儿童常常从"以做学做"(To learn to do by doing)里得到应得的知识和习惯。

小学里教学社会的目的,略如上述。其他尚有许多细小的目的,兹为限于篇幅,不便多赘。

第三章　选材标准

　　社会中的事物形形色色，都可以供儿童作教材。但是社会的组织极其复杂，社会的变化极其流动，用有限的精神和时间研究无限的问题，非惟不可能，抑且无裨于实际。所以要用提精挈华的方法，定个选取材料的标准。

　　第一，所选题材，应该是儿童已经观察过的、经验过的，并有深刻的印像及若干知识的。

　　第二，所选材料，在程度上和方法上，应该使儿童能够模仿的、能够演习的、能够陈述的。

　　第三，所选教材，应有社会的价值，可以养成儿童有互助合作的美德，有尊重群体的观念的。

　　第四，所选教材，应与社会发达、文化进展有深切的关系的。

　　第五，所选教材，要合于民众化的、科学化的、革命化的。

　　第六，能代表社会上一种事业及一时代的思潮的。

　　第七，能养成儿童处事的正当手腕及精明的头脑的。

　　第八，足以发挥民治的精神，而非帝国主义的。

　　第九，合于党的策略及主义的。

　　第十，合于新国家的理想的。

第四章　教材来源

教学社会一科,应以社会上的活动做材料,教科书仅供一部分的参考。如果有个教师专捧了一本教科书,从头到尾地诵读一篇、背默一遍,就算尽了社会教学的能事,那么未免太滑稽、太无价值了。应该如何去取活材料呢? 以下分别略述一二。

第一节　实行调查

学校中应把社会调查作教学的基础;使儿童知道社会上的实际情形,明了社会上的实际需要,并把社会上的种种问题拿到学校中来解决,以谋改革。这样把社会中的事实收到学校中来学,学好了再拿到社会上去用。使儿童在校所习,无异在社会上过实际生活。所学即所用,所用即所学,才是真正社会化的教学。

调查的方法有两种:

一种是根据一个问题而调查实况。例如:"夏天为什么要特别注重卫生? 哪一种食物是不卫生的?"将这问题的各方面,尽力去实地调查。

一种是普泛的调查。将调查的结果分为若干问题,再仔细研究。例如举行一次家庭调查,凡关于家庭中的人物、娱乐、职务、布置等事项,都记录起来,再抽出几个相关的问题,细加讨论。二者各有用处。大概低年级适用问题本位的调查,高年级适用调查本位的调查。

无论哪一种调查,倘能继续不断地进行,社会科的教材,必得源源而来。教学范围,因此渐渐扩充,儿童经验,借以继续改造。社会科的教法,可称完善的教法了。

第二节　收集疑问

社会既是知识科,普通都以为只要把现成的科学材料分级、分期地灌输到儿童脑子里去好了。实在这种方法,早已被人窥破,认为不适用了。

又有一种方法,完全推翻固定的课程,采用儿童日常境遇里偶发的事项作为教材。这也不对,因为学校里没有相当的设施,儿童所提出的问题,范围一定很狭,有时竟至于无问题可提。即使有些问题,大多是琐碎而无甚价值的问题,对于社会教学亦无多大价值。并且这样散漫的教法太无系统、太无规律，对于社会研究的各特点，决不能兼收并蓄，也不能称为健全的教法。

以上两种方法，各有利弊，比较完善的要算在每月或每学期开始时收集疑问的一法了。

收集疑问时，凡一、二年级学生不能用笔答者，由学生口述，教师记录起来。三年级以上能用笔答的，即分发问题纸，收集各人的疑问。问题中有不关社会科的材料，划归他科教学。有涉及几科以上的问题时，即联络他科，合并教学。

此外还有一个方法，在教室中悬挂一块摘疑板或是一本疑问录，随时由学生写出问题。相机讨论。

收集许多疑问后，可以看出哪几个问题是儿童需要的，哪几个问题是儿童不需要的。什么问题最多在哪一年级提出，什么境遇里会产生什么问题，多做了几回，可以发现最切实、最合儿童需要的社会课程。

第三节　日常谈话

在每天课前或课后，规定一个时间（视年级的高低而定。大约高年级长些，低年级短些；多至六十分钟，少至二十分钟）。师生随意谈话，讨论到有价值的问题时，把它捉住了，作为设计题材，不过要注意以下各条件：

一、课前谈昨天的事，作今天的教材；课后谈当天的事，作明天的教材。

二、少数儿童所发现，而为多数儿童所需要的，也可以提出讨论。

三、谈话之际，不问有无价值，均须加以相当的鼓励。

四、遇有重大问题，一时不能解决的，把它记录起来，从长讨论。

第四节　布置环境

研究设计教学，谁都知道要注重自发活动。但是自发活动决不是无缘无故凭空会得发生的，一定要靠托丰富的环境，才能感化，才能产生新问题，才能使旧经验不适应而产生设计的动机。以下且把布置环境的问题分设施与设备两方面，约略说一说：

一、设施方面：

1. 要有供给训练公民习惯的机关，如设级风会、级自治会①、训导团、巡察

---

① 此处的"级风会"、"级自治会"是当时学校为培养学生良好的品质、训练学生养成良好的公民习惯而设立的组织团体。"级自治会"则是完全由学生组织活动的，老师不参与。——编校者

团、裁判所、自省室、养性团等机关。

2. 要有维护卫生的机关,如设卫生局、清洁检查所、急救院、体育场等各机关。

3. 要有资助修养的机关,如设图书馆、新闻社、音乐会、学艺馆等各组织。

二、设备方面:

1. 宜将博物馆及图书馆之一部设在一起,便于联络应用。

2. 宜设置标本图书及应用工具。

3. 宜悬挂人物图像、历史、地理挂图、风景画片及卫生模型等。

4. 宜备一沙箱,以供装排之用。

5. 宜备一套卫生用具,供指导实习之用。

6. 另备小黑板几块,供学生摘录问题之用。

第五节　研究时事

社会组织,非常复杂。欲使儿童在社会上做有力的一分子,非对于现实社会有求了解的兴趣不为功。研究时事直接可以养成关心社会的习惯,激发爱国的思想;间接可以发展解决问题的能力。

兹将研究时事的要项列下:

1. 新闻材料并非完全可以采用,须择重大而适合儿童生活的提出讨论。

2. 研究时事的步骤,在小学中可分六项:(1)家庭的新闻;(2)邻居的新闻;(3)本地的新闻;(4)近郊邻乡的新闻;(5)本省的新闻;(6)本国及国际间的新闻。

3. 时事中可以表演的,即指导表演。

4. 时事中应联络别科的,即联络他科进行。

5. 一、二年级用讲述式,三、四年级用讨论式。

6. 时间每周约以三十分钟为限。

7. 有关于少年冒险勇敢助人等故事、各国科学家的新发明、特殊风俗、奇异天产品①等,都该提出讨论。

8. 凡关于迷信、残酷、淫荡等消极材料,不宜采为教材。

---

① 奇异天产品,原文如此,未详。——编校者

第五章 课程编制

第一节 编制的原则

校中设立社会一科,是使儿童明了社会的情形,养成适于社会化的生活,但是不是随随便便教些常识所能达到目的的。有时教得不好,竟会与目的走入相反的路上去,所以欲望儿童收得丰富的与多方的经验,且用最经济的方法求得知识,非厘订一定的目标与精选的材料不可。这种目标与教材的大纲,就是我们要研究的课程。

编制社会课程,至少须遵下列各原则:

一、能发展儿童的个性,与他们自己的生活联络一气。

二、须包括一切原有的经验;如身体上的、社交上的、美育上的各种经验。

三、能使儿童实际去参加、去领受而得到亲切的经验的。

四、学程是由各种设计组成的,是问题研究和实际活动的结晶,且有弹性的。

五、课程材料不宜贪多,致无暇整理而呈不消化之现象。

六、编制课程以多数儿童的能力所及为标准,不过高也不过低。

七、社会科中公、史、地、卫四项,能依比例分配的。

八、内容是活动的、有生气的、可以激发儿童努力学习的。

第二节 编制的步骤

参照前章教材来源,根据上节原则,还不能即行编制完善的课程。应有适当的步骤,把许多材料依据原则精选后,再用几个整理的步骤来整理一下,才能编出一种完善的课程。

第一步 由收集调查的问题,逐项参照课程原则精选一下,把不合原则的材料汰除,把有价值的材料保存起来。

第二步 把整理好的问题,分门别类,评判急、轻、重,而排定一个年级上不同的课程。

第三步 照时令排列先后,就成社会课程的一部分。这种课程可称为合于心理化的、社会化的、科学化的课程。

第三节　排列的方式

依了上项的各步骤，选取适当的材料，集合起来还有一个研究的问题：

比如在一二周内研究六种事物：1. 树林　2. 缝工生活　3. 家畜　4. 刷牙卫生　5. 我国的国旗　6. 我们附近的小山。六个题目各各独立，研究起来，一望而知为不合新教育的原理——这一种没有纵联络的不适用。

有人知道第一种方法的不适用，便改为几周内规定一个大题目，中间包含六种小问题。例如"我们校里有什么旗？"的一个大问题，中间包含研究党旗、国旗、校旗、级旗、童子军旗、奖旗等六种，把零星的知识戴上一项科学组织的大帽子。这样教法，确实比第一种为进步，但是也不过五十步与百步之差，还是不合于教育的原理——这一种太偏于科学组织的不适合。

第二种既不适用，第三种方法就应运而生。法将规定一个大题目后，再定每周一个小题目，该小题目，须贯彻大题目的纲要。例如定一个过端阳的教材，第一次研究吃咸蛋的理由，第二次研究除五毒与卫生的关系，第三次研究屈原沉江的故事……如此每回研究一个小题目，联络起来便成一个大单元。这种方法，比前几种的价值大得多了。但是还是不满足，更有第四种的排列法产生如下——这一种可称为聚散的联络法，还不能十分满意。

第一种的排列法是依设计的进行。每个小题目进行时，都跟着设计的步骤而进行。不可颠倒，不可躐等。不限定每周有个题目，也不限定一个单元要教几周，全视问题的内容而定。并且也不拘于问题之大小，有时从小问题引起，积大研究，逐渐扩大起来，有时从一个大问题爆发后，分成许多小问题，逐项研究。例如讲到"吃的饭从哪里来的？"一个小问题，可以扩大为"农人的生活怎样？耕种的步骤怎样？运输的方法怎样？米商有几种组织？越研究越觉得研究无穷。更举一个由大变小的例子，如"五三事件①，我们应该怎样对付日本？"分析起来，可有以下各问题："怎样可使民众觉悟？用什么法子宣传？文字宣传要注意些什么？图书宣传要注意些什么？口讲宣传要注意些什么？游行队怎样组织？

---

① 即五三惨案，又称济南惨案。第二次北伐进行期间，日本恐怕中国一旦统一，必不能任其肆意侵略，是以竭力阻挠北伐之进行。日本以保护侨民为名，派兵进驻济南、青岛及胶济铁路沿线。1928 年，国民革命军于 5 月 1 日克复济南，日军遂于 5 月 3 日派兵侵入中国政府所设的山东交涉署，将交涉员蔡公时割去耳鼻，然后枪杀，将交涉署职员全部杀害，并肆意焚掠屠杀。此案中国军民六千多人被屠杀。每年的 5 月 3 日 10 点，济南市都会鸣放防空警报，纪念五三惨案，提醒世人勿忘国耻。——编校者

怎样可以打倒日本帝国主义？怎样可使大家不买日货？……"逐项研究起来，可分成几百个小问题哩——这种设计组织的排列法，比较适用。

第四节　使用的方法

社会课程既如上项编制就绪，使用起来，还要注意以下各要点：

第一，遇有偶发事项，应把原定的计划暂搁，先讨论新的问题。

第二，如教学中途时，发觉有种重大的知识和经验，非使儿童知道不可的，也该随机插入正式课程中讨论。不能有自然的动机，就用诱导暗示的方法来引起。

第三，问题的范围，可视年级的高低而自由伸缩。

第四，有种问题仅属少数人的疑问，应设法介绍给公众知道。

第五，视学校设备之多寡，校外教学之便否，得增设课程的一部分或大部分。

第五节　课程纲要

一年级：

1. 家庭的生活概况。
2. 个人的卫生习惯。
3. 节日纪念日的研究。

二年级：

1. 续一年级。
2. 对于学校及居境的观察研究。
3. 原始人的生活。
4. 异方人的生活。
5. 公民的活动。

三年级：

1. 续前。
2. 对于省、县、党、国的责任。
3. 事物发明史。
4. 增进健康的卫生常识和公共卫生大要。
5. 本国的现状。
6. 急救治疗法。

7. 学校自治机关的服务。

四年级：

1. 续前。

2. 本国的历史及组织。

3. 时事研究。

4. 本国与世界的关系（包含国耻史略）及世界大势。

5. 地球的研究。

6. 史、地观念的整理。

7. 党纲、党义。

第六节　细目编法

社会科的课程大纲，订法如上述，社会科的课程细目，也不能不说明一下：

一、凡课程上已经订定问题的，可照表内分填各种细目。例如：

目的——即设计的大问题。

怎样注意公众的卫生？

计划——即分析许多小问题。

1. 什么叫做公众卫生？

2. 公众卫生为什么很重要？

3. 注意公众卫生有什么利益？

4. 现在有哪几种公众卫生已经能够实行了？

5. 这几种卫生事业还有改进的办法吗？

6. 街道何以必要清洁？不清洁有何害处？为什么有的街道不清洁？怎样可以常保清洁？

7. 不洁的饮料何以能传染毒病？本地的饮水清洁吗？怎样改良？

8. ……

实行——即儿童的活动：

1. 共定取缔吐痰的规则。

2. 举行扫除街道。

3. 建议改良本市的公众卫生。

4. 讲公众卫生故事。

5. 新闻部特出公众卫生专号。

6. 揭示关于公众卫生运动的照片。

7. 散发关于公众卫生的传单。

8. ……

判断——总结束：

1. 对于公众卫生应有几种知识记着？

2. 应有何种习惯要注意养成？

3. 用何法劝勉他人恪守公众卫生的法则？

4. 用何法可以协助监督公共机关注意公众卫生？

二、此外还有一种临时发生的问题，课程中不能预先订定的，用何法可以规定细目呢？事实上惟有定出一个模式的大纲。一切问题都依照大纲略略准备一下，即与儿童一壁讨论，一壁设计进行。大纲如下：

1. 这一个问题值得提出研究吗？

2. 教师应具何种目的？

3. 儿童应具何种目的？

(1) 怎样引起学习的兴趣？

(2) 从哪一方面入手，使儿童肯尽力研究？

4. 应该准备些什么东西？

(1) 教师需用何项参考书本？

(2) 儿童需用何项参考书本？

(3) 应备何种教具（如图表、照片、仪器、模型、工具等）？

(4) 应有何项准备（如收集、调查、揭示及布置环境等）？

5. 怎样规定步骤？

(1) 计划、实行、判断。

(2) 调查、计划、发表。

(3) 收集、调查、讲述、讨论、制作。

(4) ……

6. 应注意哪几个中心的问题？

7. 应注意哪几种活动是儿童可以实行的？

8. 哪几种成绩应该收藏的？

9. 照以上各项计划做去，能达到教学问题的目的吗？

第七节　学习最低限度的标准

1. 能知居境（包含本地、本省、本国）的区域、出产、交通、公共机关、重要都市、商埠及现在政府的组织。

2. 能知衣食住行的进行大概及原料来源等问题。

3. 具有实行个人卫生及公众卫生的习惯。

4. 明了个人与家庭、学校、职业的关系和服务的责任。

5. 有投票、选举、集会、提案等关于自治的常识。

6. 能知一年间各种重要纪念日的由来（国庆纪念日、国耻纪念日、伟人纪念日等）。

7. 能知中华民国建国史的大概。

8. 能明了党纲、党义的大意。

第六章　教材编著

我们希望儿童能从书本中学得知识和扩张经验，一定要用许多同程度或低程度的儿童读物，才能养成阅读的习惯，学得丰富的知能。

我们试查现在各书局出版的儿童用书中，可借社会科参考的能有几种？其中可供一、二年级阅读的能有几种？严格地说起来，可说一本也没有，哪得不闹知识荒呢！

社会科用书既是这样的重要，又是这样的缺少。目前最切要的问题，就要想法从速编著适当的读物以济急需。兹将编著上重要的标准，列举几条于下：

关于内容方面：

一、切近实际生活的　教育是生活的过程，离开实际的生活，直无教育可言。例如研究合作的一个问题，应该借蜂蚁的故事间接说明；或就同学间合力举办一事说明。如果只叙些合作的意义，合作社会的组织等等，非但读了不能明白，反把清楚的头脑弄昏了。

二、合于儿童程度的　年级低的，常编一种图多字少的书本，说明一种生活的情状。例如供一年级用的卫生补助读本，可绘一套从早到暮的种种习惯（早起、开窗、整理被褥、朝操、刷牙、漱口、早餐、运动、园作、散步、睡眠……）。使儿童从看图中明了卫生的观念。供给三、四年级用的读物，应将每一问题（问题来源参考课程项内），编成一册小书。例如编"吐痰"一书，内容即叙明吐痰对于个人的关系，对于群众的关系，处置吐痰的方法，用浅显有趣的文字，插入精美的图表编成。

三、用字浅近的　编书用字，当然采用语体。但一字一句还须十分斟酌；务使生僻的字、雕琢的词，一概弃而不用。新近编辑国语教科书，大都能注意此层。独有普通的儿童用书，不能注意及此，殊为可惜。希望今后无论编著何项读物，都能根据各年级识字的最低限度做标准，可以造福儿童不小。即或有几个不得不用的术语，应该另加注释或附图说明。

关于体例方面：

一、编著社会用书的体例，大概有以下十种：1. 谚语式，2. 歌曲式，3. 图解式，4. 对话式，5. 叙述式，6. 自述式，7. 书信式，8. 日记式，9. 条例式，10. 纪事式。其中尤以叙述式与纪事式最占多数。

二、编著课文的格式也有多种：1.一个题目下即叙一段正文。普通多用此式；2.将题目改成问题；3.题目后再附几个小问题，然后叙述正文；4.题目后列正文，正文后再列问题。寓有复习考查的性质；5.正文前有"想"的一项，正文后有"做"的一项，使儿童在阅读前有充分的想象、精密的参考；在阅读后把所学的知能，一一表达出来，可增兴趣而资记忆。以上各式，各有相当的价值，当视年级高低、材料内容的不同，而确定采取适合的格式。

关于形式方面的：

一、外观优美　如能全书都用彩图精印，那是最好。万一办不到，至少对封面要用彩图。

二、装订坚牢　当注意纸张坚实、装订牢固、能经久不易破损的为贵。

三、印刷合宜　字体大小，行距离接，都该依据一定的标准。不可一味节省纸张而伤害儿童的目力。

四、形式统一　儿童用书，凡书体、字体、标点、术语等都须统一。更希望于书面上印一种统一的分类编目，使人易于查阅与保管。

第七章　教学方法

　　社会科教学的真正目的,在于从事实出发,再归结到事实上去。教科书不过是一种工具,好比《上海指南》《邮政章程》一类的东西,供人翻阅参考之用罢了。在教学社会科之先,这一个观念,应该弄得非常清楚,不至于误入歧途。

　　但是一般人不知怎样教法。只知拿了教科书,向儿童说明要读哪一课,将课文读一句讲一句,再复讲一遍,如时间已到,即行下课。如有余时,齐声诵读若干遍,读到铃声响时为止。这种教法,对于本科的目的,完全相反。对于儿童自身,毫无实益。反使他们多尝一些苦味,倒不如不设这一科的好。

　　社会科不是读书科,也不是空谈料,应该注重实际研究的功夫。本科教学的目的,就在于适应生活,生活既没有一定的方法,遇着什么境遇,便用什么方法来对付。社会科教学,也该随机应变,采用各种活动的方法来指导。兹从各种活动中抽出几种相似的活动,约略分述于下:

第一节　观察法(包括游历参观)

　　人从大自然中进化来的,要研究人的问题——社会问题——当然要回到大自然中去研究。户外观察及游历参观就是研究大自然的方法。教学时应注意下列各条件:

　　一、观察不但希望他们能得真实的知识,更希望他们能从粗疏的观察进为精细的观察;从散漫的观察引到有秩序的观察。

　　二、观察有部分的、全体的、短期的、长期的各种方法。当视材料内容分别采用。

　　三、参观须有良好的组织和确定的方法。因为儿童一到户外便把室内的学习态度放弃了。实施时当支配各人有相当的活动就不致被外界所纷扰。

　　四、在天朗气清的日子,要多多举行户外教学,养成良好的习惯。

　　五、参观之前,先定目的,讲明方法。参观之后,注意作业报告,共同评判价值。

兹举参观火车站之实例如下:

　　一、参观前先由教师调查一下,备实施时参考。

　　二、带领儿童参观时,注意买票、乘车、下车等手续及方法。

三、观察车站之构造、待车室之设备、各处所贴之广告、站长站员工役等之职务与服装。

四、车辆的名称——机车、客车、货车。

五、转运货物的方法及手续。

六、路轨的种类及信号的用法。

七、……

一次参观所得,胜读许多书本。如有机会,宜多多利用。如学校、商店、工厂、农村、市镇、共同机关、交通机关、伟大建筑物、偶发事项及名胜古迹的地方都可参观。

第二节　调查法

调查的方法有两种:一是通信调查;一是直接调查。两种方法,可以单用或兼用。直接调查,先期由教师往调查地观察一回,作指导之准备。调查出发前,先讨论调查方法,应守之规则。参观时,分组举行,切实指导。调查后须做笔记,再共同讨论一个要点作为结束。通信调查,由共同拟具办法,规定格式,通函询问。调查既得结果后,共同集议一下,作为结束。

兹举调查学校附近商店、公共机关的实例如下:

在上海调查一条马路旁的店铺和机关;结果查得学校、公安局、米店、图书馆、俱乐部、商务印书馆、印刷制造厂、救火会、鞋店、粥店、电气间、钱庄、菜面馆、理发店、杂货店、布店、陶器店、旧货摊、糖果店、火车站、小菜场、商品陈列所等各不同之商店及公共机关。将调查结果加以讨论:

1. 学校应该设计在哪里最好?
2. 公安局做些什么事情?
3. 米店里的米从哪里来的?
4. 图书馆有什么用处?
5. 俱乐部有什么利益?[①]
6. 商务书馆做些什么事情?
7. 印成一本书要经过多少手续? 印好的书怎样发卖到各省去?
8. 救火会怎样组织的?
9. 上海的鞋店为什么多做皮鞋? 皮从哪里来的?

---

① 利益:指对人或物有良性影响的事物。——编校者

10. 粥店里的粥供给哪一种人吃的？

11. 电气间有什么用？

12. 钱庄有什么用？

13. 菜面馆供给哪一种人吃的？

14. 现在的理发店还有什么不卫生之处？

15. 杂货店里卖些什么东西？

16. 布店里国货多呢，还是洋货多？

17. 陶器从哪里贩来的？

18. 旧货摊上的东西从哪里收来的？

19. 糖果店里的食品有哪几种是不合卫生的？

20. 火车站的讨论详见前参观项。

21. 小菜场的用处有几种？怎样可使清洁？

22. 商品陈列所的用处在哪里？国货能与外货竞争吗？国货为什么不能畅销？关税对于商业有什么关系？怎样可把关税收归自主？

23. 路的两旁设边路①是什么意思？

24. 这种路怎样筑法的？路面为什么要这样造法？

25. 阴沟、自来水的管子怎样装法？

26. 路灯的设置妥当否？

27. 这一条路上有什么缺点？应该怎样改良？

从调查一条大路，可以代表许多道路；调查一处的商店及公共机关，可以代表许多的商店及公共机关。这种研究法又实际，又有兴趣，真是最有生气的一种教法。

可供调查的资料有：1. 同学的住处；2. 物价；3. 邻近的职业；4. 家庭的费用；5. 附近的船埠；6. 本地的工艺品；7. 社会上的偶发事项。

第三节　收集法

收藏是儿童固有的本能，教育上若能善为利用，可得美满的效果。惟须注意以下各点：

一、收集时可分组进行，例如有人专收图片，有人专收邮票。同种目的中，再可分配各人负责收集一二种物品，例如有人专收商家广告，有人专收报章

---

① 设边路，原稿为此，未详。——编校者

图画。

二、收集物品须标明姓名,比较多少,借资鼓励。

三、收集时另组审查队,专司鉴别。

四、另组保管队,专司登记、收藏、保管之责。

五、全体收齐后,开一展览会结束。

兹举收集钱币的例子如下:

1. 第一步讨论何种钱币?——讲演、研究、参考。

2. 分别钱币的种类——金币、银币、铜币、铅币、纸币、代用品。

3. 分组收集。

    ① 矿质钱币组(金、银、铜、铅)。

    ② 纸质钱币组(钞票、支票、钱票、角票)。

    ③ 外国钱币组(矿质及纸质)。

    ④ 古代钱币组(或用图代)。

    ⑤ 登记收发组。

    ⑥ 鉴别组。

    ⑦ 保管组。

4. 筹开展览会。参考第十二节展览法。

收集的种类很多,通用的有织物、花纸、工艺品、画片、钱币、玩具、邮票、广告、商标、照片、文具、书法及伟人相片等类。

第四节 演讲法(讲故事法)

一段故事或一种常识,儿童不能自力研究的,可用演讲式教学。单指故事说起来与文艺故事大同而小异。文艺故事重在兴趣与想象,社会故事重在德性的修养或是常识的灌输,所以教学起来也有分别。讲述社会故事应行注意之点如下:

一、言语浅近,少用术语。

二、语句清晰,少重复累赘。

三、要利用颜面、手足的帮助表达,但不能流于油滑。

四、遇有重要关键处,须郑重讲述。

五、随时插进相当的问题,引起儿童研究的兴趣。

六、讲德育故事、卫生故事宜设法指导实践。

七、讲史地、常识、故事多加讨论。

八、讲述故事有关别种活动甚多,宜设法多应用。

兹举讲述"非洲矮人生活"的故事一例如下(括号内的字,是表明教师的设问):

(你们看见过矮人吗?大概有多少长?)世界上有一种很矮的人,他们的大人只不过和我们的小孩子一样高;男子顶多不出四尺,女子顶多不出三尺。(你们各有多少高?四尺高同什么人一样?三尺高同什么人一样?)他们都住在树林里。(为什么不住在房子里?树林里的生活好不好?)有的人是黑色的,有的人是红色的,他们只在腰里围了一条布,其他并不穿什么衣裳了。女人们比较多穿一件用树皮、树叶做成的短裙子。(我们的皮肤是什么颜色?他们不穿衣裳会冷吗?为什么不怕冷?那里气候大概怎样的?)矮人没有房子,多住在树底下。有的只是造成蜜蜂窠样的草屋,四尺高、四五尺大、一尺半高的小门刚够一个人的出入。(我们的教室,有多少高?有多少大?门有多少大小?他们的房子,只可比到我们见过的什么房子?)他们也有些讲究的房子,前后各有一个门,预备做逃走的出路。(他们为什么要逃?)他们的床是用树枝和树叶铺在地上做的。(我们睡的床用什么东西做的?他们为什么没有讲究的床?)

矮人爱打猎,善用弓箭。打猎时,能连射三四箭,第一箭没有打中,第二箭已经射出去了。(什么叫做打猎?你们见过打猎吗?用什么东西打的?你们会射箭吗?你们会用箭打猎吗?)他们也会做陷阱,在地上掘了一个大潭,盖些树枝和树叶,等野兽走过,一失足便落在潭里,立刻用弓箭去射死它。(为什么要用陷阱?陷阱有什么缺点?)他们把捉到的野兽切了肉片放在火上烤一下,或者燻一下,就拿来吃。把野兽身上的毛皮卖给人家,换一种弓箭和刀,或者换些烟和山薯来吃。(他们为什么不吃饭?我们吃肉怎样吃?他们的吃法和原始人的吃法有什么不同?)矮人也会捉鱼,用一块肉缚在绳子上,投到河里去,他们有时也会钓到几条大鱼的。(我们的捉鱼方法有几种?哪一种最便利?)

矮人不会耕田种东西,除了吃兽肉外,最喜欢吃香蕉。看见了香蕉,就用箭向香蕉的柄上一射,香蕉就落下来了。种香蕉的主人看见了箭,就明白这种意思,替矮人留着些,等他们来拿去吃。有时矮人很客气,把一块肉放在拿香蕉的地方,算是香蕉的代价。他们吃香蕉的本领很大,一口气能吃六七十个。(谁吃过香蕉的?香蕉柄大概有多大?他们怎样会射中?主人为什么不责罚他们?)

矮人不会说自己的一种话,都是学些附近别种黑人的说话,他们的身体虽是矮小,却十分勇敢。住在他们相近的异族人,谁也不敢欺他们的。可惜现在被白人所征服了,剩下的只得逃往深山旷野中去过活,从此人种逐渐改少了。

(他们怎么会被白人征服?)

讨论完毕可就故事里作种种发表作业,或画想象图,或作矮人雏形,或装排矮人生活模型。使一个故事变成一个很长的设计。

第五节　讨论法

使儿童研究社会科功课,并非只在灌输呆板的知识,而在于养成他们有探讨问题的兴趣,有解决问题的能力。所以讨论一项很占重要,特于下章提出详细说明。本节只就指导时应注意的各点及举一实例如下:

注意点:

一、观察现在社会上有什么可供研究的问题?从新闻、谈话、阅书上引起。

二、那种问题从何发生?设法调查研究。

三、这个问题发生后,影响多少事情?

四、用何法解决这个问题?

五、怎样实行?

六、预卜有什么效果?

例如筹开一个小商店的讨论问题如下:

1. 本商店应题什么名称?各提意见,逐一板示,经充分讨论后付表决。

2. 地点应在何处?注意地点的便利、宽窄、美观及便于保管。

3. 应定何种规章?至少须定组织大纲、服务细则、买卖须知等各条项。

4. 应如何布置?注意设置橱柜、橱架、桌椅、存货处、装饰品、广告处等地点。

5. 应办何种货物?各开货单付审查。

以上各问题讨论终结后,各编计划书一本,备实行时参考。

第六节　游戏法

"游戏"两字,是我们常用的称谓;游戏对于教育之关系也是一般人所深知的。游戏与生活是一致的。工作即是游戏,游戏即是生活,故游戏对于人生的关系极密切。

教社会一科,不当专重书本。遇有可用游戏法教的,即用游戏法教,使他们学习有兴趣而肯努力。

指导游戏时应注意之点,略述如下:

一、社会游戏与体育游戏、音乐游戏各异其趣。当注重获得相当的经验与知能,不当专重娱乐身心。

二、实行以前,当充分设计。

三、实行之后,当充分批评。

四、游戏时教师也要参加,不能袖手旁观。

五、游戏当以普遍全体为贵,不能专供一二人的活动。

更举实例如下:

题目　美国纽约公立学校里通用的刷牙操

标准　牙刷、牙粉、冷开水、脸盆

1. 刷外面　见图一

动作　左侧——一、二、三、四、五、六、七、八、九、十、十一、十二、十三、十四、十五、十六　浸

右侧——一……十六　浸

正面——一……十六　浸

2. 刷里面　见图二、三

上面左侧——一……十六　浸

上面右侧——一……十六　浸

上面正面——一……十六　浸

下面左侧——一……十六　浸

下面右侧——一……十六　浸

下面正面——一……十六　浸

3. 咀嚼面　见图四、五

上面左侧——一……十六　浸

上面右侧——一……十六　浸

下面左侧——一……十六　浸

下面右侧——一……十六　浸

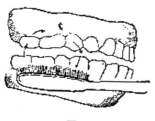

图一

图二

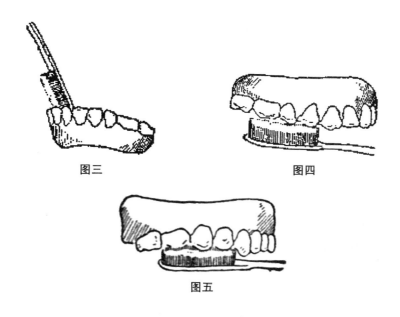

图三   图四

图五

第七节　模仿法

模仿是重度他人的生活,使儿童寓求知识于游戏之中。实行前须切实考量当时之情形,摹拟各人的体态,然后表达起来可以形容毕肖。

指导模仿应行注意之点略述如下:

一、模仿他人生活的一部分的叫模仿;全部分的就称表演——有时也很容易混淆,为说明便利计,就分成两节。

二、模仿各种发声(如呼贩声、报告声、鸟兽声、机器声等)可练习口技。教师应随时注意设法用手指的帮助,而能成酷肖的声音。

三、模仿各种体态当分别男女老幼的不同,各职业的特点,如在银幕上表演的一般。

四、模仿各种生活。模仿原人的生活应用想像的功夫,仔细考虑;模仿现社会上的生活,应充分观察,切实练习才能成功。

更举指导的实例如下:

题目:开水果店

开会前的活动:

1. 参观水果店。

2. 讨论水果店的布置。

3. 制作假果品——联络工艺。

4. 练习买卖礼仪。

5. 练习开发票——联络算术。

6. 调查买卖的手续招待法。

开会中的活动：

1. 装排商店。

2. 陈列果品。

3. 买卖货物，开发票。

4. 招待幼童。

5. 招待老人。

6. 招待妇女。

开会后的活动：

1. 卖者的态度对不对？

2. 买者的态度对不对？

可供模仿的材料很多，如农人生活、铁匠生活、木匠生活、渔人生活、小贩生活、皮匠生活、原地人生活、异地人生活、各种职业界的生活等。

第八节　表演法

社会上有许多事情，不能直接观察的只能用图画与文字来介绍，但是图画只能描写有形的事物，文字只能描写抽象的活动，都不能深印儿童的脑筋，使他们很深切地了解。比较妥善的方法，只有赖于表演。表演能把将来的需要，化为现在的需要；能把平面的、抽象的事迹，化为立体的、具体的事情；能把空谈的事情，化为实行的事情。例如表演过去的史绩、异方人的生活、重大的新闻，一经表演，就觉生气勃勃，如亲临其境，目睹其状，既感兴趣，又易记忆，真是社会科中的好教法。

兹就指导表演的应注意之事项略述如下：

一、人物服饰均须与儿童讨论。

二、在表演前选择材料、编排演习、制作景物，都须通力合作，养成互助合作的精神。

三、一种表演，必有一种寓意，大忌专事迎人取笑，而成游荡嬉戏。

四、服饰中不能用布制的一概可用纸制。

五、表演完毕后须充分地批评。

兹举古史短剧"发明熟肉"的实例如下：

登场人　咀嚼：是一个年老的女人。

捷足:一个壮年男子①,是女人的孙儿。

鸽子:捷足的弟弟。

鹰眼:一个年长的穴居人。

布　景　一座荒野的山上,有一个深而且黑的石洞,石洞口烧着一大堆的火。一个蓬头跣足,半身穿着兽皮的老年女人叫咀嚼,坐在火旁刮兽皮。

咀嚼:捷足快来! 拿这一个皮袋,替我到河边去带一袋水来。要快一些,不要玩啊!

捷足:是,是! 我决不玩,决不玩。(提着皮袋去舀水了。)

(咀嚼到洞里去拿一根树枝出来,在火边掘一个泥潭,把一大张兽皮,铺在潭里。)水来了,水来了。一袋水漏掉不少了。快些替我说,倒在什么地方?

咀嚼:倒在皮潭里。

(捷足把水倒下。咀嚼坐在潭边刮皮。左手拿着兽皮,右手握着石刀。在水潭里浸一浸,用石刀在皮的两面刮。捷足去和鸽子玩了。)

捷足:祖母! 不好了,鸽子的手被火烫痛了。

(咀嚼丢开刮皮,站起来望着两个孩子。鸽子捧着脸子大哭,捷足扶了他走来。)

咀嚼:不要哭! 什么一回事,慢慢地讲来。

(咀嚼拍着鸽子的背,右手替他揩眼泪。)

捷足:请大家坐下来,我仔仔细细地告诉你。(大家坐下)我和鸽子在火旁坐着,讲些捉北鹿的法子。不料他看见火里有一块烧红的石子,伸手去一拿,他就大哭起来了。

咀嚼:本来不对。火里的石子,怎么可以用手去拿呢。要拿火里的石子,除非用两根树枝拑起来。捷足、鸽子,你们下回不要再干这种事了。

(咀嚼走到洞里去预备吃中饭的生肉。捷足和鸽子也重去玩了。)

鸽子:哥哥,我真的把两根树枝拑起一块石子来了,快些去给祖母看罢。

(拑了石子,走过水潭边,一不留心,石子掉在潭里。不住地发出一种"泗泗泗"的声音。)一条蛇,一条蛇……(且说且逃,直向祖母那里去,把脸藏在她的怀里。不断地喊一条蛇,一条蛇……)

---

① 原文即为"壮年男子"。但似与后文中与弟弟玩耍,或被称作"孩子"不太符,但忠于原作起见,此处不作改动。——编校者

捷足：我知道蛇在皮潭里。

咀嚼：我去找，找到了打死它。

（咀嚼去找，找不到什么蛇。只看见皮潭里发出连续不断的小泡。一种"泗泗泗"的声音，还听得很清楚。）

没有蛇，只有皮潭里的水神发怒的声音。

捷足：水神发怒了，怎么好？

鸽子：我们祈祷罢。

咀嚼：我去拿切好的肉来给水神吃，请水神不要发怒。

（咀嚼去拿肉，捷足和鸽子跪在水潭旁边祷告。咀嚼把肉向水里一丢，水着了肉不响了）

咀嚼：水神不怒了。

捷足：下回不敢再闯这种大祸了。

鸽子：好在水神喜欢吃肉，否则他一怒冲天，把我们的性命也要夺去了。

（咀嚼重去切肉。捷足和鸽子把这一回的事，去告诉别的穴居人听。后来他们的肚子饿极了，不敢去向咀嚼讨肉吃。）

捷足：肚子饿，没有东西吃，想什么法子呢？

鸽子：偷水里的肉吃罢。

捷足：水神不要发怒的吗？

鸽子：少吃一些也不妨。他看见我们是年轻的小孩子，也许不会发怒的。

（鸽子先偷了一些肉屑吃。）

捷足：肉好吃么？

鸽子：好极了，我们吃过的东西，再没有像这样的好吃。捷足哥，你也吃一些罢。

捷足：我且试试看。（伸手去拿肉吃，恰巧被他的祖母看见。）

咀嚼：岂有此理！怎么好偷水神的肉吃。

（捷足吓得一跳，拿了一块肉就逃。咀嚼追赶上去，把他捉住了，仔细盘问他。）

你吃水神的肉，水神不要发怒的吗？要吃肉，为什么不来向我拿。咳！水神发怒了，怎么好呢？

鸽子：滋味是很好的。（低着头很轻地说。）

咀嚼：你说什么？（举起手来要打他，恰巧被鹰眼看见，一手挡住她的打，一手拉着鸽子就走。）

鹰眼：你说的什么？

鸽子：我说水里的肉，滋味是很好吃的。

鹰眼：皮潭里的肉还有吗？

捷足：还有一些。

鹰眼：去拿来试试看。（走去把皮潭里的肉捞起一尝，滋味果然很好。）咀嚼！不要打他们了，烧肉的法子，被他们发明了。

咀嚼：（嗤的一笑。）你的话真奇怪。

捷足：哈哈！幸亏鹰眼老伯来救我们。

鸽子：不打我们了，我们去玩罢。

（幕下）

附注：本剧参考（Dopp①）原著（*The Later Cave-Man*②）一书编成。

第九节　装排法

从游览观察之后，考查儿童是否明了，可令儿童用各种发表法调查。最简便的用口头发表，普通用文字或图画发表，最易明了的用沙盘装排发表。例如从游观城市后，引起研究全城市的动机。借一张桌面做城市的基地，继续讨论城市里应当包含哪几种建筑物，先列成一个表。如火车站、商店、图书馆、公园、银行、公安局、学校……，各人选定一种，计划建筑。

各人把建筑物制成后，汇集起来，装排在桌子上。同时讨论道路的宽窄、草地的分布、街灯交通器的设施，且设计且进行。遇有疑难问题，即出外重行观察。

一切装排结束后，再就大体上批评一下，足为定型。从这小小的问题开始，可以扩为很长的设计，有时竟会延长到一年之久。

第十节　参加法

学校就是社会的雏形，学生就是构成社会的分子。所以社会上种种有益的运动，也要使学生参加，引起他们的同情。使儿童能思团体之所思，觉团体之所觉，行团体之所行。看自己为团体的一员，设法去达到团体的目的。把个人化合为小团体，再由小团体化合为大团体，大众的目的相同，见解相同，然后可以显出很大的力量。

---

① Katharine Elizabeth Dopp(1863—1944).——编校者

② 《后期穴居人》，Rand McNally，1903。——编校者

兹举参加捐款助赈的一个例子如下：

动机　从讲述时事上引起或接到传单后引起。

讨论　1. 某某灾区在什么地方？

　　　2. 怎样会饥荒的？

　　　3. 灾民的苦况如何？

　　　4. 我们应该用什么方法来救济？

　　　5. 怎样募捐法？

　　　6. 募捐队如何组织？

　　　7. 为什么要举行游行？

　　　8. 捐到的款项怎样处理？

　　　9. 怎样汇寄？

实行　依讨论各项实行。

判断　1. 计算捐到的款项至多可以救济多少人？

　　　2. 这一回捐款在手续上有何缺点？

　　　3. 各人做一本经过报告书。

其他社会上的公共事业可令儿童参加的很多。例如卫生运动、节俭运动、灭蝇运动、植树运动、识字运动、爱国运动、雪耻运动、庆祝纪念等，都是很好的设计资料。

第十一节　集会法

集会的性质有两种：一种是含有纪念性质的，例如举行国耻纪念、追悼烈士纪念、伟人诞日纪念、劳工运动纪念等，都从追念往昔中，寓有教训意味的；第二种是含有竞赛性质的，例如开演讲会、辩论会、竞智会等，其目的以集会为名，而寓训导为实的。二者在事前均当充分设计，与他科联络进行，会后更须详加批评，考查得失，作下次的参考。

兹将集会时之注意点列下：

一、凡纪念伟人的诞辰或逝世日，须讲明他的历史及有关于社会国家的功绩。

二、一国一地方的重要纪念日，须讲它的前因后果。

三、举行国耻纪念时，除讲明史迹外，更当略述雪耻的方法。

四、举行竞赛时，或由教师命题，或说明范围后，由学生自定题目。演讲前都要先做讲稿。

五、演讲者须注意取材的新颖、言语的清晰、态度的活泼、口音的正确。

兹举"国庆纪念"学习纲要如下：

集会前：

1. 阅读武昌起义的事略。
2. 讲述革命伟人的功绩。
3. 民国成立史的大概。
4. 编著国庆纪念用的剧本和说明书。
5. 制作会场上应用的装饰物。
6. 练习唱国歌或剧曲。
7. 计划会场布置、开会秩序单。

集会中：

1. 讲演中华民国的过去、未来。
2. 激起爱国的思想。
3. 表演。
4. 唱歌。
5. 其他。

开会后：

1. 批评开会时的缺点。
2. 记载开会的经过情形。

第十二节　展览法

展览会的活动，含有集大成的性质。进行时须将各种教法相机应用。

指导时应行注意之点列下：

一、筹备规模圈较大的展览会所需时间较长，手续较繁，儿童每易有始无终。教师当随时提醒，刻刻注意，务使维持兴趣，直到开罢为止。

二、开会时应用各种计划，如会场布置、陈列方法、招待事宜、经费预算等均须详细设计。

三、展览会可视出品多少、成绩优劣而定适当的办法。有时只供本级展览，有时可邀请家属及来宾参观。

四、陈列后应使儿童负责收拾，妥为保存。

兹举"夏令卫生"展览会一例如下：

开会前：

1. 规定开会日期和地点。

2. 计划陈列方法须用曲折顺走的法子，使参观的人只能向前进行，不得退回。只能从头至尾看完一遍，不能看到半途而废。

3. 布置方法须分出入口。派请招待员看护。

4. 订定分期进行的略历。

5. 定收集手续和藏置方法。

6. 如需敦请校外人参观，须备入场券或请帖。

开会中：

1. 陈列品分挂图类、书本类、图片类、标本类、模型类、药品类、用具类、食物类、饮料类等各项。

2. 每类陈列品分配各人负责收集。

3. 收到后登录簿册，标记符号。

4. 实行陈列布置。

开会后：

1. 审查和批评。

2. 保留和汇订。

3. 赠送和分发。

4. 讨论开会后之意见和心得。

第十三节　实习法

有许多社会知识，讲演是不能明了的，参观是没有机会的，用尽种种方法，都不能使它明了，惟有用实习的一法。

实习时要注意：

一、卫生习惯、礼仪作法要多多实习，养成习惯。

二、实习时要认真工作，不要流于油滑敷衍。

三、实习时需要参观、调查及检阅图书的，均当加以指导。

四、实习开始时，应使儿童充分了解其目的（不妨采用儿童的目的）。

兹据急救实习的一个实例如下：

1. 讨论急救的种类（火伤、刀伤、水溺、昏倒）。

2. 报告各人的经验。

3. 说明急救的要点。

4. 讲明绷带用法。

5. 试作。

6. 范作。

7. 交互练习。

第十四节　制作法

一般儿童都喜欢动手工作。当工作时一定有研究问题发生。社会科中遇有工作的机会或是工作中有研究的机会，都该切实利用。

制作时要注意：

一、应该适合儿童的兴趣。

二、应该勉劝儿童有独立的思想。

三、应该有一个确定的目的。

四、养成分工合作的习惯。

兹举制作"一个洋娃娃的家庭"的例子如下：

1. 参观各种家庭。

2. 打样——房屋家具。

3. 收集材料。

4. 分工制作。

5. 修饰。

6. 批评。

第十五节　结论

以上所述各法就活动的本身而定的。各个方法间都有相互的关联，有时一个活动要兼用几种方法。例如做一个卫生运动，其大目的是一种"参加"活动，但少不了"实行"、"故事"、"比赛"、"制作"、"游戏"等各种活动。本书所以要分成许多方法的用意，不过便于教师的指导罢了。

再看上述各种方法，实在是一种粗率的分类罢了。若细细解析，恐怕写不胜写呢。但是反过来说，严密地归纳起来，却又可以"设计法"三字包括尽的。

总之，我们可以不管有多少种类，务须求得相当效果为贵。一个问题中，应用多少活动，须用何种活动，全视教师能否利用。如果善于利用，那么方法虽少，亦会变化，什么都易收效；不善利用，方法虽多，结果亦不过招致纷扰而已。

第八章　教学要项

第一节　思考养成法

社会科分公、史、地、卫四项,大半属于知识的探求。教起来一面要注意获得丰富的知识;一面要养成正当的思考习惯。二者之中,更须着重于养成思考的方法。因为一个儿童能有正当的思考法,能独立研究,能尽宇宙间的万事万物而研究,知识不患不足。若仅学一些零散的知识而无相当的思考习惯,那么无论教师的学识多少丰富,儿童的记忆多少强固,终不能把一切的事物都记忆起来。即使有记忆的可能,时间上也不够你消磨。即使够你去探讨,结果还等于学成一个书簏①,实际上有何效益?何贵乎有此社会一科!

所以思考指导法是非常重要的。尤其是在小学时代,一切习惯尚未养成时更觉重要。但是思考法不能由教师越俎代谋的,只能逐渐地养成。

以下略分几个步骤,逐一举例说明一下。

一、第一步(适用于幼稚园及一年级上学期)用随问随答法。例如:带领一班儿童到街上去走一回,回到教室里来,不等教师坐定,大家已经在那里唧唧哝哝地讲起来了。那时教师可趁这机会,提出几句话来和他们谈谈。

甲生:那边路角上,有盏什么灯?

师:有谁知道?

乙生:大洋灯。

丙生:不！是电灯。

师:那是一盏电灯。

丁生:街路旁边有个绿色的圆桶是什么东西?

甲生:放信的筒。

丙生:那边就是我的家里。

……

这种初步的研究,随问随答,问点游移不定,答语嘈杂无序,好像极背教育的原理。实际并不见得,也是思考指导法中不可免的第一种步骤。它的优点

---

① 原指藏书用的竹箱子。这里是讥讽读书多而不解书义或不善运用的人。——编校者

有:1.所有的问题,由儿童提出,由儿童讨论,最后才由教师判断。很合儿童的心理,合自发教育的原理。2.所发的问题,想到哪里便说到哪里,自由自在地研究,使儿童不觉得枯燥,不觉得呆板,并且越讲越有趣味。3.儿童所发的问题,在成人看来类多无价值的谈论,但在儿童看来却都认为重要的讨论;有时教师以为是个重大的问题,却被儿童三言两语解答完了;有时教师认为细小的问题,在儿童却要花尽九牛二虎之力争论好久才得解决一小部分,这种完全儿童化的研究,教育上确有相当的价值。

二、第二步(适用于一年级下学期起至三年级上学期止)用摘问口答法。第一步的方法用熟了,便该进一步用摘问口答法了。否则久用第一步的方法,容易养成一般只会胡思乱想的疯子,贻害匪浅。

第二步的方法,便是儿童问什么,教师把这问题判别一下,把没有价值的不关本题的问题一概删除,把有价值的记录起来。例如参观车站后的研究:

1. 乘火车的人为什么要买票?

2. 为什么有头等、二等、三等的区分?

3. 红绿旗是什么记号?

4. 站长做些什么职务?

5. ……

所有的问题都摘录下来了,开始逐步讨论。先令全体朗读问语,然后相互问答,例如解答第一问:

甲生:大家不买票,那么修火车、造铁路、生煤、取火的钱哪里来呢?

乙生:大家不买票,大家好坐火车去玩,火车里的人挤不下了。

丙生:大家不买票,大家要坐头等了。

丁生:火车站上的办事人,哪里有钱来养活他们呢?

戊生:……

教师:大家说得都很好,现在再讲第二个问题……

这一个步骤,比了第一步谁都知道进步了。计其优点有:1.发问不好随随便便任意乱说,要问什么先该想妥了再举手,可以养成郑重发问的习惯。2.虽不能随意发问,都还不限制他们先问什么后问什么,仍有自由思考的余地。3.每个问题必加充分讨论,对于思考方法似乎渐趋正轨。4.讨论时教师只处于主席地位,指定发言先后,分别答语轻重,最后加以简略的判断,做个终结,这种方法很可以养成研究的态度。

三、第三步(适用于三年级下学期起至四年级上学期止)用笔记问答法。第二步的方法,固然比了第一步有进步,可是只偏于教师的活动(竟有少数儿童不提一问,也不插一答,始终呆坐默想的)。在教育理论上看来还不满足,所以有第三步方法的必要。这一步根据第二步的方法,使儿童发生问题,自己笔记问题,自己摘录答语,使他们更加用心注意。例如研究火的问题:

甲生:我们用什么方法取火最便利?(教师说:这一个问题很好,大家把它记起来——以下同。)

乙生:没有火柴以前用什么方法取火?

丙生:火的用处,除了煮东西以外还有几种用处?

丁生:火炉为什么很贵?(教师说这一个问题与本题无关,不必讨论,无用记出。)

戊生:……

发问多时作一结束,再依问的次序详加讨论。例如将甲生提出的问题,得如下的答语:

甲生:电灯最便。

乙生:不对,电灯从总厂里把电引来颇不容易;并且电火不能与平常的火相提并论。

丙生:火柴取火最容易。

戊生:对啦!火柴取火比了钻木取火、打燧石取火便利多了。

教师:的确,用火柴取火最便利,大家把它记起来。

这一个步骤有以下几种好处:1. 有了笔记,肯郑重研究。2. 有了笔记,提问的人肯负责任。3. 有了笔记,使思考更有秩序,更容易造成科学的头脑。

四、第四步(适用于四年级下学期)用归纳问题法。儿童对于社会研究会提问题了,会笔记了,会解答了。进一步的办法,就要注意接近于科学的研究法。先将问题摘录在黑板上,再把相似相关的问题归并起来,依科学研究的步骤,先分析,继集材,后讨论判断,记录起来。例如研究"时疫"的一个问题:

1. 什么叫做时疫[①]?

2. 怎样会发生时疫?

3. 时疫怎样危险?

4. 时疫怎样传布?

5. 防止时疫有什么方法?

---

① 时疫,病名,指一时流行的传染病。

6. 已经传染了时疫,可有什么方法急救?

7. ……

解决第一个问题,只需检查《辞源》、《学生白话辞典》、《卫生小丛书》等书本。解决第二个问题,先分析为空气传染、饮水传染、食物传染、用具传染等各小问题,然后搜集相当的资料。

这种方法有以下几个优点:1. 研究有次序,思想易发展。2. 研究有方法,思考会周密。3. 思考逐渐进步,能养成优良的学习态度。

以上四个步骤都要按部就班地进行,不可躐等,也不可缺略。在初入学的儿童决不能就用笔记法、归纳法来教学。年级高了,也不能用随问随答法教学,应该照学习法自然进行,做到一步改进一步。

有人以为第一步可以缺略的,那么可以用反诘的方法来解决。第一,幼年生识字不多,即使用摘录问答法也莫名其妙。第二,初学时问多答少,摘录问题需时太多,容易使大半儿童枯坐无事,惹起秩序混乱的现象。

有人以为第二步可以缺略的,也不对。因为儿童惯用随问随答的方法,一跃而叫他们用笔记法,其困难可想见了。

有人以为第三步可以缺略的,这也不对。因为儿童只会说不会做,要养成一般专说空话的人。并且有许多复杂的问题,决不能仅靠口述可以解答的,所以这一步也不能缺少。

有人以为第四步在小学四年级中不能够办到的,这话说得很是。现在一般儿童,还是在注入法底下讨生活,决不配用第四步的方法。如果我们把教法逐渐改良起来,将以上各种步骤加紧指导,至此不至嫌早嫌难的。但是这一步功夫,却是比较困难一些,应该逐渐指导,不必急急希望成熟。大概须有半年之久,才得有些头绪,将来继续指导,自然能够成熟。

兹更就以上所述四个步骤列表说明如下:

步骤	要点	适用年级	目标
第一步	随问随答	幼稚园及一年级上学期	使散漫的发问引到有秩序的发问
第二步	摘问口答	一年级下学期至三年级上学期	使不精细的研究到精密的研究
第三步	笔记问答	三年级下学期至四年级上学期	使杂乱的讨论变成有系统的讨论;使简单的探讨到细密的研究
第四步	归纳问题	四年级下学期	使短时间的谈论引到长时间的思考;从心理的学习渐渐引到论理的学习

第二节　社会化教法(The Social Recitation)

要使儿童明了社会情状的真相,感到社会合作的真价值,先要在教室里养成社会化的讨论习惯,及注意社会化的训练法。兹先说第一个问题:

一、社会化的讨论法

社会教学首重讨论,普通学校里教起社会科来,都是先生问,学生答;先生讲,学生听的老方法。教室内的活动,全是教师注入、学生领受的现象。绝不许学生先发问或是学生与学生间相互的讨论。这种教法,委实是教师是个商人,学生是个顾客罢了,谈不到教育两个字。

一个教室里,聚了许多男女智愚不同的儿童,当然应该用社会化的教法。在讨论时,如有意见发表,就该面对大众,高声报告,一字一语,都向全体负责。全体的人也该侧耳倾听,注意他为大众而报告。如有错误,共同订正。

年级高一些的,讨论起来,可以参用开会的形式。推定一人做主席,主持发言、讨论、表决等职务。各人谨守秩序,听命于主席的吩咐,各尽所能,替全体负责。教师不过从旁指导,维持室内散乱的空气,并纠正各人言论的谬点,取决儿童不能解决的问题罢了。

此外还有一种研究问题,需调查多种材料,参考多种书籍的,可用分工合作的方法,推定各组各人分任一切,分头研究,再汇集起来,举行几次公开的讨论,这样才能达到社会教学的真正目的。其次再说第二个问题:

二、社会化的训练法

社会科教学的目的,有一部分须养成习惯的(如公民卫生的习惯)。必须经过相当的训练,从来学校中对于训练一事都非常着重。可是所施的方法,类多偏于教师的直接训诲,结果养成儿童与教师如鼠见猫,如狼见虎,小心翼翼地奉行惟谨。一背教师便无恶不作,诸事不理了。试问:这种训练有何价值?

社会化的训练法,即使同学有一种组织,能使他们相互监察,使作恶者有所忌惮而不敢犯规;使为善者肯向全体负责,努力为公服务。将来置身大社会中,人人都成一个健全的公民。

如教室中共同订定一种规则后,无论何人均须恪守。谁敢违犯,即群起制止之。叫他离众独坐若干日,以昭炯戒。如有不整洁者,全体责令修饰之。有谁屡戒不悛者,群议处罚的方法罚他,使他从小就在小社会中,养成适合社会生活的习惯,将来跨进大社会内,即无扞格不入的弊病了。

第三节　阅书指导法

我们从心理实验的结束深知儿童是喜欢阅书的。不过阅书并非只把几本合用的书本（不合用的更不必说），授给儿童大略地读过一遍，就算了事。应该有相当的指导，使儿童能用最少的时间和精力，而得最大的效能。同时可以养成正当的读书习惯，更有独创、判断、组织等能力。

指导儿童阅读社会科的读物，与指导阅读文学读物稍有不同。

兹为便于阅者起见，不妨也大略地叙述一下：

一、**指导阅读教科书**。并无特异之点。最重要的切不可当作国语教科书看。先摘生字，后范读范讲，再练习读讲，末用背诵摘默结束（现在用新方法教国语也不是这样教了）。做了一套死读书的功夫，结果毫无实益。要知道读社会教科书的目的，并非为了识字而读书，原是为了求知识增经验而借重文字达到它的目的。指导的方法有二：第一种是从读书入手的，先令儿童概览一二遍，再指名试读一次，遇有困难之处，略略讲解，即提出问题讨论，进行应有的各种活动。第二种是讨论入手的。先提出问题，共同讨论。讨论终结后，拿出教科书来，阅读一遍，以作证明。

二、**注意增进读者的能力**。指导儿童读书的目的，除了使他们明白书中的字句外，更要设法增进他们的读书能力。第一步先注意增进他们的理解力。分四方面去改良：1. 用浅近语句编著。2. 多用插图。3. 多用故事体裁。4. 每段材料前后加问题。第二步注意增进阅读的速率，可分三方面去改良：1. 养成静读的习惯。2. 免除暗发喉音的习惯。3. 改良印刷的字体。第三步注意增进组织的能力。也分三方面去入手：1. 摘记大纲。2. 多做表式。3. 随时考问。以上各点都能注意改良后，指导儿童读书的功效已得大半了。

三、**指导阅读的附带问题**。概括言之，略有五点：1. 当学习时即学习，不可留滞搁置。须凝聚精神，用全力一气阅读。2. 养成判断的能力。分别有关系的记取，无关系的遗弃。3. 注意读书时的卫生，见有斜坐、侧坐、垂头或压迫胸部者，立即警告，令其自行矫正。4. 应有适当的布置，采用公开书架的办法，取书还书，均归自理。5. 读书外助的指导，也不可忽略。凡字典用法、目录查法、图书分类法等，均当有精详的指导。

第九章　社会科与他科联络

儿童在学校里，练习适应环境里的生活，照理论上说，只有各种不同的活动，不应该有各种分裂的科目。不过为教师教学便利计，为儿童学习便利计，不得不分成几种科目。但是分科后种种弊病就跟着来了。

各科都单独教授，各不相关，好比第一节常识科讲"助人的童子"，第二节国文教"时辰钟"，第三节上算术计算"杂货铺里的物价"，第四节手工做"一个纸匣"……天天这样教去，节节不相关连，其结果，使儿童脑筋里盘旋着各种不同、零散的、杂散的知识，好像过着一种乱梦的生活。

联络教材的方法，可以救济以前的弊病。联络的方法有两种：一种是"中心联络法"，一种是"设计联络法"，分别说明如下。

一、中心联络法

以一科为中心，把其余各科都联上去。普通用社会、自然两科做联络中心的——偶然也有例外——例如社会科研究"皮匠的生活"，读文就读"皮匠奇遇"的节略，美术画"皮匠工作"图，音乐唱"皮匠补我鞋"，作文记"一个老皮匠"，工艺做"假皮鞋"①，自然研究"皮的来历"，体育演"皮匠模仿操"……各科都向中心联络，用图表明如下：

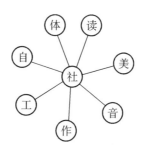

实际上，小学中各科都有相关之处。即以社会一科而论，社会书本的阅读，有关国语科的阅读能力。社会科的补助读物，即可以作国语的副读本。算术应用题，大半取材于社会的材料，而社会研究，有时也需计算。社会与自然相关更

---

①　"假皮鞋"，系指学生制作的手工皮鞋。——编校者

多,各地生产与自然相关,天体观象,也与社会有关。艺术写生,须重观察,想象发表,也须细心考察。至于体育与音乐,亦多联络的机会。体育、科教、社会活动的模仿操,音乐教风俗生活的歌曲。中心联络的机会,真是多极了呢!

二、设计联络法

中心联络法固然比不联络的好,但是照学习法上看来,还不能算完善的教法,因为中心联络法的优点,至多可以把散漫的知识集合起来,对于学习进程中无大裨益。设计联络法,却有不得不联络的趋势,并且很自然地进行,不知联络,只知要解决各个问题。例如做一个灭蝇的设计,不得不研究蝇之发生、蝇之形态等等,当然要联络自然科。共谋扑灭的方法,制作灭蝇器、缮写广告、草拟传单等工作,当然要联络工艺、书法、缀法等科了。

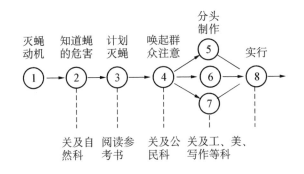

兹更列表如下:

联络法	一	二	三	四	五
中心联络法	先定科目后定联络教材	预定教材为本位	由教师规定的	勉强的	以科目凑事实
设计联络法	先有设计问题后定联络科目	事实问题为本位	由儿童自定的	自然的	依事实联络科目

中心联络法与设计联络法比较如下:

无论采用中心联络法或是设计联络法,应该注意下列两点:

第一是有了横的联络,还要顾及纵的联络。 以各个中心题材,前后联成一串相关的题材,叫做纵的联络,好比第一单元研究了本地的市政,第二单元就研究警察的生活,第三单元研究救火的事业,第四单元研究火的利害,第五单元研究发明火的历史等,这种联络的价值,也不亚于横联络的价值。

第二是不能直接联络时,就用间接联络法。 例如研究中秋节为中心,自然科研究中秋节的食品,工艺科煮芋头,音乐科唱《走月亮歌》,美术科画赏月图等。读文科如没有相当的材料可找,不妨就读"芋小孩"的故事,写字不能联络,不妨就写读文课中的生字。这就叫做间接联络法。间接联络虽不如直接联络法好,但是总比毫无联络好得多。

第十章　成绩考查及测验法

教师对于社会一科,能慎选教材,革新方法,但教学之效果如何,却不能全由主观断定。一定要有考查及测验的方法,验明教学有无缺点,儿童能否举行,求得客观的结果,才可以改进主观的教法。

考查社会科成绩,可分"知识"、"习惯"、"能力"三方面着手。以下先就知识方面说一说：

一、第一种用口头考查法

在平时每当教完一个单元后,即加以考问。注意：1. 用新的问题组织旧的经验。2. 从大处发问,不重细节小目、琐屑事情。3. 随时注意劣等儿童。

二、第二种用检查笔记法

大概在四年级起可用笔记。记后注意考查：1. 内容与事实是否符合？2. 文字是否清楚？3. 图表有无错误？

三、第三种用测验法

教师根据本学期中用过的教材,依测验编造法编成一套材料,举行考查。

1. 测验方式：

（1）是非法：使儿童看了问题,辨明是非后填记。例如：

（　　）年级第（　　）学期学生（　　）年（　　）岁(男或女)　　成绩分数

下面的句子,你以为对的写"＋",不对的写"－",填在后面括号内。

1. 运河是用人工开的　　　　　　　　　　　　　　　　　（　　）
2. 秦始皇是一个很好的皇帝　　　　　　　　　　　　　　（　　）
3. 佛教是从中国传到印度去的　　　　　　　　　　　　　（　　）
4. 食物吃得愈多,愈易消化　　　　　　　　　　　　　　（　　）
5. 开窗睡觉很合卫生的　　　　　　　　　　　　　　　　（　　）
6. 有了个人的自由,不顾及团体的自由　　　　　　　　　（　　）
7. ……

（2）选择法：因为前一种方法,学生回答时,即使不能明了,亦可随意填写,或许有偶然填对的。测验起来,很难正确。所以要用选择法比较机遇少一些。

例如下面一个问题中,排列四个答案,其中只有一个是正的。叫学生把正的选出来,如此非用心想一想,不能下手的。

(　　)年级第(　　)学期学生(　　)年(　　)岁(男或女)

下面句子里,你以为第几个答案是对的,就在括号内写一个数字

1. 燧人氏发明:(1) 打猎　(2) 兵器　(3) 钻木取火　(4) 搭木为巢…………(　　)
2. 五卅惨案发生的地点在:(1) 上海　(2) 北平　(3) 济南　(4) 广东…………(　　)
3. 传染疟疾的来源:(1) 苍蝇　(2) 老鼠　(3) 蚊虫　(4) 饮水…………………(　　)
4. 发明蒸汽机的人:(1) 富兰克林　(2) 爱迪生　(3) 牛顿　(4) 瓦特…………(　　)
5. 看书时的光线,射入的方向最好是(1) 上方　(2) 左方　(3) 背后　(4) 右方 (　　)
6. ……

---

　　(3) 填充法:选择法虽然比了是非法好,但是机遇的缺点还不能免。比较妥当的要算填充法了。此法将一个问题里缺略几个重要的字,令儿童填充起来。例如:

(　　)年级第(　　)学期学生(　　)年(　　)岁(男或女)

填的字要清楚明了,不必啰嗦

1. 我国的四大流域:(1)_____　(2)_____　(3)_____　(4)_____
2. 五权宪法①的意义是:(1)_____　(2)_____　(3)_____　(4)_____　(5)_____
3. 五月里的国耻纪念是:(1)_____　(2)_____　(3)_____
4. 五带的名称:(1)_____　(2)_____　(3)_____　(4)_____　(5)_____
5. 什么叫做三民主义?(1)_____　(2)_____　(3)_____
6. ……

---

　　(4) 问答法:有时一个问题不能用片言只字答复的,就用问答法。这一个方法,虽是批判较繁,计分难正,但是偶一用之,也有相当的价值。例如:

(　　)年级第(　　)学期学生(　　)年(　　)岁(男或女)

答语以简单明了为主

1. 什么叫做三民主义?
2. 济南惨案怎会发生的?
3. 为什么要注射防疫针?
4. 养成好学生的习惯,至少要注意哪几个条件?
5. ……

---

① 五权宪法是孙中山先生对于宪法的主张,是其重要思想,曾列入中国国民党党纲。孙中山对五权宪法早在十九世纪就有酝酿,1906 年 12 月 2 日始正式见于文字。其核心思想是政权、治权分立,政权归属国民大会,而治权乃指行政权、立法权、司法权、监察权、考试权,各自独立运作并互相合作。——编校者

2. 造测验的要点:制造可靠的标准测验,却是一件不容易的事情,应请专家担任。普通学校里自备的测验,造法也不能不明了。下列各点,最当注意:

(1) 问题愈多愈易正确。能出一百题最好,计算既便利,成绩又可靠。

(2) 题目的难易,应依次排成先后。

(3) 问题的文字,要简洁,要避去双关的意义。

(4) 每一种方式应另用一页,以免混乱。

(5) 写法要便于批判。

3. 主试人注意点:

(1) 始终要保持和悦的态度。

(2) 学生座位要适宜,避去外来的扰乱。

(3) 主试人讲话须清楚。

(4) 禁止偷看或抄袭。

(5) 时间不能过长,大约以六十分钟为限。

(6) 桌上不宜放置杂物。

(7) 按每行人数分发试卷于每行第一人。

(8) 等被试人完全明了后开始测验。

(9) 开始测验后不准再问,问亦不答。

(10) 不能另用草稿纸。

其次,说到习惯的考查法。依性质的不同,再可分为公民习惯与卫生习惯两种。公民习惯,大都依训育标准而考查。例如小学第一学年上学期用训育标准第一段:

(1) 靠左边走路。

(2) 吐痰入痰盂。

(3) 手和用品勿接近嘴鼻。

(4) 勿在廊下跑。

(5) 勿涂抹墙壁。

(6) 指甲要常剪。

(7) 身体要清洁。

(8) 勿把纸屑、果壳投在地上。

(9) 准时到学校。

(10) 室内走路要轻。

这项训育标准,共有百多条目,由易而难,等分为十二阶段,匀配于各学期

中注意。考查的要件,大概有以下五条:

（1）凡对于某阶段中能通过四分之三以上的,即为及格,得进用下一阶段。不及四分之三的,即为不及格,仍沿用原阶段。

（2）本标准用于三年级以上的儿童,可由他们自行记载。考查时,师生双方对照,如有误处,彼此申明。

（3）定期考查,大概每月举行一次。一学期末,总考查一次。

（4）记载记号,通过的写"＋",不通过的写"－",已经改用的写"∠"。

（5）考查用的表式。

① 儿童个人用的:

＿＿＿＿级＿＿＿＿第＿＿＿＿阶段自省表

周次＼条目	1	2	3	4	
1					
2					
3					
4					
5					
6					
7					
8					
9					
教师签字					

② 儿童团体用的:

＿＿＿＿级注意

阶段＼姓名	做错的人
段条	
段条	
段条	
段条	

③ 教师用考查个人的表式：

　　　　　级　　　　学年　　　　学期

姓名				男女	年级	
条目	考查次数					评定
	1	2	3			

④ 教师用考查团体的表式：

姓名	通过的	应注意的
1		
2		
3		
4		
5		
6		
7		

卫生习惯的考查法。个人的依十大信条考查，(表式记载及成绩考查法同前项四种)信条如下：

1. 我坐、我立、我走，常常正直。
2. 我天天把指甲剪去。
3. 我常使头发清洁。
4. 我不随地吐痰。
5. 我不随地抛弃字纸。
6. 我常使书包清洁。
7. 我常使衣袋清洁。
8. 我每天早操不缺席。

9. 我饭后不做剧烈运动。

10. 我每天课后运动半点钟。

团体用的清洁检查表如下：

清洁检查表

清洁事项 学生姓名	面部	头发	耳朵	牙齿	手臂	衣裤	鞋袜	手巾	书籍	用品
1										
2										
3										
4										
5										
6										
7										
8										

考查办事能力，比较最难。既无标准可依据，更难精密地批判。仅就大体说一说，可分下列各项办法：

1. 调查一学期中，开会时有无缺席，可查各机关集会点名簿。

2. 调查服务机关中有无过失，可查各该机关的日志簿。

3. 学期末由教师汇评各人的办事成绩，分别等次。项目如下："守时—误时"、"诚实—欺诈"、"公正—作弊"、"敏捷—迟缓"、"清楚—杂乱"、"热心—懈怠"、"细心—粗鲁"、"和气—凶横"、"有恒—灰心"。

考查社会成绩，不能仅在知识方面出几个测验问题，就算了事。应该在各方面（学校组织、训学、事务、各科教学等）都协力注意，才能收到美满的效果。

师範小叢書

設計教學演講集

沈百英 編

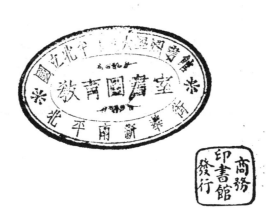

師範小叢書

設計教學演講集

沈百英 編

商務印書館發行

師範小叢書

設計教學演講集

中華民國二十年七月初版
每冊定價大洋叄角
外埠酌加運費匯費

著者　沈百英

發行人　王雲五

印刷所　商務印書館
上海寶山路九〇一號

發行所　商務印書館
上海及各埠

Normal Handy Series
LECTURES ON PROJECT METHOD
BY SHEN PE YING
PUBLISHED BY Y. W. WONG
1st ed. July, 1931
Price: $0.30, postage extra
THE COMMERCIAL PRESS, LTD., SHANGHAI
All Rights Reserved

目 录

序言 ·· 62

第一章 什么叫做设计教学 ···································· 63

第二章 设计教学与非设计教学有什么不同 ············· 67
  一、教材的不同   67
  二、教法的不同   68
  三、学法的不同   71

第三章 欲行设计应有何种物质的环境与非物质的环境 ······ 75
  一、物质的环境   75
  二、非物质的环境   76

第四章 设计教学有多少种类 ································ 78
  一、混合设计法   78
  二、分系设计法   79
  三、分科设计法   82
  四、共定联络教材法   85

第五章 指导设计法的方法有几种 ·························· 87
  一、思考课业   87
  二、建造课业   90
  三、练习课业   94
  四、欣赏课业   98

第六章 设计教学的课程怎样编法 ························· 102
  一、第一步 规定各个设计的单元   103

二、第二步 拟定一单元的教法　　　　　　　　　110
三、第三步 规定教学实录　　　　　　　　　　　113

第七章 关于设计教学的零散问题 …………… 116
一、秩序问题　　　　　　　　　　　　　　　　116
二、改行设计问题　　　　　　　　　　　　　　116
三、时间表问题　　　　　　　　　　　　　　　117
四、劣等儿童问题　　　　　　　　　　　　　　117
五、儿童成绩问题　　　　　　　　　　　　　　118
尾言　　　　　　　　　　　　　　　　　　　　118

序　言

编者对于设计教学,曾经亲自实验过一时,书籍也看过几本。像《设计教学法辑要》、《设计教学大全》、《麦氏设计教学法》等书,终觉得太偏于理论方面,像《低学年设计教学法》、《新著设计教学法》等,虽是理论与实施兼收并蓄,但是还嫌简略,不能照它的方法实行。其他报章杂志上的短段文字,虽是篇幅很多,但因时间短促的关系,少能引起人家的注意。

多年出外担任各地暑校演讲,对于设计教学一学程,颇感缺乏较详较实际的参考书籍。要想动笔写述一本,发动已经很早了。去年冬末及今年春初,应本市市校之约,担任设计教学演讲,就趁此机会,一面讲,一面把它记述出来,成为一本小小的讲稿。无以名之,即名之曰《设计教学演讲集》。

书中有几点须先说明:(一)本书注重实际,多举实例,以理论作归纳的研究。(二)根据我国现状的需要,多采新鲜的实验报告。(三)本书可作师范学校之课本及小学教师参考之用。

民国十八年(1929年)三月沈百英识

第一章　什么叫做设计教学

设计教学法，英文叫做（Project Method），它的发生历史如下：自从杜威（John Dewey，1859～1952）博士，创说"教育即是生活"以来，旧教育的方法，完全被打倒。他说："教育即是继续改造经验，不是硬灌知识；是适合儿童的生活及经验，不是死读书本。"这种理论在现代教育法看起来，确是一种不可磨灭的至理名言。可惜只有理论没有见诸实行。后来到 1915 年秋天克伯屈（Kilpatrick，1871～1965），希勒加斯（Hillegas，生卒不详）两教授和皮尔森（Pearson，生卒不详）一同参观各校低年级的情形，得到几个改革的问题。他们为了彻底研究起见，再请邦瑟（Bonser，生卒不详），希尔（Hill，生卒不详），麦克默里（McMurry，生卒不详），加里森（Garrison，生卒不详）女士、麦考尔（McCall，生卒不详）和侯留门斯学校里的初级及幼稚园的教师合组一个团体，专门研究这事。在 1915 年冬到 1916 年春，每星期里开会一次，讨论这事。直到 1916 年夏起，才开始实行试验。约在民国七八（1918～1919）年间，传到中国。国内方始有人从事翻译介绍及实地试验。到现在对于"设计教学"四个字，在受过师范教育的、当过小学教师的人中，听得熟极了。似乎再谈设计教学要被人笑为落伍者，笑为老生常谈，可以免谈了。的确，设计教学已经行过多年了。可是各地对于设计教学曾否有过好好的成绩？曾否有过精密的试验？恐怕谁也不能回答吧。所以设计教学法，名词虽旧，研究却还值得研究。

此外还有一部分人，没有行过设计法的，也想尝试一回；可是只知其名，不知其实。虽然看过几本设计书，终觉得莫明其妙，看了如同不看一样。虽然参观过几个学校，却终不知底细，不知从何着手。所以设计教学的确还有仔细研究之必要。

实际上设计教学法，不经说破，总以为是神秘难明、妙不可言的方法。一经说破，简直可以不值半文钱的。不信，试举下列各例证明一下：

（一）社会上照设计方法做事的很多，好比一国的治政、治军，都需很周详的计划，很严密的办事。这就是一个大设计。

（二）缩小些说，经营地方上一部分的事业，如造桥、筑路等等。在未做之前必先有计划，已做之后，必造具体的报告，这也就是个很好的设计。

（三）再缩小些说，一个商店的营业，一个工厂的出货，非有远大的目的不可,非有敏锐的眼光不可,非有详细的计划不可,非审察详情的变化而加以改良不可。这种做法,便合于设计的原理。所以设计的名词虽新,其事实我们早已行过,不过自己做了,不自知其为设计而已。

1. 社会上的事,或者空洞难以明了,不妨把范围再缩小些,专述自己一个人的事。那么我可以问你,曾否替自己或帮助别人办过结婚的事?在事前有何筹备,有何计划,有无细账?临时有何组织,请过何人帮忙?事后觉得有何缺点,查出其原因何在?……有了这种经验,就可以说你已经有过设计的经验了。

2. 如果你还没有办理婚事的经验,再问你有过迁居的经验么?觅新居时有何标准,曾否用过比较的功夫,一一比较过?在未进新屋以前,曾否打过图样,计划怎样布置?搬动家具之前,曾否一一调查开单,曾否计及时间与经济的节省?迁入新屋后,照原计划实行,有何改革处?……有了这种经验,便可算有过设计的经验了。

3. 如果你是享受祖宗传下来的遗产,无须有迁居的一回事,并且从来也没有帮助别人做过,那么再问你曾经出门办理过重要的事么?出门之前有何准备?到了目的地有何计划?事后有何追想?若是有过这种经验的,便可以指导设计了。

4. 如果出门是常有的事,总是要走便走,要回便回,从没有设计过。那么再问你曾经独立著过一本书,或是做过一件衣服,或是做过一件用品么?在未做之前想到做成后的愉快如何?计划、考量、分配、组织如何?进行时如何热心?如何克服困难?如何随时修改计划?如何审查结果?无论什么事中,只要你做过一种的,便有设计的经验了。

(1) 此刻还可以不把平常的事作证明,就把教授的事来说一说,看有没有设计的事情做过。先问你有没有指导儿童表演过一回?剧本怎样找法?怎样读法?怎样分配角色?怎样分头练习?怎样制作用具?怎样预演?怎样批评?……只要你做过一回,指导设计时就有经验了。

(2) 即使没有指导过表演,再问你曾否和儿童开过一次会?不论其交谊会也好,庆祝会也好,只要你会指导他们在事前应如何筹备,当时应如何分任职务,事后应如何收拾等。如果做过一回的,你也有设计教学的经验了。

(3) 如果也没有做过,再问你曾领导儿童解决一回困难的问题么?如果做得多了,那就可说有相当的经验了。

因为设计教学,我们常常接触到,或做过而不觉察,即使觉察而不知这就是一个设计。所以见了设计教学一个名词,觉得十分新鲜,十分奇特。如果把它一经说破,恐怕"设计"两字,就不值半文钱了。

照前面所说:"设计"是自然的活动,自然的教学法,那么为什么大家不走这一条路呢?这是因为大家已经走错了方向,专向读书上做功夫。想到读书,不得不识字;想到识字,不得不研究音义,想到音义不得不研究说文,一步逼紧一步,把活的教学法反而弃之不顾,真是可惜之至!最近给杜威博士、克伯屈博士等站在十字街头用力一呼,大家才醒悟起来,向着光明的路上跑了。

不过这里要申明,并不是人间一切的事业活动,都可以认为合于设计教学的原理。设计法必须要有目的、有计划、有实验,而有社会价值的活动,才能称为设计教学。以下更举几个例子来说明一下:

① 一个人走到图书馆里,随便拿几本书看看,查查这一本也不对,那一本也不对,只是胡乱翻了一阵。这种动作,只可以称之为"盲撞",不能叫做设计。因为这种动作没有目的的缘故。

② 第二个人跑到图书馆里去看书,他有一定的目的,想把一部伟大的丛书看完。可是他想从头看起,觉得工作浩大,一时不易进行;倘从中间抽阅几本,又怕没头绪;到底踌躇不决,莫衷一是。这种动作,只有目的,没有计划,也不能叫它是设计。原来设计一词,本意就是计划的意思,没有计划的动作,当然不能成为完全的设计。

③ 第三个人阅书更精密了。他的目的是想参考许多书,解决他最近对于编辑国语书的问题。他的计划,想由自己先开一个书目,再逐本约略看过一遍,然后请一两个人来帮助他,把重要的材料摘录下来。可是今日想、明日想,把计划越想越周密,越想越觉得问题变多,到底没有实行。这种动作,也不能叫做设计。

④ 第四个人在未进图书馆前,先定阅书的目的,更计划阅书的方法、规定实行的步骤,一一斟酌完善了,开始进馆阅览,一天一天地继续着。可是一查他的效果却又令人大大得失望。因为他所看的书,不是有价值的书。他不想看了以后,帮助他解决什么问题,不过他想借此阅书时间,消磨他的游荡光阴罢了。这种对于社会无价值的动作,在教育方面讲也不得谓之"设计"。

⑤ 最正当的阅书法(合乎设计原理的),先根据他从环境中发生的问题决定解决问题的目标,计划查阅参考书的类别和方法,更检出适用的书名。然后走进图书馆内,依了计划实行。一壁检查,一壁随时变更方法,使效果逐渐加快。把一切的书查遍了,他的问题也从此可以解决。解决的问题,便可贡献于社会,应用于各地。这种活动,才是正当的办法。

本章总结：一种教学能有目的、有计划（包含有方法、有系统、有组织等各小目）、有实行、有社会价值的活动，才得称为设计教学。简单说来，就是事前要有计划，当时要有方法，事后要有追想，能三思而后行才得称为完善的设计教学。

第二章　设计教学与非设计教学有什么不同

一、教材的不同

最初的教授，依了呆板的时间表上课。有书的，用划一的教科书；没有书的，随教师的自由，教师喜欢教什么便教什么，没有所谓一定的教材。当时上起课来，譬如星期一第一节上修身，教授"扶助老人"故事；第二节上国文，教"农人插秧"；第三节为顾及调剂心力起见，上一节图画，教些简单的"果品临画"；下午第四节上算术，教油盐柴米的习题，以为合于实用主义；末节上体操，调剂用脑的疲劳。星期一如此，星期二、星期三一直到星期六，除了科目不同外，其余大部分都如此。总之，第一节与第二节的教材，毫不相关；第二节与第三节间，也没有什么关系；无论哪几节并在一气，总找不出一个共通的目的来。所以我们如果把一天的教材令儿童一字不漏地背下去，简直同疯人说疯话一样，奇怪到不知什么一回事。这种情形，我们一查便知是不合理的。

不但各科间毫不相关；即就一科而论，它的前后也不相联络。例如，某教科书里有相连的几课，是"家信"、"瓷器公司"、"纳尔逊"，试问这三课之内，有什么目的贯通其间？为什么要这样的排列，恐怕编书的人除了答复因为生字的关系外，无法可以自圆其说了。

多年以后，觉察这种方法不合适，便改用联络教材的方法，把一种科目作中心，把其余的各科目都联络上去。普通以自然、社会两科作中心，其他都环绕中心联络上去。例如自然科研究"猪的生活"，读文①就教"三只猪的故事"，作文做"小猪的快乐"，算术计算"猪肉的卖价"，美术画"老猪和小猪"，手工用泥做"猪"篾做"栅"，唱歌唱"小猪争食"……这样教去，使儿童明白无论什么科目，都是做一件事情，知识可成整个，思想亦有系统，比了散列的教材，方法上进步得多了。

可是这种方法，照现在的教育理论看来，也不能称为健全的教法。因为这种方法只能使各科间有相关的学习，还不能打破科目的界限。如果有人问到，所有的教材为什么这一课要教这种材料，那一课要学那种材料，为什么要这样地跟它联络？恐怕就无话回答。因为这种教材的规定全操教师手里，与儿童本位的主旨是恰相反的。

---

① 读文，即阅读。——编校者

再进一步,就要谈到现在的设计法了。设计法是以问题做出发点,依问题搜集材料编著材料。学习时什么人需要参考什么书,可全视儿童能力为标准。学习的进行,是一贯的进行,中途需要哪一方面的知识技能,就学哪一种知识技能,无所谓联络不联络,更无所谓科目不科目。只是整个的活动,整个的吸收知识,整个的学习技能。

简括地说起来,用分裂教材的时候,教材是成人化的,是教师授给儿童的。用联络教材的时候,虽然能够顾到一些儿童心理,但是教材的来源还是教师定的。现在采用设计方法,完全根据儿童的需要而供给相当的教材,其来源纯由儿童自己去吸收的(读文、算术等科,其教材虽然由教师编著,由教师供给。但是供给之目的,并非盲目的注入;而是审察儿童的需要,供给于发生学习动机后用的,所以可说这种教材是儿童自己吸收的)。

二、教法的不同

教学法的变迁,最能引起我们的注意和变动得最显著的有:注入法、启发法、自学辅导法、设计法四种,现在把它们一一比较如下:

注入法

初办学校,一般教员们不知教法为何物,一味把自己的经验(或书本上经验)教给儿童。不管他们懂不懂、要学不要学,教师只管教,儿童盲从学。好像工厂、商店里的师傅传授本领于徒弟一样。这种教法,就叫注入法。教的方式,大概如下:

教师讲——学生听

教师做——学生看

教师板示——学生抄录

教师考查结果——学生背诵、默写

照上面的教法,如果教师毫无动作(不讲、不做、不板示、不考查结果),恐怕学生不是呆若木鸡,便是胡乱妄动。这种教法,无论什么人,都能看出是不适用的。

(一)教师为动作的主位,学生为受动的客位。好像教育是为了先生要教,并不是为了学生要学。学生不过来听说书,学乖巧而已。

(二)教师用力多而收效少,教师在讲坛上忙个不了,学生却呆坐冷看,过一天是一天,临毕业不过认识了几种符号。

（三）一切教材教法，纯以教师为本位。学生运气好，遇着一位好教师，可以学得些小本领；倘使不幸而遇着差一些的教师，那么，他们的成绩就不可问了。

（四）学生没有目的去学，所以教授顺序中要有指示目的的一项，学生不晓得要学什么，所以有提示教材的一项。学生没有本领去嚼烂这种教材，所以有示范说明的一项。学生听了还不懂，看了还不会做，所以有模仿抄写的一项。教授法固然替学生想得详尽极了，只可惜教师把学生看作算盘，拨一拨，动一动，太嫌汩没①儿童的本能了（注入法不是完全无用的，在现在的新教学法中，也有一小部分可以利用，在此不得不补说一句）。

启发法

注入进去的法子不好，倒过来就用启发出来的法子。教师做引诱者，儿童做被"骗"者。"骗"得得法，师生兴会淋漓；不得法，徒费时间和精力，做了一套无谓的把戏。此刻也举一个例子来说明：

（一）教师预备教某种材料，用问答法引起学生学习——有少数因被催眠而应答；

（二）教师告诉他们应该学什么——学生答应了去学；

（三）教师叮嘱他们应该怎样做——学生照样做；

（四）教师要结束问题——学生抄写表式。

这种方法，比了注入式好些。因为教授时要根据儿童的旧经验，用相当的问语启发出来；等问得有头绪了，再把新教材教给他们。其利可以得到比较有目的的学习，可以督促懒惰的、不努力的人，引他认真学习。但是其弊却也很多：

1. 一句直接痛快、一说就明白的话，偏要扭扭捏捏设问取答。极其弊，教学的时间多半费在问答上，而儿童所得无几。

2. 启发法以教材为本位。定了教材，想方法去引起动机。有时找不到好动机，就用假兴味来引起。以致学生对于学习的态度，愈趋愈下，竟至以学习为娱乐，启发教学成为戏法教学了。

3. 教师启，学生发；教师不启，学生就不发了。好像电和汽油引擎制动机器似的，制则动，不制就不动。教育的功夫，侧重在教的一方面。

4. 学生对于教材，没有感情去学，教师硬教他学。在前用指示目的，现在用决定目的了；在前用提示教材，现在用提供教材了；在前用示范说明，现在用问

---

① 汩没（gǔ mò），埋没的意思。——编校者

答说明了;在前用模仿抄写,现在用摘记要项了;在前用背诵默写,现在用练习应用了。面目虽换,到底还是这副骨骼。

自学辅导法

从注入法、启发法后,又有所谓自习法者。因为学习由教师注入固然不好,由教师暗示启导,也觉得不对,非纯由儿童自己活动不可。于是就想出种种方法,这样叫儿童自学,那样叫儿童自学,想尽种种计划,使得他们无所不自学。好比令儿童学习国文,因为生字的音义不能自己学得,便教他们使用字典的方法。后来又觉得用这方法纯由儿童自己自学,没有先生帮助,简直行不过去。于是又把它修改一下,叫做自学辅导法。师生的动作方法略如下:

(一)教师定好教材启发学生学——学生去预习;

(二)教师批评预习的成绩——学生自己修改;

(三)教师指导学习的步骤——学生互相练习;

(四)教师判断练习的结果——学生摘记要项

这种方法以学生自己学习为主,教师指导为宾;以自学为经,教授为纬。比了注入、启发果然胜得多,但是我们还不满足,因为它免不了以下几个缺点:

1. 自学不过将现成的材料受教师的辅导,然后设法去学习,到底是部分的自学,形式的自学、受支配的自学,不能叫它真正的自学。

2. 学习的材料和方法都由教师支配,只能用一班的或分团的学习,不能适合个性的学习。

3. 自学辅导法,由儿童自学,教师辅助。万一儿童不能自学,或者没有自学的兴趣,那教师的辅助尽归失败。

设计法

在现在看来,比较完善的方法要算设计法了。设计法的产生固然受着教育思潮的影响,但是也可以说是自然的趋势。指导起来,利用环境引起儿童学习的动机,教材务求切合于儿童的需要,使儿童发生动机后,能自定目的和计划,并很愿意去解决真实而有价值的问题,因此获得全活动中整个的经验。此式也可举例说明如下:

(一)儿童看到别人放纸鸢,自己也想做一个,便准备做——(动机)

(二)做的步骤不很明白,请问教师——

(三)打一个图样—— （计划)……教师指导他们做

(四)收集做纸鸢的材料——

（五）实行造纸鸢,有困难自己想法解决 ⎫
（六）做好了试放,放不高,修改—— ⎬（实行）……教师帮他们成功
（七）放高了,觉得很满足（欣赏）——教师欣赏他们

这种方法,至少有下面几种好处：

1. 是以一种主要目的做根据,去组织知识、利用知识。像纸鸢的设计,拿做纸鸢为目的,搜集相关的材料,吸收丰富的知识,是一贯的学习,整个的教法。

2. 养成很好的学习态度。自己好像是一个工程师,又是一个劳工,一切问题都由自己解决、自己实行、自己判断,将来到社会上去,能做一个有能力的人。

3. 这种教法能适应现在的生活,并能预备将来的生活。

4. 儿童在此富于社会性的活动,适合现代教育的主张。

5. 可收知行合一之效,与做、学、教之原理相符合。

（本节转录《教育杂志》,作者所著《小学教育概论》中一小段）。

三、学法的不同

（一）设计法的学习是有动机的

儿童的学习并不是受教师的压迫,也不是受教师的诱引,完全由他们自发的活动。他们要读书,就去找了书读；他们要做工,就去找了工具材料,拣定一个地点工作。他们因需要而工作,因工作而得到知识和技能,完全出于自动的。

即使有时候不能像心适意完全趁着自己的目的去学习,但是至少须根据他们的自发活动,迎合他们团体的需要而活动。比教师本位的学习总好得多了。

（二）设计法的学习总是有目的的

从前的教育,儿童不明白为什么要到学校,只不过受不了父母的驱策、教师的威迫,不得已而来求学的。儿童进了教室,教师教给他们种种书本、种种技术。在儿童看来,不知为什么要学这种功课,只不过因为教师教我这样学,我就这样学了。至多可以说一个远大的目的,希望将来能做一个"一笔写算"、"写信不求人"的商人；或者做一个"一旦豁然贯通"、"博闻强识"的学者；甚而至于只迷惑于"万般皆下品,惟有读书高"的文人——消极说来,就是造成一个废人——现在在设计教学陶冶下的儿童,他们对于学习的态度却完全不

同了。

他们进学校,为了可以满足他们的种种欲望。他们要游戏,家庭、邻里间缺少伴侣,缺少年龄相近的伴侣,缺少玩弄的器具,缺少指导鼓励的人,于是不得不找一个比较适合的地方。学校就是满足儿童运动的地方,所以儿童们肯自动地到学校里来。儿童还喜欢听有趣味的新闻故事,看有趣味的图画书报,家庭间没有人供给,社会上没有设备,他就烦闷起来。现在学校内能供给环境,能满足他们的需要,所以他们愿意到学校里来了。其他如儿童喜欢考察事物的究竟,喜欢发表,喜欢工作,喜欢歌唱……一切的欲望,在家庭、社会间,都没有相当的设置、相当的指导,所以他们自然而然喜欢到学校里来了。他们的目的,不是像从前专为将来而学习,是为满足现在的需要而学习。虽然这种学习,不过游戏、工作、讲故事等等,纯属儿童的兴趣。但是照教育的目的,的确只要这样就够了。我们可以从游戏中教学一切知识,练习一切技能,开启各人的思想,陶冶各人的品性。无论哪种教材,只要从儿童的兴趣上出发,便会达到成功的目的。所以说,现在的儿童在校学习,是有自己的目的的。

(三)设计法的学习是肯努力的

从前儿童读书,只知道教师教他什么,他就学什么。教科书上说东,他们就东;教科书上说西,他们就西。先生不去领导他们观察一切、研究一切,儿童也不会去实地学习一切,完全唯教师之命是听,其方式可得图解如下:

学生要得教材须向教师去取,教师有了教材,不能直接交给学生,必须经过教师的手。有时教师疏忽一点,很容易把十分的教材打一个一分不值的大折扣。如此教授儿童,儿童有何好处可得呢?弄到结果儿童对于学习的态度完全变成敷衍教师的场面。如果教师不用威严的管理、强迫的背默,也由儿童自由学习,恐怕学生就要逃之夭夭,学校就要关门大吉了。

现在呢?儿童的学习,为他自己而学习。他要解决问题,不得不去观察研究,不得不去查阅参考图书,不得不去请问同学。有的问题实在难了,然后来问教师。教师差不得是一部字典,备学生翻查用的。他们需要的时候,来翻查;不需要的时间,可以不问不查。

学生对于教材,教材对于教师的关系如下图:

学生要教材,不必向教师索取,尽可以自己去找。如果自己找不到来请教师找,教师亦可以帮他们的忙。如此教法,儿童的自动能力自然丰富,将来离了学校,不见了教师,自己也可以学习了。

(四)设计法的学习是肯互助的

从前的教学,学生有条不紊地坐着,教师很辛苦地在台上讲着。先生开一声口,几十个学生同时听着;先生示一个动作,几十个学生同时看着。这样教法,似乎再经济也没有了。可惜教师太热闹,学生太冷静,变成了只有教而没有学。即使教师有时要考验考验,发出一种轻而无力的问题,令儿童回答。问到何人,即起立答复;问不到的人,要答而不能答,答了反而要受罚。这种方法,只可以当作玩木偶戏。教师牵着谁的像,谁即动一动。教师不牵,学生便可不动。教师与学生的关系简直同主人对仆役一样,谁都知道是不合用的,现在可把简单的图形,表示如下:

现在设计教学法的学习,不但教师与学生互相有关系,而且学生与学生相互间也有密切的关系。如下图:

一教室中,不论教师与学生,都是团体中的一分子。甲长于什么课的,其余的人都可以请他教。乙善于什么计划的,其余的人都可以举他起草计划。教师的地位,不过等于一个大学生,备最后的质问。有时教师遇到不能解决的问题也不必大惊小怪、仓皇失措。尽可以共同设法,协谋解决。师生间与同学间,完全处于互动的地位。这种学习,其价值自然大了。

本章总结:设计与非设计的比较,列表说明如下:

	非设计法	设计法
教材来源	书本上的材料	环境中的事物
教材内容	枯燥无味的成人经验	富于儿童兴趣的生活材料
教材组织	零散而片断的	联络而成整块的
教学作用	先生灌输，学生领受	学生自学先生辅助
教学态度	教师为万能博士，是天生的知者 学生为一物不知的动物	教、学、做合一，师生间共同合作
教学方法	划一教授，不问个性	发展个性，自由学习
教学过程	教师的方法大概是预备、问答、指示、目的提示、研究整理，应用前后是一贯的；学生学习的程度只和教师教授顺序相呼应，自身前后完全不联络的	教师的指导完全跟学生的活动进行；学生发生动机，教师捉住动机；学生决定目的进行，教师指导方法，供给材料学生实行；教师辅助学生完成工作，教师欣赏或加入批评
教学形式	师生间的买卖	社会化的学习
教学结果	造就能动的书库	养成健全的国民
学习目的	或者漫无目的或者远在将来的目的	目的在于解决自己的生活问题
学习方法	静听、模仿、熟读、背默	游戏、故事、工作、欣赏、研究
学习进程	上一时学一科	继续不断地解决问题
学习形式	共同学习绝不分开	有各个、有分团、有全体的学习
学习结果	求得死学问	学得活学问
学习场所	限定在教室内	教室内、教室外、社会上，并不限定

第三章　欲行设计应有何种物质的环境与非物质的环境

设计教学，完全由儿童从环境中发生的问题加以研究，作为教材。所以设计教学与环境的利用，有很密切的关系。利用得法，设计问题源源不绝，研究兴趣越学越增高；反之，不会利用环境，研究问题无从发生，学习材料就觉枯窘了。

一、**物质的环境**

（一）固定的（教室内、桌椅、黑板、窗、帘等除外）

1. 工具——剪刀、刀、锯、锥、斧、锤、毛笔、铅笔、泥工篦、泥工板、缝针、尺、订书机、砚、水盂、蜡笔、钳、斫刀、刨子、浆瓶。

2. 材料——各色布、各种线、各色纸、硬纸、木板、铅皮、铁丝、铜丝、竹管、黏土、棉花。

3. 教具——读文用：故事画、儿童图书、阅读架、读者姿势图、文字练习片、表演服饰及道具。

工作用：工作图、欣赏画片、美术参考品、工具架、材料橱。

游戏用：玩具、积木、沙箱、洋娃娃、小家具、秋千、浪船、跷跷板、滑桥、木马、皮球、红绿带、旗子、籐圈、豆囊。

园艺用：昆虫箱、植物箱、动物箱、鸟笼、家畜笼、喷壶、铲、锄、锹。

卫生用：扫帚、畚箕、拖把、抹布、洗桶、面布、牙刷、镜子、衣刷、体重计、身长计、痰盂、急救药品。

音乐用：钢琴、铙钹、小喇叭、小鼓、小笛、留声机、小铃、拍板、小锣、木鱼。

算术用：练习片、积木、尺、秤、升、斗、戥、计数器。

常识用：标本、模型、地图、风俗图、肖像图、表格、炊具、饮食器。

4. 装饰品：国旗、党旗、级旗、欣赏画、镜框、布告板、奖旗、轴对。

（二）变换的：

1. 征集品：种子、钱币、票据、邮票、车票、纸匣、布样、纸料、各种实用品标本。

2. 赠送物：函件、通告、广告、报章、样本、样品、杂志、纪念品、纪念刊物。

3. 成绩品：本级的成绩、别级的成绩、别校的成绩，都可当作学级新闻用。

（三）偶发的：

1. 索取的。

2. 交换的。

二、非物质的环境

（一）长期的：

1. 行事历（详见课程项）

2. 问题录——在平常上课时，有人提出了问题，当时来不及提出研究，即录在另一板上，以便日后提出研究。其项目为："提议人、问题、研究大纲"三项。

3. 新闻摘要——每天把重要的新闻或可作教材的各种常识摘录出来，作为共同研究的资料。

4. 晨会、夕会——每天课前开一次晨会，课后开一次夕会，时间大约以三十分钟为限。会中各人随意谈话，由此可得许多研究的问题。

5. 团体集会——如交谊会、联欢会、娱乐会、周会、竞赛会、运动会、相亲会、纪念会……，规定办法，依次进行。

（二）短期的：

1. 来宾演讲——有远来客人或本地教师莅校参观时，即可利用机会，请他演讲。

2. 出外参观调查——举行一次参观调查，可得许多研究问题，增进经验不少。

布置环境的要点：

① 行设计教学是否少不了物质的环境？

有人说："现在教育经费十分困难，学校经济不充足、设备不完全，怎么好行设计呢？"我可以回答说："一校能有富裕的经济、完美的设备当然最好。如果经济不多，可把重要的工具先买一套。如果一点钱也没有也不要紧，只要教师能够想法。工具可叫学生从家里带来。没有标本模型可以多到校外去观察，向大自然去索取一切知识。倘肯尽心尽力地做去，困难自然会解决的。

② 不好的环境，怎样改造？

把这一个问题讨论起来，也就是一个很好的设计。例如，儿童感觉到教室内少装饰，他们就会想法从家里带些物品来，或者买些材料来自己做，或者收集些自然物来装饰一下。总之，环境不患不好，只患不去设法改造。

③ 有了好的环境怎样去利用？

没有好的设备固然是困难的问题。如果有了相当的设备，而不知利用，结果还是等于没有一样。

利用的方法有七种：第一，要把工具材料储藏得很有次序，使随手取物一取便得，无搜索拣选之劳。第二，要把所有的设备保管得很周密，使日常应用物品不致散失。第三，所有设备用品，当依其性质而分别秘藏与公开（如测验材料须秘藏，工具须公开）。第四，如玩具、教具，须变换陈列，时常造成新境遇。第五，为便于设计教学的参考起见，最好于一室中布置一个集中的装饰处，好比商家布置橱窗一般。第六，所有设备，其整理、添购与布置之责，师生当共同担负，并作设计材料。第七，无论购备一物，装饰一物，均须顾到是否合于教育、是否合于艺术、是否合于经济三方面。

本章总结："没有钱，好靠天"，把这句话来说到校内的设备方面再切合也没有了。奉劝没有钱的学校不必灰心，尽可以向天然界去探求一切学问。

第四章　设计教学有多少种类

各地试行的设计方法,各因时地而不同,大体可以归纳成下列几种。

一、混合设计法

这一类设计是最完善、最切合教育的原理。不用时间表,不用教科书,也没有固定的课程,全靠环境上发生问题,随各人的个性和好尚而学习。试用这种方法,第一要环境好、设备多;第二要教师能力强;第三要使学生受过相当训练。否则,搅乱一场,毫无成绩可言。

自由选习的设计教学法　一级里程度不齐,不能划一教授。各人嗜好不同,不能用同一的时间表、同一的教材来教授。各人的能力和兴趣各各不同,不能在均齐划一的时间内结束,又不能抑制各人特殊的兴趣,又不得延长时间,唯一的办法,只有采用自由选习制的设计。现在举个实例如下:

教室里布置了各不同的设备。在开始作业后,各室开放,任人自由出入、自由工作、游戏,恐怕他们太流于嬉戏,不能养成正当学习的态度。就用两种限制的方法:第一种是预定作业的限制——在前一日的最后一课,分团预定明天的作业情形。定某种工作须在某教室作若干时间,定某种游戏须在某教室练习多少时间,当天作业时依了预计做去;非有不得已时概不变更(不得已而变更,也要得教师的许可)。第二种是规定各级各课最低限度的标准。譬如,工作在一学期内必须做成几件东西,日记至少每天做一段,否则,要叫他们专门练习某种科目若干时日。诸如此类,有了限制,就不会发生重大的危险。兹将各科大概情形条列如下:

(一)自然研究有问题讨论、观察实验、讲故事、出游、阅图片等类。

(二)工艺有纸工、木工、泥工、缝纫等类。

(三)美术有创造画、图案画、欣赏名画等类。

(四)读书有阅书会、讲故事会、抄生字等类。

(五)算术有游戏、故事、表演、卡片练习、口述题练习等。

(六)音乐、游戏有吟唱、表情、听音动作、团体竞赛、想象动作、初步田径赛等类。

还有一种采用能力别与选习制办法。将所有的活动分作两部:第一种是固定的功课;如读文、算术,一级中能力相差很远的,就用分组来教学。分组时,用测验法来判别,再用测验法定升降。第二种是可以选习的科目,由儿童各随需要学习。自己订定一种时间表,自己遵守了时间到各室去学习。例如明天要学到的事项,今天先由儿童提出意见,汇集起来开一个会,归纳成若干小组。明天第一节谈话课时,即将各人预定的科目揭示出来,随各人的需要而学习。这种教法,好是好的,不过也有流弊。假使某一节上有五六十人要进工作室内去做工,一教室不能容纳时将如何办法?虽然可由教师向大众说明额数过多的困难,请他们改习他项功课或允许他们一部分人明天再学;然而儿童的学习兴趣总要因此大大得改少。这种自由选习方法虽是设计中最好的方法,然因教的人难,学的人也难,所得的结果最容易有流弊,非有完善的设施、充分的能力,万不能轻举妄试。

二、分系设计法

混合设计,行之不当有种种缺点。言其大者有:教师难预备;各科不平均;教材常重复;学习时间太浪费;能力差的儿童得益少;有纵系统的书难教。因此就不能不想个补救的办法。试用分系设计就是谋补救之一法(行了分系后,有可混合的时候,还要依了混合法教;否则,太辜负设计的本意了)。

要行设计教学,最好用混合设计法。但是混合设计有时找不到好的题目,有时走到单一的路上去——老是开会、表演——补救的办法,唯有采用分系设计法。不混合也不分科,折中的办法,把许多活动归并相类的为一系。

但是分系怎样分呢?老实说,各科间是分不开的。好像读文与作文处处相关,读文与写字也不能分离,即就算术而言,因为解释应用题的关系,也不能与读文科毫无关系。其他各科相互间都有密切的关系,实际上确是分不开的。现在不得已的办法,暂时采用《明日之学校》书上的分法,分为观察(observation)、故事(stories)、游戏(play)、手工(handwork)、体育(physical exercise)等五系。这种分法我们也试过,似乎有些不合国情之处(所以不合国情之理,在于:有些动作不知划到那一系去教;分配担课漫无标准)。依我想来,可有两种分法:第一种依新学制学科分:分为国语系、算术系、常识系、艺术系、康乐系五类。第二种依学习的性质分为练习活动、游戏活动、研究活动、工作活动、欣赏活动等六类。依第一种分法较易明了。兹举各系之分部活动如下:

国语系

1. 字片练习——每天谈话课后，接着练习五分钟或十分钟。一星期中默写一次，把大家熟习的字剩下来不练，加添新的字片进去。一月终总复习一次，一学期终再总复习一次。

2. 读书会——一级中依能力分成三组，各组各定读书的课数，各依能力学习。教师用三种考查的方法：指名讲书中故事；摘默字句，口问大意；测验。

3. 阅书会——除读书会中应读主要读本外，还须注重补充读物。添设儿童图书馆，随时指导。阅读年级高的，并须备笔记簿，摘录阅书心得。

4. 写字会——每天要写一页字，须写有意义的语句。各级规定标准尺度，令儿童各自求达目标。

5. 记日记——每天一定要记日记一段。内容可记一天的大事、阅书的心得或教师的训话。有时学生找不到相当资料时，亦可由教师指定题目或供给参考图书。

6. 编辑周报——一学级中每星期出一个特号，由学生分任编辑。体裁格式，可不拘定。成绩优良的，并可酌给奖品。

7. 表演——种类有哑剧、歌剧、单人剧、对话剧、白描表演（不化装）、化装表演等，均视剧本的性质而定。

算术系

1. 烁片练习——制定四则式题片，闪烁练习之。练习的方法，应逐渐加快。计算法或用口答，或用笔答。

2. 测验练习片——采用俞子夷氏算术练习测验，依法练习之。练习的成绩，要用图表表示出来。

3. 游戏练习——分黑板游戏、地板游戏、买卖游戏、几间游戏等各类。

4. 算术会——开会时，听讲算术故事，解决困难问题，教授新方法等。

5. 口述题练习——教师依事实为中心，口述各种应用题，由学生听算。有时可指名儿童自己出题。

6. 计算生活问题——算自己的诞日生距、学历的计法、年节礼物、开会用费、通信邮费、文具价目、旅行所需、测验统计等。

7. 制作用具——教尺时用纸做尺；教重量时仿制各种计重器；做钟表、做日历、做乘法盘、制小数乘法表、分数图表、百分表、利息表、中外度量衡换算表等。

常识系

1. 参观观察——例如观察杨树的生长，分别鸡和鸭的不同。参观铁匠店里的工作,参观市场和乡村的不同。观察之前先定目的;观察之后详细讨论,注重自由发表。

2. 演讲故事——低年级里适用讲故事法。演讲时,参用图表教具,使儿童观念正确。

3. 阅览参考书——高年级学生,从提供问题后,即指定参考书分配各人阅读,读时即做笔记。最后开会讨论,解决一切问题。

4. 纪念仪式——每逢纪念日,采为重要教材,详细研究讨论。

5. 卫生习惯——规定几种卫生习惯,天天奉行,逐渐扩充。

6. 组织品性修养团——一级中依品性的不同,分组各个修养团;各团各定修养标准,相互劝善规过。

7. 研究时事——低年级用演讲体,高年级用讨论体。

艺术系

1. 同目的的制作——依了联络他科的关系,或本科做设计的出发点。用同一的目的,应用各不同的材料,制作各不同的成绩。譬如为了灭蝇运动的目的,各人去做蝇拍、蝇笼、蝇纸等成绩。

2. 同材料的制作——同样大家用硬纸或彩纸,依各人的需要,做成各不同的成绩。譬如有人做船,有人做桌椅,有人做匣子、簿子等。大概这种工作适用于高年级,没有和别科相当联络设计时才应用。

3. 分组制作——同级中因嗜好不同或能力不同分为若干组。各组中各推领袖一人负一切责任。譬如做表演的用品,可分一组做衣服、一组做帽子、一组做器具;把各组成绩汇集起来就成一个大设计。

4. 混合艺术——不分工艺、美术,也不分纸工、竹工。一切材料都混合应用。譬如在沙盘里装排花园,做贺年片、做灯彩、做纸彩等各种材料都要混合应用。

5. 绘画、剪贴、扯折——绘画注重创造;剪贴注重美观。扯纸、折纸,能联合绘画,较有生气。

6. 欣赏讨论——拣名画精品,随机提供欣赏,提高制作的程度。

7. 开展览会——开会可分可合。譬如开艺术展览会,不分工艺、美术,一起陈列。或专开工艺一科、美术一科的展览会。或再缩小范围,开贺年卡片展览会、玩具展览会等。均视适当环境而定办法。

康乐系

1. 律动训练——唱歌的好坏,对于律动训练很关重要。低年级训练听琴,做出各种动作;高年级训练拍节。

2. 欣赏——听教师弹奏或听名家作乐,听留声机无线电播音,均对于音乐上有直接的帮助。

3. 吟唱——教了新歌后反复吟唱,要看儿童的兴趣而定吟唱的次数。喜欢唱的,不厌其多地反复练习。

4. 表情吟唱——低年级注意简单的表情;高年级插入跳舞,编成歌剧。

5. 组织乐队——高年级组织一个中国乐队,课内指导,课外练习。

6. 开歌舞会——每学期中,开一次歌舞会,做音乐设计的归束。

7. 想象动作——联络别科,仿作各种职业的运动。不但各个操可以仿行;即如游戏运动也好仿行。

8. 组织运动队——依体力及个性的不同将各人分别编入球赛队、田赛队、径赛队,课内课外随时练习之。

9. 开运动会——每学期开一次运动会,做体育设计的归束。

三、分科设计法

低年级里或因教室的关系、担课的关系,不能采用分系设计法,只能应用分科设计法。高年级里,或因纵系统的关系、课程加深的关系,不能采用分系设计法,也只能应用分科设计法。分科设计法和非设计有什么不同呢？在于:(一)旧教法用划一的方法,依了课文次序逐课教下去。设计法则用变化顺应的方法,依了儿童的活动而进行。(二)如果分科法不从儿童活动做出发点,还是一种老教法。所以试行此法,看来似很简陋,可是试行时,非有丰富的经验,不能相机活用。

设计教学法照理论上说起来,应该只有各种活动(好比有采集的活动、编剧的活动、通信的活动、畜养的活动等),没有所谓科目。但是专在活动上找材料,有时找不到相当的活动或找到了又嫌重复,那就不得不依各科分别了。

兹为便利计,就采用新课程各科目来说明。施行的时候能够打破了科目去做最好;即使不能,也要多多采用设计法的步骤指导。

施行分科设计时要注意下列各项要点:

(一)设计教学的进程有建造课业、思考课业、练习课业、欣赏课业四种。

(二)进程的要项为动机、目的、计划、实行、批评、欣赏几种。

(三)各科教材要改用参考书而不用现行的教科书。

（四）设计教材多采用现社会的活动。

（五）设计参考书的编法，不要用科学的组织，要用设计的组织。

（六）凡对于设计上无关重要的教材，当废弃不用。

（1）从读书出发的设计　预备表演

① 读剧本——读书、国语。

② 做表演品——工艺、美术。

③ 做说明书——作文。

④ 写幕表——写字。

⑤ 剧中人物的研究——社会、自然。

⑥ 剧中应用的歌曲——音乐。

（2）从作文出发的设计　编学级周报

① 计划内容——常识。

② 分组作文——作文。

③ 画插图——美术。

④ 抄写——写字。

⑤ 指□□□人①——工作。

（3）从历史科出发的设计　研究埃及的文明

① 研究埃及的伟大建筑——历史。

② 因尼罗河发明阳历——地理、算术。

③ 最初的文具——历史、工作。

④ 木乃伊的保存——医药卫生。

⑤ 读埃及故事——读书。

⑥ 吊古埃及——作文。

（4）由地理科出发的设计　研究寒地、热地人的生活

① 读寒地和热地人的故事——地理。

② 研究气候之差异——自然。

③ 寒带和热带之动植物——自然。

④ 寒地儿童和热地儿童通信——作文。

⑤ 沙箱装排和想象画——工作、美术。

⑥ 唱寒地娱乐歌——音乐。

---

① 原书印刷不清，看不清是什么字。——编校者

⑦ 读爱斯基摩故事——读书。

（5）由卫生科出发的设计　组织灭除蚊蝇队

① 出布告——作文。

② 研究蚊蝇之发生——自然。

③ 定分队调查之区域——工作。

④ 画驱除蚊蝇通俗图——美术、写字。

⑤ 计算灭蝇用费——算术。

（6）由美术科出发的设计　寄贺年片

① 讨论贺年礼节——计划。

② 做贺年片——工作、美术。

③ 寄贺年片与各学校——地理。

④ 算邮费——算术。

⑤ 写贺年信——作文。

（7）由体育科出发的设计　开运动会

① 研究运动与卫生——卫生。

② 团体运动中唱歌、表演——音乐。

③ 写布告文——写字。

④ 做临时新闻——作文、美术。

⑤ 预赛、决赛——体育。

⑥ 计算运动用费——算术、游戏。

（8）由节日出发的设计　端阳节里吃粽子

① 研究端阳风俗——社会。

② 购买裹粽子的用具材料——社会。

③ 计算捐款——算术。

④ 烧粽子[①]——工作。

⑤ 写请帖——美术、写字。

⑥ 筹备娱乐事项——读书、音乐、体育、国语等。

（9）由纪念日出发的设计　国庆纪念

① 研究中华民国的史略——社会。

② 中国的地大物博——地理。

---

① 原书中即是"烧"，按现代语来讲就是煮粽子。——编校者

③ 出国庆特号的新闻——作文。

④ 读国庆日表演的剧本——读书、国语。

⑤ 做灯彩——工作、美术。

(10) 由社会出发的设计　研究邮政

① 从寄信买邮票上引起动机——社会、作文。

② 邮票的种类——历史、地理。

③ 邮政的组织——社会。

④ 用邮票排贴图形——美术。

四、共定联络教材法

各科归各科设计,有时找不到好的参考书(儿童用的)就试行联络的设计。定了某科作联络中心,将各科教材都附丽上去。有时不能直接联络于中心科,可以间接联络于附丽的科目。这样办法,虽不能说是合宜的设计法,却比旧方法好些——在此有个申明,切不要误会共定教材法就是从前的联络法。且看下文说明:

设计教学的目的很复杂,大概可定为:(一)教学法拿儿童作中心;(二)教材合儿童的需要;(三)儿童自己明白学习的目的,自己能计划实行,能收得实际的知识和技能。根据这种原理,可以试出各种不同的方法。共定教材虽不是设计方法,但对于设计法也接近了。

教材归教师定好了去教学生,无论定得怎样好法,终不能完全适应儿童的学习需要。即使合了儿童的需要,他们学习起来,还是不大高兴。他们以为我们要学,不是为了自己要学而学,不过听教师教什么自己学什么罢了。再从教师一方面看起来,也觉得不好。教师以为我教学是传道授业,学生的懂不懂,与我毫不相关。欲求教法合宜,无法之法,只有采用师生共定教材的一法。

规定几个条件:

1. 前一星期六预定下一星期内的教材。
2. 定教材先定设计单元。
3. 先将紧要的一部分定好,再将相关的科目一一规定。
4. 用教科书的,把相关的科目提前或调后教授。
5. 上次没有结束的教材,本周继续下去。
6. 教材共定好了,教师把它填到教学录上去;学生把它填到笔记簿上去。

7. 学生定不出的材料,教师参加意见补充。

8. 定功课时,须备各科课程要目、各科教本及参考书。

9. 这种方法最宜于旧式学校新解放的环境中应用。

10. 师生共定教材,不能就说设计法,但是如果能够熟用此法再过渡到设计法上去,便觉得容易了。

下举共定教材的例子,以研究穴居人取火为设计单元。

科目	要教什么	为什么要请先生教这种材料
社会	读穴居人寻火的故事	穴居人的火被水冲熄了
读书	读寻火的一段故事	照穴居人寻火故事自编
劳作	记穴居人的水灾 记穴居人寻火看见的东西	穴居人课里的事情
自然	火从哪里来	明白穴居人怎样去取火
美术	穴居人寻火图　水灾图 穴居人会议图　遇险图	社会课里所讲的
工作	穴居人寻火用的鞋与袋	穴居人寻火时用的
音乐	唱火神再生歌	寻到了火后唱歌用的
做操	庆祝得火后的跳舞	联络社会
算术	火柴的计算	联络社会

本章总结:设计法的种类,依本文看来只有四种(混合、分系、分科、共定)。其实细细考查起来,何止四种。即就混合设计而言,有团体的混合设计、个别的混合设计、分团的混合设计、能力别的混合设计四种。其他几种都可以视编制分配的不同,而演成数十种不同的方式。

即就以上四种而言,其程度也不一律。最起码可用共定的方法,再进采用分科法,更进用分系法,最后才用混合法。

依年级分起来,也可以勉强分为一、二年级用混合法,三、四年级用分系法,五、六年级用分科法或共定法。

第五章　指导设计法的方法有几种

设计教学没有一定的教授顺序,只看各种活动的内容若何而定相当的指导方法。但是"相当方法"四个字是一句空空洞洞、不落边际的话。如果实施起来一无凭借,非但教的人无从着手,并且有很大的危险。所以为了指导便利起见,不得不把各种活动分析一下,再归纳成几个相同的方式,给指导者之参考。以下分思考课业、建造课业、练习课业、欣赏课业四种,就是设计教学中重大的方法。

这里要郑重申明一句话:这四种课业是打破科目的界限,纯以活动的方式而分的。实施时当熟习各种课业的要点,临机应变,随处活用,方能得到它的好处。否则呆板地当作从前教授顺序一样看待,教起来必归失败。

一、思考课业

意义　儿童的学习目的在于解决问题,查考某事物的所以然。其顺序大别为:定了目的;用方法去搜集解决问题的材料,供给事物的考证;推想它的原因结果;再看它的究竟和所推想的到底合不合。

类别　无论解决什么研究问题都属于这一类。

方法

(一) 动机

1. 要教儿童会思考,第一先要唤起他们讨论的兴趣。要考查他们是否喜欢讨论,唯有用举手法来表示。一群儿童中间喜欢举手的固然很多,但是不喜欢举手者也很不少。考查不肯举手的原因,大概不外乎下列种种:①怕羞;②怕开口;③怕说错;④想起别的事情没有听见所发的问语;⑤耳聋或口吃。救济的办法可用:①教师先举手,暗示儿童也举手;②用简易的问题,引起兴趣;③偶然用先指名后发问的方法;④多奖励喜欢举手的人。

2. 动机要由儿童自发的。从前的教法由教师引起动机,往往令儿童研究一个问题,先从远处问起,然后慢慢地引到本问题上。例如,叫儿童研究火车一个问题,第一句先问有一种东西,可以载了人或货物走的是什么?儿童答是小车、黄包车。教师说不对,这种东西可以载许多人的。儿童答是汽车。教师说不对,这种东西是在两条铁轨上走的。儿童答是电车。教师说不对,这种东西可以载更多的人、更多的货物,并且头上会出烟的。到那时,儿童才恍然大悟道,原来是火车。试问这样一问一答,有何教育价值?老实说是浪费时间而已。

儿童因受生活环境的刺激发生一种问题。有了问题他想从速解决,便提出来请别人指教,这种动机,叫做真动机。

3. 真动机的来路有多少。儿童在家内所接触的问题,一路到校所见的问题,校内特设的问题,书本上的问题,都是产生问题的来源(在前面环境项内,曾详细说过)。

(二)目的

1. 指导儿童会分析大目的为小目的,联合小目的为大目的。例如儿童发生一个问题:"江浙为什么富蚕桑?"教师就该把它分析为"蚕的特性,蚕的养法,江浙的气候,江浙的地土等问题"。将各个小问题逐个解决,大问题就不解决而解决了。还如,发生一个问题:"蚊子叮人,为什么会发痒?"从这小问题上发生,可以研究到蚊的形态、习性、病害等等大问题。

2. 同时有许多目的时,须把它化简。一学级中,各人有各人的目的或者一个人提出许多不同的目的,教师应该用归纳的方法将许多不同的目的归纳成几个较大问题,使研究容易透彻,指导学习较为经济。

3. 有一种暂时的目的要把它改为永久的目的。例如,发现一个"桃树怎么会开花结果?"我们应该把它定为永久目的,长期观察到问题完全解决时为止。

4. 临时发生的问题要用断然的手段处置它。普通有三种办法:第一,把临时提出的问题置诸不理;第二,把临时的问题摘录在一边,等原设计讨论完了再进行新问题的设计;第三,把原设计暂时作一结束,即开始讨论新提的问题。以上三种方法各有利弊。大概要看临时问题的时间性如何、价值如何,而定应用的手段。如果是一个毫无价值的问题当然采用第一种手段;如果没有时间性而属重要的问题即照第二种手段办理;如果是有时间性而又有价值的问题即用最后的一种方法处理。

(三)搜集材料

1. 搜集资料是多方面的:或得于群众的经验;或通过实验与观察;或靠教师的说明;或参考各种图书。以下再分别说一说:

(1)得群众的经验。搜集材料,一人的精力有限,不得不请求别人的帮助。一个团体之中,分工合作,本来人群之美德,教育上应该多多利用。务使学习时,有不明了处,不必先问教师,可以先问同学。反过来说,教师指导时,就应该多多利用社会化的学习法,使儿童处于群众之中,相互能得群众的经验。

(2)实验与观察。群众无此经验时,还可以亲自实验观察,考查它的究竟。实验观察在小学校中,虽不能做到很精密的地步。但是在可能范围内,至少必须充量实验,多方观察,使所得的知识经验确切明了。

(3)教师说明。有时群众无此经验,又不能用实验观察法来解决,又无相当的参考书可供他们参考,最后的办法只有靠教师的说明了。

教师的说明当然要顾到注入式的缺点,而多启发式的讨论。

(4)参考图书。养成儿童能自由参考图书的习惯,在设计法中是一件重要的事。要使他们乐于阅书,先要解决三个问题:①供给丰富的参考书。现在坊间所出的儿童用书,数目不多;即使把它们一齐买来也不够供儿童阅读。而其中对于科学的参考用书、低年级的读物,更加缺乏,此项材料非从速着手编著不可。②指导阅读的方法。儿童要阅书而不识字,教师就指导他们检查字典的方法。儿童要看地图上的记号,教师就教他们看地图的方法。儿童要翻查大本的参考书而不知从何翻起,教师就教他们检查目录索引的方法。③指导摘记的方法。单单看了许多书而不得要领,等于不看一样。所以进一步,应该指导儿童学习如何摘记的方法。有的需用纲要,有的需用图表,有的需摘录精要语句。——均须加以说明和指导。

2. 要判别材料的价值。如果有一种材料和本问题没有关系者当拒绝不用。与本问题有关系而有代表性质的当多多采用。

(四)推理

1. 要从具体到抽象的。小学生不会推理,要靠动作来表显。入手时用游戏、故事等方法来推理,到后来可用方式和原理来思考。

2. 推理必须缓断,先下暂定结论。解决一个问题能得一个结论是不容易的事。不要说小学生做不到,就是大学生、专门家也很为难。所以缓断的办法是必然的原则。

3. 推理思考,要给予充分的时间。一个问题必须仔细推考的应该给予充分的时间,由他们从容推想。决不可在发出一个问题后(殊非是无价值的问题当然不必多费时间去思考),有了一两人举手随即指名解答。因为这样解决太不郑重,一个班里资质差一些的人,连他们想都没有想定,倏忽之间,又变了一个问题。他虽想竭力追赶,终于追赶不上。几次以后,他就老实不客气地不动天君①

---

① 天君,旧谓心为思维器官,称心为天君。——编校者

了。所以思考必给予充分的时间。

(五)证验

1. 要使暂定结论有说服力有价值,必须用多方面的证明。凡是科学的研究,无论深浅难易,要使结论有说服力必用多方证明。证明愈多结论愈可靠,这是当然的事。

(2)证验下来不对可促起儿童的反省,叫他们重行思考。既经郑重讨论,得到一个暂定结论,可是一经证验却又不合,那时尽可指导儿童重行思考。从而指导他们明白前回讨论的为什么不对,此回应该怎样入手讨论,方法才有进步,研究才会精密。

(3)证明的结果可用图表法表出。有时证验的结果,可以不用口头报告,不用文字发表,而用数目图形表示出来。图表内容要简单而清楚,使看的人一望便知。

二、建造课业

意义

建造课业的目的在于造成一样事物。先想了方法去做,做得不好再设计补救改良。

类别

有了思想要表达出来靠言语。言语不能传诸久远,靠文字表达出来。文字不能具体,用图画表达出来。图画是平面的表达,还不能十分领会,于是要靠塑造,制模型表达出来。模型塑造尚嫌呆板,不得不借重于表演。

因此建造的种类也可分为:学一种语言;画一张图(包括剪贴、图案刺绣),造一种器物(包括塑造、制日用品及玩具),做一种模型(包括沙盘装排、制作标本等),编一个故事或剧本,演一回戏等各种。以下再逐一说明。

(一)语言

语言发表的机会最多,应用最广,所以训练最属重要。平常教学起来应注意:1. 调查儿童的词类而逐渐加以扩充。2. 学习的程度,先重听,后重说。3. 教学的材料可用故事、会话、讨论、辩论。4. 多听国语正确的人讲演。5. 儿童说话有错误时当随时矫正。

(二)作文

文字发表的机会和需要不及语言多,发表起来却要比语言难得多了。作文须有清晰的思想、联贯的意思、通顺的语句、秀丽的字句。各个步骤中,如果缺少一步或者有一步稍差一些,就不能有很好的文字写出来。

教作文至少应注意:1.从练习说话着手。说话说得清楚的作起文来自然通顺。2.第二步利用活泼的图画,指导儿童创造故事。3.第三步多做实际生活中的活动。例如与朋友通信、编剧、表演、作日记、发传单、投新闻稿等。4.年级渐高,可练习做①章回体的故事或小说。

（三）美术

美术应用的机会虽比作文更少,可是学会了一种图画剪贴的技能将来也很方便的。

教学时当注意:1.多做有目的的自由画,少机械的摹绘。2.多令儿童画活泼有兴趣富于儿童感情的图。3.须多欣赏名画,提高儿童的程度。

（四）工作

学习工作并不是只为了做成一件物品供自己应用。其目的在于发展制作的技能,习得工作的常识。对于人类生活中也属重要的事项。

教学时应注意:1.多令儿童创作合用的物品。2.在制作时,设法使他成功。3.多给相当的参考品。

（五）演剧

演剧是混合的艺术,需要图画、文字、跳舞、音乐等各科的帮助。

教学时应注意:1.读剧本须把各人的形容笑貌都表达出来。2.低年级用混合练习,高年级可先用个别练习,后用混合练习。3.应用道具,须尽量自己制作。4.批评当注重表演的情境。

方法

（一）目的

1. 无论建造什么东西,必先有个确定的目的。倘使漫无目的,不但不能做成;即使做成了,也不足为贵。

2. 如果有时儿童没有目的,要设法引他有目的。例如儿童把泥团成许多圆子,没有一个确定的目的。教师可以乘机对他说:"你要把这许多圆子,想做成汤圆么(汤圆即米粉做的汤水圆)?应该再做一只锅子、两只小碗、两副筷子,再要一张桌子、两把椅子。再做几个吃圆子的客人……"从一件简单的事情引起,做成许多相关的出品。

---

① 原书中就是用"做"字,按现代语讲就是"写"的意思。——编校者

即使不替他说做汤圆也可以替他说:"这许多圆的泥块,想做果子么?做果子必须加个柄,才会像个果子。有了果子还要有装果子的篮子、送果子的车子、行车子的马路……"一个问题把目的一移又可以做成一大堆的出品。所以说儿童做工时有无目的倒不成问题;教师能改造目的、暗示目的,倒属紧要的事——指初学者而言。

3. 小目的可化大目的,大目的可化小目的。儿童做了一只牛。教师说:"牛要吃什么东西的?"他就会想到做牧场了。教师说:"牛住在哪里的?"他就会想到做牛棚了。教师说:"牛棚在哪里常见的?"他就会想到村舍,做牛奶厂了。这是由小及大的例子。再就由大及小的例子说一说。好比儿童装排了一间屋子,教师可指导儿童做屋内的陈设品,做门墙的装饰品,越做越周到,越想越精密。

4. 各个的目的要设法引到团体的目的上去,团体的目的要满足各个的目的。一个人不能离了团体而生活。团体生活中最怕是各归各走,没有团结的精神。各归各做惯了,将来造就的人才,至多不过独善其身而已。要从个别引到团体,举一个实例:好比在工作时,有人制兔的住宅,有人作兔的食物,有人造兔的乐园,忽有一个儿童喜欢做一只花篮。那时教师应该替他说:"你做的花篮是否送给兔子结婚用的?"经你这样一问,竟可以被你提醒起来,不知不觉得接着笑道:"是的,是的。"

又如,大家制作兔的出品时不必勉强他们得到划一的成绩。不妨由他们各出心裁、各自做去。有的画兔子拜月也好,有的画群兔赛跑也好,有的用泥做兔子也好,用积木装排兔的住宅也好。总之团体的活动,不妨碍个性的发展为原则。

(二)计划

1. 要从散漫的计划引到有秩序、有组织的计划。年幼的儿童往往事前没有计划就想动手。你要跟他详细讨论计划,他们就觉得厌烦了。但是不用计划,鲁莽胡干,又不行。所以有个限制,看年级的高低,定计划的繁简。年级低的,依他们自然的趋势,能有一些散漫的计划已经好了。年级渐高,慢慢地引导到有组织、有秩序的计划上去。

2. 要随时暗示儿童采取最经济、最省事、最有价值的计划。同样两个计划,应该比较哪个好哪个坏,采用好的,弃去坏的。怎样判别好坏呢?其标准即须适合"最经济、最省事、最有价值"的三条原则。

3. 初时多加帮助,往后渐使儿童自行计划,并因以养成习惯。计划是抽象的事情,初入手时应由教师多加帮助。经过多回练习,儿童明了计划的方法后,便可逐渐改轻帮助的分量,使儿童完全自行计划为止。

4. 初用口头讨论的计划逐渐引到书面的计划。低年级里,他们的计划很简单,只消三言两语便可了事,无需乎笔述。并且他们作文能力薄弱,事实上也没有书面计划的能力。年级渐高,能力渐强,计划方法也跟了逐渐精密起来,其时不能不用书面计划了。书面计划可比口头计划详尽,可比口头多花充分的时间来准备。文明人办事的最好方法,便是能够做一种很精密的书面计划。所以从口头计划始到到书面计划为止,两种方法都很重要的。

(三) 实行

1. 指导实行须适应个性。女生欢喜多做适合女生的东西,男生欢喜多做适合男生的东西,我们应该就其性之所好,让他们自由发表。切莫用划一的方法,埋没个性。但是也要注意,凡是躁急的学生,应该训练他细心从事;凡是滞泥的学生,应该训练他爽快处事,虽说适合个性,也要顾到个别的好坏如何而定。

2. 多鼓励儿童战胜困难,养成坚毅忍耐的习惯。儿童普通现象,在未做事前,一副热烈的情绪,勇往直前的气概,真可令人钦佩。但是一遇困难,便知难而退,望风而遁了。做教师的,应该了解他们的弱点,在他们将近失败时、心灰意懒时,便提起他们的精神,唤醒他们的目的,鼓励他们继续努力,养成一种"不达目的决不罢休"的习惯。

3. 有困难的地方,予以适度的帮助。实行中有须事前帮助的,有须失败后帮助的,有须自作与帮助相间进行的,均须因材施教,相机指导。

4. 如遇技术尚未娴熟时应特定设计练习。练习方法,详见练习课业内,兹不多赘。

5. 实行当多奖励合作的习惯。从前的教学法,注重各个人的成绩。学生恐怕别人的成绩超过我,所以不肯互助,不肯合作,养成一种嫉妒心。设计法注重通力合作,共同学习,容易养成合作的习惯。

6. 实行时附带注意造成领袖人才,一面训练儿童有服从领袖的习惯。设计的教法,难得有划一教授。平常都是各个的活动,所以教师要用齐一教法是不可能的。因此要养成领袖人才,以分教师之劳,也是势所必然的。但一面养成领袖人才,一面就要养成服从领袖的习惯,监督领袖的习惯。

做个领袖是很不容易的。他有超人的智力,有较好的学业,能待人和气,办事认真,才能博得大众的信仰。

监督领袖也不是容易的。他不能胡言乱道,有意侮蔑领袖,失去自己的信用。必有正当的理由、正当的手续来弹劾人家,然后可博大众的信服。

做教师的对于两方面都须有审慎的观察、明确的判断,才能措置裕如,有利于教育。

7. 实行半途中,发现缺点,要叫他们修正计划,换法建造。一个儿童在动手工作之前,先做一个计划,他自以为计划得很周密,毫无缺憾了。可是动手一做,便感到计划尚不完善。那时教师便应该指导他修正计划,换法建造。团体建造时也是如此。教师发觉了计划不对,应该嘱令全体停止工作,共同把计划修正后,再继续工作。

(四)判断

1. 判断很重要,可得正确明了的经验,可做将来建造的工具。儿童做成了一件物品,往往自感满足,不再下批评的功夫。教师应该提醒他们。问他们:"这样就算好了么?你做这件东西,合用不合用?许多作品中间,哪一件做得最好?一件作品中间,哪一部分做得最好?……要常常引导他们自己判断。

2. 判断要由儿童自知不足、自求改进。建造的东西由儿童自己判断时,应该使他们有几分满足;否则全不满足,他以后就要灰心不做了。但是须附带申明一句:此满足只能满足到几分,不能使他自夸满足,觉得毫无缺点,否则知足太过,便要故步自封,不求进步。

3. 判断要顾到全部的经过,不要专在枝节上用功夫。判断一张形艺成绩,专门批评他的色彩如何不对,衬影如何不对,地位如何不对,透视如何不对……处处在细节小目上用功夫,而忘了批评他的画意对不对,能不能把一个活的情境表达出来;这样教法,将来的进步,不会十分高明的。

我们要用的批评方法应该先从大体上着想。如果大体对了,再可提出小问题来批评。如果大体完全不对,那么小问题的讨论尽属多事,大可不必讨论了。

三、练习课业

意义

练习课业的目的在于得到一种知识和技能的习惯。定了方法时时练习,养成一种直捷的结合。将来应付新境遇时,能够自然地反应,不必多花困难的功夫应付,在人类生活中也是一件非常重要的事。

种类

练习的种类有四:

(一)符号的记忆练习。像读文科中之文字,语言科中之注音字母,算术科中之数码公式等,都是记载人类言语的符号。这种符号,学会了一生受用;学不会,一世吃苦。所以小学中,非把它练得成熟,打个根底不可。(二)技能反复练习。像跳高、赛跑的运动技能;抄写文字的书写技能;图画、造物的工作技能;吟唱的技能等,目的在于学得了一种技能可以适应现在的生活,并且可以预备将来的运用。(三)方法上的练习。像吟读的方法、表演的方法、计算的方法、思考的方法、观察的方法、调查的方法、缀文的方法等,目的在于学得一种方法后,使技能愈练愈精,符号愈学愈熟。(四)习惯的练习。像公民的习惯、卫生的习惯、说话的习惯等,目的在于养成了一种习惯后,可以生存于社会上而不惹人厌。这四种练习的事情,虽然可以分别说明,但是实际上大都是混合进行的。

方法

旧方法太重练习,儿童天天过的生活大部分花在练习的功夫上。那时练习的方法活动些、自然些,倒还可说;可是练习起来,又是全用机械的练习、沉闷的反复,以致儿童怕练习,效果就十分恶劣。现在试行新法的却又一反旧观,对于练习事项非常忽略以致儿童成绩落于倒退现象。实际上,练习是非常重要的。从前的缺点在于方法的不好,并非练习本身上有什么不妥。所以我们应该采用新的方法,指导儿童从事练习。兹将练习进行时应注意之点,写在下面。

(一) 目的

要引起儿童练习的需要,一定要有练习的目的。旧法的不好就在儿童没有练习的目的,所以费时多而成功少。现在练习起来要先使儿童明白练习的目的,然后能发生真兴趣,肯真努力。

练习目的要跟年级而加以变更。大概低年级的练习,在于满足他们游戏比赛的兴趣,儿童的目的不就是教师的目的。年级渐高,方始要把教师的目的,跟儿童的目的相接近。

(二) 计划

从前的练习法完全操于教师手中,儿童没有参加的权能。计划一层,当然由教师一人作主。现在的练习法,既然要使儿童明了练习的目的,那么练习的计划当然也要令儿童参加了。

（三）实行

1. 先使儿童了解意义然后练习。从前的教法十分重视练习。可是练习的结果非常不好。这是什么缘故？大部分因为那时的练习，儿童根本不了解练习的意义。教国语的先教单个的生字，练习音、意、笔顺，说文解字，然后教儿童阅读整篇的课文。教图画的先教儿童学习一个圆形、一个方形、一个人头、一张桌子，然后叫他们画一幅有意义的图画。这种方法，全是倒因为果，如何能维持练习的兴趣！

2. 正确为主，迅速次之。不正确的练习还不如不练的好。因为多一次不正确的练习，就多一次不正确的影响。愈练愈错误，将来对于正确的练习，反而要疑窦丛生、搅乱是非了。例如，订正儿童的错字。儿童把"校"字误写了"挍"字。教师就该把正确的"校"字对他说，"校"字应该这样写的。不必噜噜苏苏的对儿童说："校"字不是"扌"旁的，不应该写"扌"旁的，写了"扌"旁是错的，"扌"旁加一个"交"不是"学校"的"校"字，是"计较"的"较"字了（《论语》：犯而不挍）。如此教法要想把错误的字，叫儿童下回不要写错，实际反而大错而特错。因为他们临到要写"校"字的时候，要疑惑一个"校"字到底怎样写的，是"扌"旁呢，还是"木"旁，或者还是别的偏旁。愈想反而愈不正确。所以我们要注意，练习以正确为主。

正确的说法，意义尚未完全。使儿童练习正确，不但仅就形式上、记号上务求正确，并且要把儿童的根本观念弄得十分正确。例如令儿童练习"十升为一斗"的题目，不但要使他确切明了十升是一斗，一斗是十升。一斗不是九升，也不是十一升。同时最好使他知道升是什么东西，斗是什么东西，经他自己实验的结果，才能够确切明了十升是一斗，九升还不满一斗，十一升就多出一斗了。现在学校教育中，类多不真切的练习，这一点须格外注意。

单讲正确而不讲迅速也是不对。慢吞吞地练习好像不是现代人应该有的态度了。不过这里要申明一句话，求迅速应注意完善，如果草率了事、慌忙进行，至多不过引起疲乏罢了，决无实益可得。

要养成儿童敏速的习惯须多次练习，逐渐改进，节省无谓的时间，儿童自然会得迅速的。

例如某校有个教师，他教儿童练习乘法，题式为 $144×26$，$273×44$，$55×32$，在45分钟内只算三个式题。时间费到哪里去的？写黑板、问答、重述、答语、试算、巡视、订正、誊清等各动作,把宝贵的光阴都费在无谓的手续上,试问可惜不可惜。如果采用新式的教法或者采用算术练习测验的材料,不抄题目、不用誊清,至多在两三分钟内就可了事。这样一比较,就可以比出迅速与迟缓的真相了。

3. 变化要多,时间不宜过长。练习时要注意正确又要迅速,很容易犯的流弊是神经紧张。一课上了,疲倦不堪。欲救其弊,至少须顾"变化多,时间少"两个条件。

变化的方法,例如教儿童反复练习一课国语文,可用许多方法:①一人读课文,其余的人静听。②分排练习,读一句,表演一句。③甲乙两排,相对而立,一读一演,交互练习。④分全体为三组,各组轮流读一句,周而复始。⑤等大家读得有些口干乏味了。教师便说:"现在静读一回罢。"这样变化一多,教起来不觉得呆板,学生就不觉得厌倦了。

不过要注意:变化的方法不是瞬息之间千变万化,使儿童专在变化中过生活。变化应有限制的。第一,须看儿童疲倦时加以变化;不疲倦就不要变。第二,变化的方法不能太快,也不能太慢,应该恰如其分。第三,最好的变化是用游戏的方法教。

因为多变化,可以减少疲劳,很容易犯不顾时间的弊病。在上课时,固然能够维持各人的兴趣,不觉得疲倦。可是一下了课,那就腰骨酸痛、头晕脑涨,无心再上别课了。这种上课不叫不疲倦,反正是疲倦过度的现象。所以练习课业,要受时间的限制。费脑多的练习,时间要短;费脑少的练习,时间可稍长。教育心理实验家告诉我们:"凡是时间多而次数少的练习,其效果反不如时间短而次数多的练习。好比有60分钟一次练习书法,不如分为两个30分钟,更不如分为三个20分钟,效果来得大"(大概不到20分钟,不能做了。练习时间的长短,应视各种科目的性质和内容,给与最低限度的时间)。所以现在各处都采用分数制,就根据这一个原理来的。

4. 抽象的练习要在具体的境遇里应用——练习乘九九,不要先读熟了九九表才去应用。应该先从实际上发生学习九九的需要,逐项分别练习,再汇成一表总练习,才能适合学习的心理。

5. 练习的工夫要多用在困难的地方。平常对于练习的事情,往往不分难易一视同仁的练习。结果是难的没有练熟,容易的徒然浪费时间,两方面都不得益。合理的练习法应该把功夫多花在难的工作上,才不致枉费劳心。

不过这里要弄清所谓难易决不是纯凭教师的眼光来判别。因为主观的判别很靠不住的。应该用一番调查的功夫、统计的功夫,发现儿童的困难,到底难在哪里,然后加以指导,才可以得到真正的效果。

(四)判断

1. 要儿童满足练习的兴趣,判断是不可少的。判断一次,可得一次改进的经验。普通教起来练习时只顾练习。方法的对不对,效果的好不好是不问的。所以一次一次地练,学生总得不到一个练习的窍门(即秘诀)。如果我们在每次练习以后,加以判断,使儿童反省练习的经验,设想将来改进的方法,那么练习的效果一定可得长足的进步。

2. 要判断练习的经济不经济。费了多少时间,得多少效果,一定有个确凿的考查,实际报告儿童,儿童自然肯努力求进步了。这条原则,把算术练习测验来证明,更加确切明了。采用这套练习材料应费多少时间是规定的,所得的效果如何,自己一查便知的。做一回便得一回经验,增加一回努力的兴趣,使你越做越起劲,越练越有滋味,这种方法是练习课业上最好的方法。我们很希望所有练习功课,都能仿照算术测验的办法,编著各套适用的材料供给一般人应用。将来儿童的进步,正未可限量呢!

四、欣赏课业

意义

人类专重理智的生活,颇觉枯燥乏味,一定要用情感的生活来调剂一下才好。欣赏课业,所以被视为重要科目,就因为它能脱去理智的枷锁,而纯以情感的生活为生活的缘故。它的作用,是"一种积极的、沉思的心理态度"。计有四个优点:发挥审美性;涵养高尚情操;娱乐心神;超脱私利。

类别

欣赏事物颇难分类。但不分类又嫌混杂,不得已姑且分成下列三类:

(一)美术的欣赏。如图画、剪贴、刺绣、塑造、雕刻、音乐、舞蹈、文学、故事、建筑物等概属此类。

(二)人生的欣赏。欣赏人类的生活、人生的事功以及各人的容貌、态度、言语、行动等。

(三)自然的欣赏。宇宙间一切现象都可以供人欣赏。但因一般人少受训练之故,处在优美快乐的大自然怀抱里,而不能享受这种福气,实属可惜的事。

方法

（一）目的

欣赏的目的在于授受被欣赏后的感动。它的过程中，无需计划、无需研究，更无需批评。照前面所讲的理论说起来，似乎不属于设计范围以内。当设计教学在美国初行时，也有这种议论，后经多次讨论，才决定欣赏也是设计法之一（克伯屈主张最力）。因为欣赏要用全副精神，做整个活动，和设计教学的原理相合，所以欣赏课业也成为设计法的一部分。

欣赏的目的不在艺术品的本身。单是一幅画、一首诗、一曲歌，学会了也不过添一种知识和技能，没有什么可贵。其所以有更大的价值者，在于染传一种艺术的趣味于人心，永远影响于人的精神上。不过，现在教授艺术一科的，太重视技术而鉴赏力的养力太不注意。不能称为欣赏课的教法，也许可说完全失败。以下即就目的上应行注意的事项说一说：

1. 欣赏的目的虽是含有一种娱乐的意味，但是决不是随意寻快活，一定先要有个确定的目的。

2. 教师应多供给高尚的欣赏物提高儿童欣赏的程度。好比欣赏力薄弱的儿童看了卑劣的新剧，以为很满意。如果教师能暗示他们知道学校里的表演高出于社会上流行的新剧，从此，他们对于卖艺的新剧，就以为不值得看了。

3. 教师要把可以欣赏的东西，介绍给他们。这种材料要合乎他们的程度。如果他们不能欣赏时，教师应设法介绍，使他们发生鉴赏兴味。

（二）欣赏

1. 欣赏要从自己发表，不可灌注。全级的人看同一幅图，欣赏的程度各人不同，尽可以由他们各人欣赏。教师从旁做个媒介人，不做欣赏的替代人。

2. 养成欣赏的能力，须从《看的教育》着手。福尔克芒（Ludwig Volkmann）所以要奖励多用照相机及眼的体操就为这个缘故。普通人看实物不及照片的美，就是因为眼的教育没有训练成功。

3. 欣赏重自然的感动、静默的观察，不能当知识科教授。要查儿童能不能欣赏，只要看他们的脸色。研究物与物的关系，而用的方法是知的世界。使整个的物映于我人的心境中，是美的世界。艺术品的欣赏目的不在增广知识，在于行趣味的教育，这一层须先分别清楚。

4. 欣赏不宜有分析批评的态度。须知知识的分子和感情的分子不是绝对相关的。知识占胜，反足以害感情。欣赏不是静受，也不是发现美的真理和原则,在于明了事实而享乐之。举个粗浅的例子证明一下:平常我们吃一碗菜,几个人吃了都觉得非常适口。如果要把它分析多少盐量、多少油料、多少火功,恐怕世上最有名的庖丁也不能回答。即使我们先规定了作料的质量煮起来,恐怕也不会煮成好菜。再就批评而言,如果各人把所吃的菜逐项批评:质地如何?烹调如何?装饰如何?倒觉得食之无味了。因为批评和分析,无论怎样精密,总不过及于全体的一部分,而决不能概括整个的欣赏物。所以说欣赏不能分析,不容批评的。

5. 欣赏的东西,第一要教师肯热心欣赏。并且对于作品的内容非常明了。如果对于音乐是外行的教师,要想刺激儿童欣赏,提高欣赏的能力是决计做不到的。

6. 欣赏有味的,可多欣赏一回。事实告诉我们,一个人对于欣赏一件东西,达到最高度时,全神贯注在欣赏的对象上,定然心与物化,忘怀一切了。例如,我们出门玩山游水,常在兴高采烈时,竟忘身在何处,时在何日。临行不知炊烟四起,万家灯火了。

7. 欣赏的程度要先从形式的欣赏入手,逐渐渡到内容的欣赏,最后才达到想象的欣赏。例如,欣赏农夫耕田图。最幼稚之儿童,他只能辨别何者为农夫,何者为田地,何者为野犬,何者为村舍。程度高些的并能领略农夫有何动作,野犬所为何事,村舍与田地的实际景象如何。程度最高的能想象农夫之生活,村野之美满,有时竟会想到人入画中,心与物化了。

8. 发展儿童欣赏力的方法有三:①联想。学校内布置美的环境,儿童生活其间,自然会得感到美化。②比较。把美丑不同的作品,放在一处,儿童自然能比较美与不美的分别。③多与大自然接触,陶冶看的能力。

9. 欣赏的东西要合乎各人的生活和年龄。幼稚园的儿童,教他们唱"排排坐,吃果果,小小肚子吃不多"。他们觉得兴趣盎然。到了年龄渐大,再教他们唱这个歌,他们就觉得无可欣赏了。

10. 欣赏当用情感来感动人。音乐是心的言语的发表,从人心流出,再流入人心,最足以感动一般听众。舞蹈是身体的言语,是人类最初而又最自由的音语。表演起来,也足以使人动容。

本章总结:

本章开始就郑重申明:"课业是活动的方式,不是教授的顺序。"经了以上一番说明,谅阅者都能明白无疑了。兹更求清楚起见,再把通常所用的科目,依课业的种类,立个简表如下:

各科课业分析表

	思考课业	建造课业	练习课业	欣赏课业
读书	研究文法	表演、演讲	认字、写字、阅读、朗读	概览、演述、补充想象、表情诵读
作文	作法研究	自作	口述练习、文句应用练习	范文观摩
写字	写法研究	写凭条、对联、广告、通告等	书写	名帖欣赏
算术	例题分解	共定游戏方法	暗算、笔算练习	
三民	问题讨论	实习、表演	诵读练习	伟人故事
卫生	问题讨论	实习、表演	阅读书本练习,养成卫生习惯	卫生图片
历史	问题讨论	表演	阅读书本练习	古物、古迹、名胜画片、模型等欣赏
地理	问题讨论	绘图、装排沙箱	阅读书本练习	胜地风景片、风俗画等欣赏
工作	工作图研究制作法、材料来源研究等	衣、食、住各种物品的制作	技术练习	优良工艺品欣赏
美术	形状、位置、色彩等研究	绘画、剪贴、塑造等创作	技术练习	欣赏美术
音乐	乐理研究	试作歌曲	反复吟唱、符号练习	听名乐、吟唱
体育	研究浅近的体育原理	共定游戏方法	徒手练习、器械练习、球类练习、田径赛练习等	

第六章　设计教学的课程怎样编法

对于这一个问题一向有两种绝对相反的主张。在主张不用预定的人这样说"设计教学当随境遇而变迁；儿童的活动既不能预卜先知，环境的变迁又无一定的形式，试问课程从何预定呢？即使勉强预定下来，亦不过抄抄从前的老方法，对于设计本身有何价值？痛快说来，简直不是设计教学"。听了这一番话，可以断定施行设计教学，课程决不能预定了。

但是再听主张要预定的人又有一番议论，也有几分充分的理由。他们的主张是："设计固然要适合各人的个性，当临机应变，随处活用，不必有一种呆板的课程。但是试问一个学校内的境遇，能有多少变化？儿童处在少变化的环境里，能有多少新问题发生？如果只把极简单的资料供给他们学习，对于他们的经验能不能改造？以上几个问题倘若不能解决，徒然丢了正轨不走，去走捉摸不定的路径，其危险可知。并且我们所说的预定，究竟与从前的方法不同。从前是定得非常呆板，非常枯燥的。它不问自然的境遇如何，儿童的生活如何，只是一味的由教师把教材规定了，令儿童遵照学习。进行时惟教师之命是听，儿童毫无更改的余地。现在呢？是依据四周的环境，定个可靠的设计纲要；依了纲要再定出一个实施的步骤。顺序并不呆板，方法又极活动，实施时决无一些窒碍。如此预定，有何缺点呢？"

以上两派说法各具充分理由。如果某校带有试验性质采用混合设计，当可不必预定课程。除此以外，都以预定为是。只消在预定时，能照原则进行，其弊害就不至于很大了。

第一个原则须依季节的变化而订课程。一年中有许多节期，虽多少带些迷信的意思，不能直接采为教材。但是也应该借此研究各地风俗习尚，从而打破一切迷信。又有国庆纪念日、国耻纪念日、伟人生死纪念日，都是设计教学的好材料。不过采用时有个两附带的条件：第一，不要将各学年定一律的节期教材，使年年有节期，年年只用一套教材，学习的范围变成很狭；第二，要看事实之轻重，定设计范围之大小，凡重大的事，应在纪念日前作个预备的设计，纪念日中作个实行的设计，纪念日后作一个追想的设计。

第二个原则须观察四周环境而订课程。在乡村的环境里有四季花木的荣谢，农产品的播种与收获。在城镇的环境里，有四季商品之变换，适应气候之货物。其他如寒暖之更易、天象之奇变，都足以供儿童作设计的材料。

第三个原则须参照人事的变化而订课程。社会上的新闻、学校内的偶发事项、家庭间的琐屑问题,皆足以引起设计的动机。如果教师善于利用,能用敏锐的眼光,捉住一个要点,就可以采为很好的设计。

第四个原则须采设计的副产品而订课程。在一个设计进行时,常有不绝的枝节问题发生。这种枝节问题就是设计的副产品。有许多只须三言两语可以解决的立刻就解决它。有的非从长讨论不能解决的,就采为下次设计的题材。这种从副产品上发生的新设计,既极自然又有联络,在各种设计中可算是最好的教材。

编订课程,分以下各步骤:

一、第一步　规定各个设计的单元

自有设计教学以来,已经十多年了。在此十多年中,各地试行的结果,已经有很多的报告,载在各种专书、杂志、报章上面。我们应把这许多材料汇集拢来,审查一下,看哪一个设计单元是完善的,哪一个设计单元是合于某年级、某季节的,约略排列一下。再依据它的结果重行实验几回,证明它的结果好不好。再修改,再实验,经多次研究,然后能订定一个可靠的课程。

现在因于时间的关系,不能把所有的实验报告尽量收集。更谈不到整理的工夫、试验的手续,而能编成一个较为完善的课程。只能约略举几个例子,以供参考。完善课程尚待他日。兹将应列各项说明如下。

第一种手续——收集各种设计单元

展览会

一	玩具展览会	二	开泥人店	三	织物展览会	四	花子展览会
五	果品展览会	六	各科成绩展览会	七	学期终成绩展览会	八	毕业成绩展览会
九	标本展览会	十	贺年片展览会	十一	假期作业展览会	十二	图画展览会
十三	邮票展览会	十四	雨具展览会	十五	服饰展览会	十六	扇子展览会
十七	灯彩展览会	十八	粮食展览会	十九	香烟片展览会	二十	国货展览会

各种竞赛

一	储蓄比赛	二	开运动会	三	演说竞赛会	四	默写竞赛
五	默字竞赛	六	写字竞赛	七	速算竞赛	八	珠算竞赛
九	实验竞赛	十	微文比赛	十一	时事测验	十二	猜谜比赛

团体集会

一	欢迎新小朋友	二	欢迎新先生	三	纳凉会	四	百技大会

五	交谊会	六	明月娱乐会	七	国庆纪念会	八	伟人诞辰纪念
九	消寒会	十	请客会	十一	同年同乐会	十二	立校纪念会
十三	消夏会(西瓜会)	十四	远足	十五	恳亲会	十六	游艺会
十七	学艺会	十八	母姊会	十九	名人演讲会	二十	辩论会

社会活动

一	选举领袖	二	教师诞辰纪念	三	开小邮政局	四	过新年
五	组织消防队	六	办博物馆	七	办自治会	八	游火车站
九	织织演讲会	十	文具发明史	十一	雪耻设计	十二	开食物店
十三	开服饰店	十四	装火车站	十五	装轮船局	十六	模仿农民

自然研究

一	养蛋	二	我的小鸡	三	春天的野外	四	组织扑绳队
五	养蝌蚪	六	灭蚊运动	七	采矿石	八	虫运动会
九	秋虫学校	十	磨豆腐	十一	种棉花	十二	秋昆虫过冬
十三	参观玻璃厂	十四	植物过冬	十五	种菜	十六	研究虫荒
十七	参观纱厂、织布厂	十八	仿制火柴	十九	造肥皂	二十	养蜜蜂
二一	植树节	二二	花卉嫁娶	二三	捉害虫	二四	养兔子
二五	秋果会	二六	养羊	二七	养鸽子	二八	采集标本

工美建造

一	布置教室	二	洋娃娃的家	三	放纸鸢	四	造小花园
五	装排我们的县城	六	磨粉做点心	七	小猫的家	八	做酒酿
九	开饮冰室	十	做重阳糕	十一	投赠贺年片	十二	做乡村模型
十三	烧面吃	十四	做礼物	十五	造各种玩具	十六	造纸

健康活动

一	开小医院	二	大扫除	三	开卫生局	四	组织节食会
五	夏令卫生运动	六	组织卫生检查队	七	举行卫生演说会	八	检查体格
九	不卫生品展览会	十	组织教室扫除队	十一	表演卫生剧	十二	拟公共卫生规约
十三	投登卫生新闻	十四	组织救护队	十五	组织卫生游行队	十六	收集卫生广告传单
十七	组织卫生习惯养成团	十八	规定健身标准	十九	作卫生日记	二十	讨论本地卫生事业

| 二一 | 开卫生游艺会 | 二二 | 开卫生成绩展览会 | 二三 | 编著卫生故事 | 二四 | 编著卫生指南 |
| 二五 | 组织各种运动竞赛队 | 二六 | 防疫运动 | 二七 | 禁烟宣传 | 二八 | 定健康信条 |

文字发表

一	办学级报	二	办级刊	三	与友人通信	四	假设通信
五	记日记	六	做广告传单	七	编小本书	八	做读书摘记
九	编剧本	十	编故事	十一	做旅行记	十二	通告
十三	参观记	十四	演说稿	十五	剧本说明书	十六	欢迎词
十七	请假信	十八	集会记录	十九	时事评论	二十	做长篇小说

训练活动

一	纪念周	二	守时周	三	整洁周	四	节俭周
五	礼貌周	六	雪耻周	七	秩序周	八	健康周
九	勤学周	十	惜阴周	十一	努力周	十二	亲爱周
十三	公正周	十四	敏捷周	十五	早起周	十六	庆祝周
十七	姿势周	十八	劳动周	十九	审美周	二十	反省周
二一	谦让周	二二	革新周	二三	爱群周	二四	诚实周
二五	卫生周	二六	信仰周	二七	爱校周	二八	快乐周
二九	测验周	三十	公德周	三一	交际周	三二	奋斗周
三三	义勇周	三四	服务周	三五	救国周	三六	自由周
三七	平等周	三八	敬老周	三九	合群周	四十	破除迷信周
四一	慈善周	四二	建设周	四三	守法周	四四	独立周
四五	自管周	四六	尚武周	四七	爱党周	四八	惜物周

第二种手续——依年级整理

定几个原则如下：

（一）每个设计单元，有的半周可以结束，有的须延长至两周、三周。平均起来，约计每周一个设计单元。

（二）每半年（一学期）上课日数，约在22周左右。开学时先上一周临时课。休业时，兼行一周总复习。普通一学期中以20周计算。

（三）依第一、第二两个原则，规定每半年用20个设计单元，每年用40个单元，六年小学中须有240个单元。

（四）依年级之高低，而定单元之多少。照上面所说的一周一个单元，是指普通而言，实际上还因年级的关系而稍有变化。例如，幼稚园与一年级，每周可定两单元或三单元。二、三年级每周可定一单元或两周合一单元。四、五、六年每单元可延长至两周或三周。

第三种手续——依季节排列前后

	节气	气候特点	风俗	游戏	卫生	自然界生活	食品
一月	小寒 大寒	冰雪、西北风	新年礼	堆雪人	龟裂、伤风	金鱼、鸽子、腊梅、胡萝卜	
二月	立春 雨水		迎春	放花爆	伤食	水仙、菜、麦、猫、狗、鼠	年糕
三月	惊蛰 春分		赛会	放纸鸢	喉症	燕子、小鸡、梅花	
四月	清明 谷雨	春雨	扫墓	玩杨柳球	牛痘	蝴蝶、蚕、桃花、笋豆花	
五月	立夏 小满		竞渡	鹰捕鸡	灭蚊蝇子	蔷薇、布谷	粽子
六月	芒种 夏至	黄梅雨、发霉		拍大麦	洗澡	石榴、牡丹、插秧、火萤	
七月	小暑 大暑	雷、电、虹		捉七子	受暑	荷花、瓜、蝉、蚱蜢	
八月	立秋 处暑	流星露	乞巧	斩草	疟疾	凤仙、鸡冠、收稻	
九月	白露 秋分	大潮、明月、秋风	赏月、观潮	滚铁环	痢疾	桂花、棉花、玉蜀、黍、蟋蟀	
十月	寒露 霜降		登高	捉迷藏	目疾	种豆、菊花、蟹	重阳糕
十一月	立冬 小雪	霜		跳绳	感冒	鸦、鹰、红叶	
十二月	大雪 冬至	雾、西北风		踢毽子	冻疮	羊、牛、芙蓉、干草	腊八粥

全年纪念节期

月	日	周	纪念事项
一月	1		南京政府成立纪念
	3		汉口惨案①纪念
二月	24		《伊犁条约》②纪念

---

① 汉口惨案,即一·三惨案,是指1927年1月3日2时,武汉工人、学生和市民召开大会,庆祝北伐胜利和国民政府迁到武汉,英国水兵突然从租界冲出,用刺刀驱赶群众。群众怒不可遏,但却手无寸铁,只能投石以抗。英军当场将海员李大生等2人刺成重伤,轻伤数十人,制造了一·三惨案。——编校者

② 《伊犁条约》即《中俄伊犁条约》,又称《中俄改订条约》、《圣彼得堡条约》,是1881年2月24日清朝与沙皇俄国在圣彼得堡签订的有关归还新疆伊犁地区的条约。——编校者

续表

月	日	周	纪念事项
三月	6		德租胶州
	8		妇女节
	12		总理逝世①纪念　植树节
	17		《中英条约》②
	18		三一八惨案③
	29		七十二烈士④殉国纪念
四月	17		中日战争⑤
	27		俄租旅顺大连湾
五月	1		劳动节
	3		济南惨案
	4		学生运动纪念
	5		非常大总统⑥就职纪念
	8		《中日马关条约》⑦
	9		国耻纪念日⑧
	28		《瑷珲条约》⑨
	30		五卅惨案⑩

---

① 这里的总理是指孙中山先生。1925年3月12日上午9时30分,中华民国与中国国民党的缔造者孙中山先生,因患肝癌医治无效,在北京东城铁狮子胡同5号行辕逝世,终年59岁。——编校者
② 《中英条约》即《中英藏印条约》。1890年3月17日由科李与英国印度总督兰斯顿在印度加尔各答签订了《中英会议藏印条约》。——编校者
③ 1926年3月18日,北京群众五千余人,由李大钊主持,在天安门集会抗议,要求拒绝八国通牒。段祺瑞执政府竟下令开枪,当场打死47人,伤200余人,李大钊、陈乔年均在斗争中负伤。——编校者
④ "七十二烈士"即"黄花岗七十二烈士"。——编校者
⑤ 中日战争即中日甲午战争。——编校者
⑥ 非常大总统即中华民国非常大总统。1921年5月5日,孙中山在广州就任非常大总统职,并发表就职宣言和对外宣言。——编校者
⑦ 《中日马关条约》即《马关条约》。——编校者
⑧ 国耻即"五九国耻",是指1915年5月9日,中华民国第一任大总统袁世凯经过与日本达105天的谈判和周旋之后,被迫接受日本《二十一条》中的十二条内容之事件。激起全国人民的反日运动。——编校者
⑨ 《瑷珲条约》,又称《瑷珲城和约》,是沙皇俄国和清朝黑龙江将军奕山于1858年5月28日在瑷珲(今黑龙江省黑河爱辉区)签订的不平等条约。——编校者
⑩ 五卅惨案(也称为五卅血案)因发生于1925年5月30日而得名,是反帝国主义爱国运动五卅运动的导火线。——编校者

续表

月	日	周	纪念事项
六月	3		林则徐烧烟纪念①
	9		英租九龙半岛
	16		总理广州蒙难②纪念
	18		《中美天津条约》③
	23		沙基惨案纪念④
	28		《中英天津条约》⑤
七月	1		国民政府在广州成立⑥纪念 《威海卫专条》⑦纪念
	14		八国联军⑧入京
八月	29		《中英南京条约》⑨
九月	5		万县惨案⑩纪念
	7		《辛丑和约》⑪纪念
	13		《芝罘条约》⑫纪念
十月	10		国庆纪念⑬

① 1839年6月3日,林则徐下令在虎门海滩当众销毁鸦片,至6月25日结束,共历时23天。虎门销烟成为打击毒品的历史事件。虎门硝烟开始的6月3日,被定为不放假的禁烟节,而销烟结束翌日即6月26日也正好是国际禁毒日。——编校者
② 总理广州蒙难是指1922年6月16日,陈炯明唆使其部下洪兆麟等用快炮、煤油对着广州的公府,焚烧射击,想以迅雷不及掩耳的非常手段,把孙中山总理活葬于枪林弹雨火坑中,后幸得脱险。这个日子后来被国民深切纪念。——编校者
③ 《中美天津条约》,是1858年(咸丰八年)6月18日清朝与美国签订的不平等条约。——编校者
④ 沙基惨案发生于1925年6月23日,又称六二三事件,英国士兵开枪镇压广州的游行队伍,造成严重伤亡的事件。——编校者
⑤ 《中英天津条约》又称《中英续约》,是1858年6月26日清朝与英国在天津签订的不平等条约。——编校者
⑥ 中华民国第一届国民政府于1925年7月1日在广州成立。——编校者
⑦ 威海卫专条即《订租威海卫专条》是清朝与英国于1898年7月1日在北京签订的有关租借威海卫的不平等条约。——编校者
⑧ 八国联军是指1900年以军事行动侵入中国的英国、法国、普鲁士(德国)、沙俄、美国、日本、意大利、奥匈帝国(今奥地利和匈牙利)的八国联合军队。——编校者
⑨ 《中英南京条约》又称《江宁条约》,是中国近代史上与外国签订的第一个不平等条约,是中国第一个丧权辱国的条约。——编校者
⑩ 万县惨案,又称万县"九五惨案",发生于四川省万县(现重庆市万州区)。——编校者
⑪ 《辛丑和约》即《辛丑条约》,是中国近代史上赔款数目最庞大、主权丧失最严重的不平等条约。——编校者
⑫ 《芝罘条约》又称《烟台条约》、《滇案条约》,是1876年(即光绪二年),清廷在英政府外交压力下与之签订的不平等条约。——编校者
⑬ 这里的国庆纪念是指辛亥革命纪念日,中华民国国庆日。——编校者

续表

月	日	周	纪念事项
	16		法租广州纪念
	24		《中英北京条约》① 纪念
	25		《中法北京条约》② 纪念
十一月	11		世界和平纪念③
	12		总理诞辰④纪念

第四种手续——把各周间联成一气

举二年级春实例如下：

周	假定起迄月、日	设计题目	支配理由
1	2.25—3.2	装饰教室	开学后必须重新装饰一回
2	3.4—3.9	布置园地	室内装好了，室外也要整理一下
3	3.11—3.16	孵小鸡	因整理园地而想到饲养动物，因饲养动物而想到养鸡
4	3.18—3.23	造鸡棚	因养鸡而需要造鸡棚
5	3.25—3.30	家禽大会	因研究鸡而联想到其他的家禽，从此就开一个家禽会
6	4.1—4.6	春游	因踏青而想到春游
7	4.8—4.13	造花园	因游花园而想到造花园
8	4.15—4.20	洋娃娃的家	有了花园便会想到家庭，因此就布置一个洋娃娃的家庭
9	4.22—4.27	农村	因家庭而想到合许多家庭成为农村
10	4.29—5.4	麦粉制饼	因参观农村，见农人刈麦而想到用麦粉制东西吃
11	5.6—5.11	可恶的日本人	因国耻纪念而引起研究日本人的生活
12	5.13—5.18	提倡国货	因雪耻的初步在于不用仇货，积极方面就是提倡国货
13	5.20—5.25	玩具展览会	因国货而想到玩具的多非国货，就开一个展览会来鉴别一下
14	5.27—6.1	赠送礼物	因玩具展览会而想到自制玩具当礼物赠送亲友
15	6.3—6.8	夏兆（天气、自然界）	因季节变更定夏兆研究

---

① 《中英北京条约》是英国与清朝于 1860 年（咸丰十年）10 月 24 日在北京签订的不平等条约。——编校者
② 《中法北京条约》是法国与清朝于 1860 年（咸丰十年）10 月 25 日在北京签订的不平等条约。——编校者
③ 每年 11 月 11 日，纪念第一次世界大战结束。——编校者
④ 这里的总理诞辰是指中国近代民主主义革命先行者孙中山先生的诞辰。——编校者

续表

周	假定起迄月日	设计题目	支配理由
16	6.10—6.15	夏兆(衣、食、卫生)	续前
17	6.17—6.22	灭蝇运动	续前
18	6.24—6.29	过端午	因季节而订定
19	7.1—7.6	成绩展览会	将一学期中成绩总结一次,开个展览会
20	7.8—7.13	话别会	学期结束

以上所举各实例,聊示一个编法大概。实施时当再顾及以下各条件：

(一)临时有更好的问题发生,当将预定的教材变更改用。

(二)照上面的实例,虽然定着每周一个单元,实际上只有四五个大单元。其中有许多小单元,可以并为一个总目的的。

(三)各单元进行时,处处能自然进行使儿童只知有一贯的活动,而不觉得有单元的间隔最为相当。

(四)各单元各有一个特性,有的偏于常识方面,有的偏于工作方面,有的偏于记号方面。最好能在配置之前,先通盘筹算,使不偏不易为原则——万一不能顾到时,当然不必顾到。

(五)今年做过的活动,当避免以后重做一回。即使因境遇的关系,儿童需要再做一回时,亦当扩大计划,变更方法,使题目重复而内容绝不相同。例如灭蝇运动的一单元,在初做时,只须以家庭为范围。第二次再做时,可扩大,以唤起民众之注意为目标。

二、第二步 拟定一单元的教法

假定一学期中应做各个设计活动,完全照前面几种手续做好了。以后的问题,就是如何拟定一单元的教法。

大家总以为一种教材适用一种教法,不能呆板规定。尤其是设计的教法,更不能把它定得很机械。这话说来很是。但是反过来说,教师无论用什么方法教儿童,决不能全无准备。决不能踏进教室,专门信口开河地胡说一律,或是一任儿童很杂乱地吵闹一番就算设计。应该把一种教材,前前后后,各方面都准备充足,临时方不至慌忙无措、空费时间。

准备的方法当然要看各单元的内容,猜拟进行的情境而加以预备(在有经验的教师,确有几分把握,能预料儿童必走哪几条路,预备起来,枉费极少)。

万一教师所预备的不适于当时的情境。那么教师不要勉强儿童迁就教师所预备的范围,应该先就他们自发的问题上着手,慢慢地引导他们到教师所预备的范围内。

有时,左思右想无法引入范围也不必灰心,也不必懊丧。应该作进一层地回想,考查失败的理由何在？以后应怎样预备,才能恰到好处？（俗语所谓"吃一回亏,学一回乖",亦即古语所说"失败即成功之母"的意思。）

以下且说预备教法的各步手续：

第一种手续——定一单元中可教的范围,考查：这一个单元在哪一年级里好教？尽其量好教些什么？

例如教二年级学生研究邮政。定可教的范围如下：

1. 观察邮票的式样、颜色、价值。应收集各种邮票观察、仿制。
2. 观察邮件的种类：明片、函信、包裹、快信、挂号、保险。收实物观察。
3. 计算邮票的价格：一分、二分、四分、六分。
4. 信件的写法,观察实物,实地练习。
5. 邮票的贴法,观察,实习。
6. 邮寄的方法,观察信箱、箱筒、邮局。
7. 邮差的任务,收信、发信。实习表演。
8. 邮局的忙碌,买邮票、打印、装包、运送。实习表演。

第二种手续——依科目审查,增补材料。依前单元,将各教材归并于各科目中：

读书

作文　信件写法

写字　写信件

算术　计算邮票价值

社会　观察邮票式样、颜色、邮件种类、邮票贴法、邮寄方法、邮差任务、邮局活动

自然

工作　仿制邮件

美术　仿制邮件

音乐

体育

将一个设计单元,用科目划分后,便可看出该单元偏重何科。并且还可以看出缺漏何科教材,应如何设法补充（这里要加一个申明,既称设计,当以活动为本位,无须顾及科目的偏与不偏。但是作者以为活动两字很难捉摸,也许动

了多时,结果只得着一个轻举妄动的观念,何等危险!所以我们为稳健起见,还是依科目来察看一下,设法使其他各科平均发展得好。即使不能平均,至少也可以救济太偏之弊。补充的办法,当然不能生吞活剥,硬凑成联络教材的形式。应该斟酌该单元的内容在可能范围内,加以补充。万一不能普及各科,也只好听便。更如音乐一科无法插入,而一周间又不能不有音乐时,即将本科依中心教材法联络上去,自身便成一个设计)。

查上例研究邮政的一单元中,缺少读文、自然、音乐、体育四科的教材,便可以设法添补进去。例如:

读文　读"来往的信件",读"信的自述故事",读"邮差的故事"。

自然　自然科无法直接联络就自成一个设计,研究送运邮件的交通器,或观察其他不相关的自然界的生活。

音乐　可唱一个"送信歌"或"邮差的快乐"歌。

体育　可教"邮差模仿操"、"运邮件游戏"、"传信比赛"。

第三种手续——规定活动中心及活动进程。用过上面两种手续,把可教的范围定好了,各科目的分量配好了。进一步便可以订定一个作业概要,以活动为纲、进程为序。使教师在事前能有充分的预备,临场才不至于任野马奔驰,无所归束。例如:

邮政研究

第一个活动中心——参观邮政局

方法:

1. 调查邮政局地点、邮政局方位。

2. 画到邮局去的简单地图。

3. 讨论参观要点,如邮局布置、邮务员职务、索取章程、购买邮票。

4. 说明行路规则。

5. 排队出发。

6. 到局参观、买邮票、讨章程。

7. 回校讨论邮局所见,观察收得各种邮件(向个人收、本校收)。

第二个活动中心——装排邮政局

1. 引起模仿装排的兴趣。

2. 决定装排的地点。

3. 讨论布置法。

4. 开示应用物:柜台、桌椅、橱架、箱子。

5. 搜集应用另件：印泥、剪刀。

6. 做假邮票，计算邮票价值。

7. 讨论邮务员及邮差职务。

8. 推定装排人。

9. 邮务表演。

10. 唱送信歌。

第三个活动中心——相互通信

1. 读信件。

2. 研究信件写法。

3. 试写信件（用作文簿）。

4. 制信封、信笺。

5. 写信。

6. 递送表演。

7. 传信游戏。

第四种手续——编应用教材及检查参考用书。依上项规定：

1. 应编之教材，有来往信件各一篇，时宜适应时令，合于当前的境遇。有送信歌一首，该歌当表出送信人与受信人的一问一答。

2. 应查之参考书，有邮务员职务、邮局章程，查日用百科全书、上海指南、邮政章程各书。

第五种手续——准备教具图表。

前单元中应用教具图表，有各种信件、各种邮票、本埠地图、各种邮递法照片、邮差图片、邮政章程、邮政箱、印泥、剪刀、邮差服装、信封、信笺、纸料等。

三、第三步　规定教学实录

教学实录虽与课程很少关系。但是要准备一个课程的全部活动，对于教学实录，也不能不附带规定一下。

教学预定录

级名			人数		时间	
	设计单元					
目的		教师				
		儿童				

续表

关及各科活动	活动中心	
	准备用品	
	国语	
	作文	
	写字	
	社会	
	自然	
	算术	
	工作	
	美术	
	音乐	
	体育	

教学结果录

动机	
目的	
计划	
实行	
判断	

记载方法有详备与简略两种。详备的优点在于将来稽考容易；其缺点流于太繁琐，往往不能有始有终。简略的优点缺点，适得其反。通常只须采用简略的一种，遇有特殊问题时，另行详细录出，如此则检查容易而亦不缺漏。

有了记载，其目的并非就以记载为终点。应积多次记载的结果加以整理，查出经过的优点何在、缺点何在；对于部定课程有无不合之处；对于学习方法得到何种反应；均当一一整理，备教师反省考核之用。

本章总结：课程的编制应根据社会的需要、儿童的生活，用科学的方法编造。本章所述，偏于编制大纲后的实施情形，重在整理与预备，便于一般教师的应用。如果有聪明的教师，良好的环境，活泼的儿童，设计时，当然可以不受课程的拘束。但无论如何，在指导进行时，总逃不了以上几个步骤；不过时间有长短，准备有精粗而已。所以我们不希望个个教师都照这种呆板的办法去做；只希望每个教师，都有这种运用课程的常识。

第七章　关于设计教学的零散问题

一、秩序问题

初年级行设计教学，往往有秩序紊乱的现象，对于学校训育上似乎不大相宜。诚然，现在有人试行设计法教学，没有了解设计的本身，贸然从事的很多。这一层应该归咎于教师自身，不能责备设计法的不对。

再从紊乱的现象方面讲，有时因为大家急切发言，或者起劲办事，在不知不觉中忘了自身与团体的关系，竟轰轰烈烈地闹起来了。这种为了正当的学习而发生紊乱的现象，我们当然可以原谅。积极说起来也好说它是好现象。

即使有时发生无理的争执，教师要制止他们的野蛮举动。养成不紊乱的习惯，尽可以用设计法来指导。例如学生为了进出教室的拥挤，甚至于发生打骂的事情。那时教师尽可以同他们讨论一个进出教室的办法来：排队时谁应在先，谁应在后，是随着自然的次序走呢，还是依教室中坐次分前后？当时还可以告诉他们乘火车、轮船、电车的时候，如果争先恐后，挤得水泄不通，结果还是争先的未必争得到，有时反而落后些。经此一回讨论，以后的纷扰便可解决。

又如发生争夺物品的问题，便可以使他们举出领袖来自行管理。总之，只要指导有力，"秩序紊乱"的现象是不难解决的。

二、改行设计问题

设计教学依上面讲来，当然谁都欢迎的。不过实施起来应视：学校内之设备若何？学生的训练若何？教室的分配若何？教师的训练若何？参考用书多否？工具材料多否？如果一无基础，宁可缓步徐行，逐渐改革。其改革之步骤大别之为七种：（一）养成会思考、会建造、会练习、会欣赏的能力。（二）在单独的科目中，试行几回分科设计。（三）注意偶发事项，采为设计教材。（四）打通各科，试行合科设计。（五）废止科目时间表，改用活动本位的时间表。（如健康活动、建造活动……）。（六）试行团体设计，试编各科教材。（七）能力别分组，并多行混合设计。

三、时间表问题

行了设计教学当然要打破科目本位的时间表。在一学级单独应用一个教室;担任教师又属专任职,当然更无规定时间表的必要。但是因为便于指导,采用一种活动的时间表亦无不可。活动时间表,普通又可分两种:一种是在每天早晨订定当天的活动节目;一种是在每天课毕订定明天应有的活动。两者各有所长,各有所短。大概须视年级的高低而定夺。年级低的,适用当天订定的方法;年级高的,适用隔日订定的方法。

还有一种情形,年级高了,上课时数逐渐增多。一个教师不能担任全级科目,兼长各门功课,势必需要请求别位教师帮助,那就不能不有一种时间表了。这种时间表的编法有三种:一种依专科教师的科目(大概把音乐、体育或者是算术划给另一教师担任)而定;一种依学习的活动而分(有练习活动、健康活动、建造活动、研究活动、交际活动等名称);一种依教室的性质而分(有工作室、研究室、会议室、图书室、游戏室等)。

四、劣等儿童问题

普通很容易有个错误的观念,以为一级中必兼全优等儿、中等儿、劣等儿三种。殊不知优、中、劣三个名词是比较的,不是绝对的。严格说起来,一级中也许一个劣等儿也没有。因为劣等两字,好似含有顽劣不堪、不可教训之意,实际上一级中何尝必有此等人物?即使发现一个两个,绝没有普通所指之多。

并且还有一层,真正的劣等儿往往因为先天遗传的关系,或者因为后天疾病的关系,造成一种不可训教的劣等儿。平常我们往往误解劣等两字的意义,把聪明伶俐的顽皮儿、寡言沉着的静默儿、怕事少动的滞钝儿,一律当他们是劣等儿。于是教师都以非寻常的方法待他们,久而久之,不劣的人,也变成劣了。

凡是有一个问题,往往被聪明儿(优等儿)所提出,得中等儿去奉行,受劣等儿(真的劣等儿)的梗阻,而不能爽快进行。凡事大家已经明白了,劣等儿还是摸不着头路。大家已经练得纯熟了,劣等儿始终莫名其名,只是呆看人家,不知怎样下手。一切问题,都被他们牵制;一切时间,都被他们耽误。我们要想为了大众的利益起见,想抛弃他们罢,又不忍出此狠手。如果迁就他们罢,又觉得相差太远,一时无法提携。在这两难之间,惟有将少数劣等儿童另编一组,专用旧方法教(注入法或启发法)。万一人数太少,不成一组时,便令他们跟了中等生学(由教师指定)。此法虽不合于教育原理,可是比了无法教他们的,总算略胜一筹。

五、儿童成绩问题

有人说设计教学比了非设计教学好,有人说行了设计反多弊害,到底谁是谁非,不必争论,只要看儿童的成绩如何就可断定。如果成绩好即断定设计是好的;如果成绩坏,当然设计法是不能用了。

但是多数人的见地,欲对于设计教学所教的成绩多数不能满意,这是什么缘故?我以为不出下面几个原因:

(一)因为创行设计教学,历史不久,现在尚在初试时期,一切方法未臻完善,所教成绩当然不能特出。此后定当努力研究,切实改良。

(二)因为批评的人,眼光不同。他们只看了成绩的表面,不查骨子里的成绩如何。好比同样两张图画,一张是儿童照了教师的范画摹临,再经教师修改过的;一张是儿童自己创造的。这两张图画并列一处,试问:谁好谁坏呢?

(三)因为批评的人,故意提高眼光,所以论断不能正确。一般人总喜欢批评别人的成绩,非常苛刻。对于别人的成绩,比了自己的成绩非好过几倍,即不足以使他信服。这种厚责于人而薄责于己的论断,当然不能认为合理的批评。

(四)因为新旧方法所花的时间不同,所以批判的结果也不正确。例如,从前每周有十几小时国文钟点,所教成绩,能够看懂一本某某小说;现在每周只用两三小时阅读指导的工夫,也能看懂一本同样的小说。两相比较,成绩的孰优孰劣不言而喻了。

总而言之,批评成绩的好坏,当在经过上考察,不可单看了结果,就下定论。

尾言

本书为暑校演讲稿,书中所述多偏于实例方面。目的在使听讲的人容易明了,便于实施。但是总觉得引证还不详明,说理还不透彻,尚望阅者同志,予以切实地指正!

民国十八年(1929年)三月底脱稿

小學國語教學討論集

沈百英著

商務印書館發行

小學國語教學討論集

沈百英著

商務印書館發行

编辑大意

一、国语是所占分量最多的科目,担任国语的教师又占最大多数的,因此研究国语教学的文章发表得最多。但发表的意见有新有旧,往往使参考的人莫衷一是。本书将国语的新旧教法混合编辑,用辩论的方法写出,一则使理论越辩越明;一则使问题越研究越精深。

二、作者时常出席国语讨论会、国语演示会,总觉得担任国语教师的,不在理论不透彻、经验不丰富,而在理论与经验不能配合起来。本书编辑目的就想参合理论与实际,在一个问题下合并研究。

三、作者也曾担任过多处国语讲演,每每感到理论的说明不易引起听众注意;如果纯用经验的介绍,又觉得平淡乏味。所以近来每逢讲演,竭力避免背书式的叙述,而取问题为中心的讨论。——本书即为青岛市国民教师暑期训练班的讲稿。

四、国语科的进修用书不少,专门的著作也很多,可是要找一本富于兴趣而足以解决实际的尚不多见。本书就想在这一方面贡献一些参考的资料。

五、近来各地对于国语教学的研究,兴趣很高,往往有座谈会举行。本书就用座谈方式,希望在这一方面也贡献一些意见。

六、本书每一问题都根据事实需要,从正反两面讨论。但须注意:各问题中赞成与反对,并非就是甲乙两人。有时赞成派是新的,有时反对派是新的。究竟主见如何,请看每节末后的"总结"。

序 言

在民治社会中,基本教育的推行是政治上的首要工作。在基本教育中,本国国语的教学又占着首要的地位。所以,在国民教育中,对于改进本国国语教材、教法的研究,应为全国研究教育者共同努力的目标。

自然,从新教育运动以来,小学国语教学上已有很多有价值的研究,小学国语教学的教材与教法,亦已有划时代的进步。不过我们也得承认,我们对于这种研究还正在开始;并且许多在教育学上公认的原理与原则,尚未为一般教师所采用。

因此,遍满全国,小学国语教材中,仍充斥着许多不合时宜的教材,他们有许多既不是国民所需至少限度的基本知识,其编辑的方式,又反乎儿童心理生长的程序。其甚者,不夹着新的与旧的"八股",便带着新的与旧的"呜呼""哀哉"的情调,徒然戕贼儿童的心身。

我们要以研究与实验的精神,对于小学国语的教材与教法作进一步的改进。沈百英兄对于小学国语教学之研究,已有数十年的经验。本年暑假,余与沈兄同往青岛讲学,知其所著《小学国语教学讨论集》一书,即将付梓,其内容充实,诚研究及从事小学教育者所不可不争相阅览。兹值出版有期,敬缀数言。以志先睹之乐。

邵鹤亭[①]　民国三十六年(1947年)教师节

---

① 邵鹤亭(1902—1966),江苏宜兴人,中国教育家。——编校者

目　次

绪论　　125

问题一　　读书赞成要吗？　　127
问题二　　"国常"赞成合编吗？　　129
问题三　　"儿童文学"赞成用吗？　　133
问题四　　"注音符号"赞成先教吗？　　137
问题五　　"教学顺序"赞成规定吗？　　142
问题六　　"引起动机"赞成用吗？　　145
问题七　　"概览"赞成用吗？　　147
问题八　　"挂文"赞成用吗？　　150
问题九　　"字音"赞成用旁注法吗？　　154
问题十　　"字形"赞成用分析法吗？　　156
问题十一　　"抄书"赞成用吗？　　159
问题十二　　"简体字"赞成教吗？　　163
问题十三　　"字义"赞成用口译法吗？　　166
问题十四　　"笔记"赞成用吗？　　168
问题十五　　"朗读"赞成用吗？　　173
问题十六　　"齐读"赞成用吗？　　177
问题十七　　"诗歌"赞成吟唱吗？　　180
问题十八　　"默读"赞成用吗？　　183
问题十九　　"讲解"赞成用吗？　　188
问题二十　　"深究"赞成用吗？　　191
问题二十一　　"表演"赞成用吗？　　195
问题二十二　　"背书"赞成用吗？　　199
问题二十三　　"默书"赞成用吗？　　203

问题二十四 "练习"赞成用吗? 208
问题二十五 "考查"赞成用吗? 211
问题二十六 "泛读"赞成用吗? 215
结论 219

绪　论

　　《小学课程标准》上规定国语一科。包含"读书、作文、写字、说话"四项。时间表上却排着"作文、写字、说话",而不排"读书",仍旧排着"国语"一个名称。

　　照例,有了国语一科,同时不应该把"作文、写字、说话"分开排着。反过来说,如果排了"作文、写字、说话",应该写上"读书",而不应该还写"国语"。"国语"是大目,"读书"是小目,大小应该分清的。

　　可是,现在一般小学里,大多数还是将"国语、作文、写字、说话"四项并列着,实在不通之至,但因相沿成习,现在没有人说它不通了。并且目前各小学采用的国定本(实际是标准本,不是国定本)也称"国语",而不称"读书",这决不是名称的错用,而是习惯的一时不易更改。

　　查我国小学课程的沿革,在清光绪二十八年(1902年)七月,张百熙《钦定学堂章程》中,只有读经而没有国语。光绪二十九年(1903年)十一月公布的《奏定学堂章程》中,有读经、讲经,又有中国文字,这两科在当时就是代替国语科的。直到光绪三十三年(1907年)正月,《奏定女子小学堂章程》颁行后,才有国文一科。到宣统元年(1909年)二月,公布《两等小学课程》,仍称国文。到民国元年(1912年)九月公布《小学校令》中,虽仍称国文,但国文中更分读法、作法、书法、语法四项,这种制度,差不多一直沿用到现在。从民国五六年(1916年—1917年)始,南方各著名小学群起主张以国语改为国文,其后新文学运动与国语运动相继而起,小学改用国语的趋势乃不可遏。到民国九年(1920年)一月,教育部即通令改用国语,从此国文一个名称,就不再见于我国小学课程上了。到民国十二年(1923年)六月全国教育联合会草拟《新学制课程纲要》,在国语一科中,分为语言、读文、作文、写字四个小目,跟民国元年(1912年)规定的大同而小异。因民国元年所定的"读法、作法、书法、语法"四个名称,从日文抄来,似失国体,所以改称了"语言、读文、作文、写字"四个名称。到民国十八年(1929年)八月,教育部公布的《小学课程暂行标准》其中国语一科,包括的小目,又把它改了一改,一律改为白话的说法,称为"说话、读书、作文、写字"。这种称法,直到最近改订的《小学课程标准》,仍旧依此不改。

　　在小学称为国文科的时候,所编的读本,都称为国文教科书、国文课本;到民国九年(1920年)教育部通令改为国语科后,各书局所编的读本,都称为国语教科书、国语读本或国语课本。虽然课程上明白说出国语一科包含四个小目,但国语书的名称依然不改。直到现在国立编译馆编的标准本中也称"国语"而不称"读书"。固然,"读书"两字,下接"教科书"、"课本"、"读本"等词,觉得不很妥当。但称国语书而不包含国语的全部似乎同样不合适。作者认为比较妥善的办法,可将国语的大目,改称"语文";把"读书"一项,依课程内容的规定或称"国语",或用"文学读本"的名称。

"文学读本"这个名称,并不生冷,我国前几年也出过这一类的书。欧美各国小学里也有文学读本一类的书出版。

至于时间表上的称法,尽可不写读本,而仍写读书。如果某校以试验为目的,在国语科中,不再分列"说话、读书、作文、写字"的,就用"国语"一个名称。现在为便于检阅起见,再列一个简表如下:

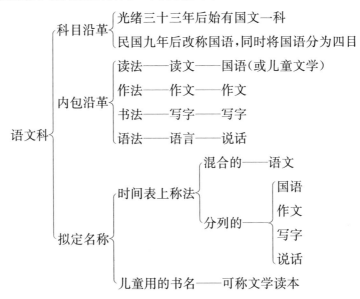

问题一　读书赞成要吗？

赞成：所谓读书包含很多，但一般人只以国语科当作读书课，所以开始就把这个问题提出来谈一谈。旧时采为启蒙用的《神童诗》，开宗明义第一句中就有这么两句话："万般皆下品，惟有读书高。"读书是一向被人重视的。直到现在，我们常听得家长们说起："赶快读书去，做人怎么好不读书呢。"他们把上学认为就是读书，读书就是受教育。最近各地的扫除文盲运动，也劝人赶快读书，读书跟做人简直分不开来，无疑地，我们必须读书。

反对：现在所提倡的基本教育，识字教育，扫除文盲运动，读书虽属其中一部分的活动，但绝不是整个活动只有读书。从前人把读书看得非常神圣，实在是错误的。从前人有了错误，一直流传到现在，使现在的人个个中了读书的毒。我们为彻底解放计，非废除读书不可。

赞成：从前的人把读书看得非常重要，固然不对；现在的人却也少不了它。因为文化一天发展一天，读书的需要也一天多一天。每天早上要看早报，晚上要看晚报；关于各人职业的进修，必须阅读专门的杂志。其他休闲时间，常把读书作为消遣。世界上的人一天不能缺少食物，也就一天不能离开读书，物质食粮与精神食粮，同样的重要。今后趋势，每个人非但必读书，而且须读很多的书，怎么能够废除读书呢？

反对：从前的人靠读书就可以生活，读书的本身，成功一种特殊的职业。现在情形变了，单靠读书不能生活。今后从电化教育上看来，也许用不到书本了。你有话要跟别人说（面谈除外），可以打个电话去。现在中国跟美国可以直接通话，将来世界万国，也许可以彼此通话。如果你有话要跟后人说，那么有钢丝录音、有机片灌音可利用，也不必靠什么书。即使你要求些知识技能，也可以从幻灯片或电影片上得来，废除书本没有什么大不了的啊！

赞成：将来对于读书的观念，一定要大大的改变，绝不会像从前人那样看作"书中自有黄金屋"、"书中自有颜如玉"了；但书籍的出版，非但不会减少，并且一定增多。因为无论电化教育发达到什么地步，绝不能像书一样可以自修，可以温习，可以尽各人性之所近而学习的，书的寿命除非是地球毁灭了，方会跟地球同归于尽吧。

反对：从前因为书的不容易出版，往往把读书人看作了不起的人物；现在把读书普遍地推行,大家看得读书并不是一件奇迹;将来也许认为不及电化教育能够传真,能够亲切有味,大家把书看得极平常的东西了。现在我们看到这种趋势,为期望这种趋势的早日到来,所以我要反对读书。

赞成：书本不及实物,记号不及写真,那是千真万确的。但是书本能够补助实物和写真的不足,事实上绝不会废除书本的。至于现在所出的书本,编辑的方法不高明,不合实际应用,那是另外一个问题,今后可以竭力加以改良。书的出版,会跟其他各方面的进步而进步,读书总是废不了的。

反对：现在的教育要从死记教育改到活教育,要从书本教育改到生活教育,书本实在可以打倒了。至少在小学一个阶段里,要注重生活的教育,书本尽可以不用。例如最近教育部讨论小学课程标准,议决小学一、二年级常识一科不用教科书。将来依此进步下去,三、四年级也不用教科书,五、六年级也不用教科书,再推而广之,小学全部课程都不用教科书,有什么不可能呢!

赞成：你说少用教科书,我也赞同;但在《课程标准》上却规定"国语科应多读各种浅易的儿童读物"、"常识科应另编补充读物",其他社会、自然两科同样都有编著儿童用参考书的说明。实在少用教科书多用补充读物,在书本的分量上看起来,非但不减少,而且加多呢!

反对：少读教科书,多看课外书,就出版而论,我不反对;我最反对的是拿了一本书,只是读读读,看来实在有些头痛。

赞成：这样,你是反对死读教科书,并不是反对一切的书,那么我们的意见可以接近了。"读书究竟要不要"的问题也可以解决了。

反对：本来我是反对单读教科书的,更反对现在的读书方法的;可是在无可奈何之中,或者仍旧保留一句话："读书并不是全能,仅属部分的需要。"就算把这个问题解决了吧!

赞成：这样解决很好!

【总结】 读书是需要的,死读书的习惯应该革除。

问题二 "国常"①赞成合编吗？

赞成：1. 无论什么人，每天除了照例的需要刷牙、漱口、用餐、便溺、行路、休息等等杂务以外，大部分的工作都是整个的，不是零散的。如果一个人做做这样，做做那样，非但一事无成，而且要被人目为疯子呢！

2. 学校里的作业，为合于儿童的生活，更应该是整体的。从前小学里有十多种科目，每种科目的内容分开规定，彼此毫不相关。好比国语教一课"荷花"，常识教一课"西瓜"，算术练习"买菜应用题"，作文出"雷雨所见"的题目，写字写"垃圾堆场"，美术画"野外风景"，劳作做"蛋壳兔子"，音乐唱"萤火虫"歌，体育教"捉迷藏"游戏。各科各自独立，儿童在同一天里的学习，简直等于做梦一般。这样的学习，非但不合儿童的生活，简直不是过着人的生活。所以减少科目，设法用整个教学，已经变为成熟的舆论了。

3. 学校减少科目，在此次课程标准讨论会中已经成为过去的事实。初小②低年级里仅有"国语、常识、工作、唱游"四种；初小中年级里只有"国语、常识、算术、劳作、美术、音乐、体育"七种；小学高年级里也不过有"国语、社会、自然、算术、劳作、美术、音乐、体育"八种。科目既有减少的趋势，"国常"合编当然很合理的。

反对：1. 减少科目是赞成的。以往用分科的教材，它的弊端你已经说得很透彻了。但主张采用合科方法，不一定要把两种性质不同的科目并在一本书上教啊！

2. 你查国语科有国语科的目标和内容，常识科有常识科的目标和内容，两种取材上或有共通之处，但编书必须分成两本为是。

赞成：1. 你既然赞成减少科目，主张合科教学，现在不妨再跟你说个详细。合科的方法大概可分三等：

（1）联合教材

例如常识讲秋天的果子，国语讲"孔融让梨"或"陆绩怀橘"，这样的编配教材，只能称为联合，而不是真正的合科办法。因为"让梨"的中心思想是谦让，

---

① 国常，指国语和常识两科。——编校者
② 旧制小学为六年制。一至四年级为初小，五至六年级为高小。——编校者

"怀橘"的中心思想是孝道,与常识的目的根本不同,除了形式上能联合外,科目的界限还是分的。

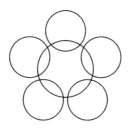

（2）混合教材

例如常识教植树的利益,国语读植树诗,美术画树林,劳作用树枝、树叶或木片做玩具。各科题材统一的组织法,叫做混合教材,也有人称之为"物理性的编制法"。现在所用团体性的设计教材,就是属于这一类。

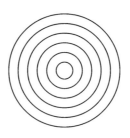

（3）化合教材

所有教学只有整个的活动,无所谓科目。在一个单元进行时,既不排定科目的前后,也不顾及科目的偏废,只有浑然一体的教法。例如以养小鸡为设计中心,开始先研究小鸡的来历,次研究小鸡的养护方法,再研究鸡棚的造法,再次研究小鸡生长的记录……全体以活动为经,以知能为纬,这种方法,也可以称之为"化合性的编制法"。

2. 看教材编制的趋势,逐渐向合科一条路上迈进。"国常"合编,确是适应潮流的办法。

反对： 1. 用了教科书，根本就谈不到混合教材和化合教材，至多可以做到联合教材的办法。我们为发展各科的特长计，教材不妨联合，书本还以分编为是。

2. 因为常识有时令关系的，国语有词语系统的，两者配合得巧，虽能相得益彰；万一将秋始教材改为春始应用，那不是夏天要研究冰雪，国庆日要讨论怎样过儿童节了吗？与其顾此失彼两不讨好，不如以分编为是。

赞成： 1. 教材配合不当，可由担任教师临时删换。至于教法不合，大可以从"国常"合编中矫正过来。

2. 因为，以往常识的教法有一种极大的错误，把常识课本当作国语书读。在教学进行时，居然也是摘生字，教生字，读一遍，讲一遍，再来一套背和默的工作，名为常识，所得的结果是常不识。

3. 我们要改造这种教法，就该采用"国常合编"的办法。在常识部分只有图表，只有简单注释，没有课文可供诵读，从此可以革除死读常识书的弊病了。

反对： 1. 常识教法不合，改为不编课文，专重工作，这是对的；不过这种方法并不一定要跟国语合编，单独也可以编的啊！

2. 现在硬把国语跟常识合编，未免要有彼此迁就的缺点。偏了国语，常识等于虚设，讨论时毫无兴趣；偏了常识，阅读国语未免成为喧宾夺主。如果国常分编，就可以各展所长，免此缺点了。

赞成： 1. 国语跟常识同样是重要的科目，两者都不能畸轻畸重，在教法上应该切实加以改良。至于混合编辑的办法，在原则上一定是合理的。

2. 小学里的教材，大都以常识为中心。某种材料待常识方面研究清楚了，再把有关常识的题材编一课有趣的课文令儿童阅读，这方法也很自然的。

3. "国常"合编，在引起动机时，常识就是国语的向导；在阅读课文时，国语就是常识的注释；在讨论内容时，常识又是国语的深究资料；在整理结束时，"国常"就合为整个的产物了。

反对： 联络讨论是教法的问题，不是书本合编的问题。现在书虽合编了，但一般不懂教法的人仍会把国语、常识课本当作单独的常识教学，或单独的国语教学，反使采用该书时变成"国不国常不常"，得到一种不尴不尬的局面。

赞成： 1. "国不国，常不常"就是合编的长处。在小学里，我们本来不必把科目划分清楚啊。

2. 并且我以为"国常"合教了，可以变成"国中有常，常中有国"。这是各人的看法不同，并不是"国常"合编的缺点。

3. 至于"国常"合编，还可以省买一本书。在目前经济困难的情形下，一本薄薄的书，内地家长也无力负担。现在合编一本，全国不是可以节省不少的经费吗？

反对：1. 要讲节省费用，照理论上说根本是说不通的。我们自从抗战胜利以后一跃而为一等强国了。在一等强国里，难道对于基本的国民教育，还要各亩购买一本薄薄的书吗？即使人民没有力量购买，国家为了推行全民教育起见，也应该负担这笔款子啊！

2. 再退一步说，即使想少买一本书，那么常识课程标准上明明写着"以不用书为原则"，常识尽可不用书，单买一本国语好了。

赞成："国常"合编确有相当优点，现在因为一般教师的不明教法，以致共同起来反对。反对的最大理由只说"用不来"，"用不来"是师资问题，并不是书的编辑问题。换句话说，"国常"合编并没有缺点啊。

反对：既然大家认为"用不来"，无论是师资问题或者编辑问题，在目前为迁就事实计，决定暂时仍用分编办法。将来俟有良好教材、良好师资，再用合编办法也不迟——这次修订小学课程，已经决定把"国常"两科分编了。

赞成：为迁就目前实际情形，只能暂时采用分编办法。这是暂时的办法，不是合编的缺点，这点还须郑重提醒一下！

【总结】 "国常"联络是好的，合编不合编可以随便。

问题三 "儿童文学"赞成用吗？

赞成： 1. 现在小学课程标准上规定国语教材应以儿童文学为主，当然我们非用儿童文学不可。再就国语教材的演变上看来，现在也已进步到儿童文学的阶段了：

第一阶段以陶冶处世修养为目的

> 处世修养

在未兴学校教育以前，私塾里所读的书大都将儿童当作小成人看待，全部注重在处世修养方面。不问儿童懂不懂，爱读不爱读，只凭传统的方法做去，绝不顾到儿童的生活。

第二阶段以习得语言文字为目的

> 语言文字　处世修养

在废科举兴学校以后，到民国十二年（1923年）前，国语教材非从单字入手，即从单句入手。目的在于认识文字，至多可说是习得文言或白话的语言。对于儿童的了解程度虽尚注意，对于儿童的爱好与否，绝不顾及的。

第三阶段以养成阅读兴趣为目的

> 阅读兴趣　语言文字　处世修养

自民国十二年（1923年）到现在，差不多所有国语教材全以儿童文学为主。其中虽然有些波折，但究竟敌不过世界潮流的激荡。现在除了内容和形式尚需研究改进外，大体已经稳定了。

2. 用儿童文学，采为国语教材，非但不违反处世修养的目的，而且合于语言文字的学习，更能引起阅读的兴趣，差不多能够综合以往各优点，而深合儿童学习心理的。

反对： 读书目的有：习得语言文字；获得标准语；启发日常生活知识；明白文章作法。这几点，在年幼时学习好了，长大时还是有用的。那些儿童文学，只宜于儿童时期学习，对于将来的立身处世，可说毫无用处。一种学习，现在有用，将来无用，还不如不学。

赞成： 1. 习得语言文字，无论哪一科中都可以达到目的。获得标准语，只须在说话科中专门训练。启发日常生活知识,应归常识科负全部责任。至于文章作法,在儿童文学的教材中,也要讨论。国语的最大目的,在于"引起阅读兴趣"及"养成阅书能力",要达到此项目的,非用儿童文学材料不可。

2. 你说,将来的有用无用问题不能专以有形的成绩为限。欣赏文学,养成高尚的人格,培育优良德性,达成伟大理想等,用处恐怕要比习得语言文字和生活知识,高出几万万倍呢!

反对:现在是建国时期,一切应以科学为主。那些"猫说狗说"的儿童文学违反科学的,应以不用为是。

赞成:1. "猫说狗说"不能代表儿童文学的全体。有许多教材并非"猫说狗说",而极有价值的。研究一门学问,绝不能以特推常;以特推常即不合于科学。儿童文学的种类很多。散文中有故事、物话、寓言、传记、民间故事、笑话、小说等各种;韵文中有儿歌、民歌、谜语、谚语等各种;剧文中有话剧、歌剧等各种。

2. 文学与科学本属两件事。无论哪一个注重科学的,未尝废除文学。大学中有理科,也有文科,文学与科学,相生不相克的。

3. 关于科学的研究,在初小有常识一科;在高小有社会、自然两科。文学的欣赏别科无法担任,只能归国语科担任了。

反对:1. 你所称的文学并不是儿童文学。儿童文学的材料,优良的极少。例如:

(1) 故事　故事中往往多封建思想、迷信色彩及违反做人道德的材料。

(2) 物话　鸟言、兽语,顾了兴趣,往往不顾物性,深究起来就要发生问题。

(3) 寓言　寓言的来历,大都属于成人们受了冤屈,无法伸张,于是借寓言来发泄发泄。所以寓言材料消极的多,积极的少。儿童读了,恐怕利未见而弊已生。

(4) 传记　大人的传记,往往记载立身处世的德操或忠诚为国的节烈,对于儿童们的生活,不很相宜;至于选取名人的童年轶事,又苦缺乏相当材料。

(5) 民间故事　我国民间故事散布各地,材料虽然很多,可是要选纯良而合于教育的也不多见——大都是俏皮、恶作剧、神怪、迷信、荒诞不经的材料,优良的很少很少。

(6) 笑话　有些名为笑话,读来并不发笑;有些可以引人发笑,可惜违反教育,入选的也不多。

(7) 诗歌　诗歌中包括儿歌、民歌、山歌、童谣、新诗、旧诗等各项,要选内容足以激发儿童感情,形式便于儿童吟唱的,也不多见。

(8) 谜语　谜面、谜底适于低年级儿童阅读的虽不少,适于高年级阅读的却不多。

(9) 话剧　话剧虽很纯正,又合儿童兴趣,外国且有戏剧读本的编辑;可惜一般所谓剧文,只能当作读的剧本,而不能上演的。

(10) 歌剧　这是有关于音乐与文学的联合创作问题,国内尚不易找到专门人才,好材料也不易觅得。

2. 综上所述,即使认为儿童文学有采用的价值,无奈好材料少,要用也无从用起。

赞成:正因为你所说的各项意见,我们必须竭力提倡,多多创作,使最近的将来有非常满意的材料可采用。至于选材标准,小学课程标准上规定得很清楚,兹不赘。

反对:儿童文学的材料大都是有兴趣的。教育全以兴趣为主,以后遇到无兴趣的材料,儿童将不爱读了,无怪乎现在一般儿童图书馆中,对于文学的书(软性读物)都已破烂不堪;对于科学的书(硬性读物)简直原封不动、无人顾问。长此下去,教育还有希望吗?

赞成: 1. 儿童爱看文学的书,你已经承认了。这种好现象,就是我们教育界的喜讯,应该加以发扬光大,满足他们的读书欲。

2. 至于儿童不爱看科学一类的书,主要的原因是编辑体例不合,只用平淡无味的叙述,儿童自然不爱读了。其次是科学环境的不够。要激发儿童爱好科学,绝不单从书上引起。如果社会上有了丰富的供给,学校里有了适当的设备,教的人又有良好的指导,儿童自会有兴趣看科学书了。

3. 至于兴趣问题,可分两方面说:一是读书兴趣应该从小培养起。开始有了阅读的良好习惯,将来对于兴趣较少的书自会爱看。二是兴趣会随年龄的长进而改变。幼年时爱读儿童文学,长大后就会爱读成人文学;幼年时爱读科学故事,长大后也会爱读科学书报。兴趣是学习的芽,应该加以培养而不可以摘去的。

4. 再讲到硬性读物问题,现在已经找到一条路子:以科学的内容,披上文学的外衣,使儿童一样看了爱不忍释。例如《书的故事》、《钟的故事》、《灯的故事》、《十万个问题》、《人和山》、《人类怎样征服自然》、《两条腿》、《木偶游海记》、《乌拉波拉故事集》、《昆虫记》、《绿的世界》、《人体旅行记》等都用文学的笔调,把枯燥无味的材料,写成栩栩如生的活东西,儿童真爱看呢!

反对：这样说来，整个的儿童读物必须改造一下了。

赞成：当然啦！

【总结】 国语教材应该以儿童文学为主；就是别的补充读物，也应该采用文学的编法。

问题四 "注音符号"①赞成先教吗？

赞成：小学课程标准总纲上规定"教学时的说话和读书都应一律用标准语……"标准语的学习应该从小打个根基。用注音符号作为练习说话的工具，那是再好也没了；所以我赞成注音符号应该先教。

反对：1. 提倡国语，开始就加紧训练，无可非议的。但是练习说话，可直接从谈话入手，不必先教注音符号。

2. 注音符号只有 40 个，而且其中有三个在标准语里还用不到。就以 37 个符号而说，各个符号并不是同等的应用——有些用的机会多，有些用的机会少——看来好像并不困难，哪知符号是语言的音素。儿童年龄幼稚，对于音素的分析，怎么会感到兴趣呢？

赞成：我国不用拼音文字，从音符入手好像不大习惯，有些怀疑；其实世界各国采用拼音文字的，都从音符入手，并没有什么困难。而且从各种实验的结果看来，拼音文字比了非拼音文字进步快得多。我们是后进的国家，为什么不取人之长，补己之短呢？

反对：我们查看袁哲编的《国语读法教学原论》第五编上论到"欧美读法教学方法之变迁"，计分五大阶段：

1. 字母法（Alphabet Method） 在西洋自希腊罗马时代起，直到四十年前为止，都用这种方法，就是现在，也没有完全废除。这种教法，先学习大小字母的各种形体及其顺序。单字母学会后，再学习字母组合之拼法与发音。如 ab. eb, ib 等，再学习三个字母组合的拼法和发音，如 glo, flo slo 等。三字母拼法学会以后，才学单缀音的字（Monosyllables），更进而学习字母较多的字。

2. 发音法（Phonetic Method） 将类似动物的叫声，用字母表示出来。如放一个类似狗叫的声音 R 作图注；放一个类似鸟叫的声音 Z 作图注。更有借 A 与 apple 发生联想作用；借 B 与 boy 发生联想作用；或者再用 W 模拟身体的弯曲，用 O 模拟一个圆圈等，使儿童对于字母的声音或其视觉的形态发生特别的

---

① 音符号，旧称注音字母，以章太炎的记音字母作蓝本的汉字标音符号，1912 年由中华民国教育部制定，1918 年正式发布。注音符号经过百年演变，现有 37 个（声母 21 个，韵母 16 个），目前仍旧为中国台湾地区汉字的重要拼读工具，小学语文教育必修内容；中国大陆地区自 1958 年推行汉语拼音方案后停止使用，只在主要汉语字典工具书中保留使用。——编校者

关系。

3. 文字法(Word Method)　1791年出版的盖狄克(Gedike)初学读本中就主张未教字母之前,先教单字。因为读法教学的自然顺序,乃是由全体而达部分(From the whole to the parts)。

4. 全文法(Sentence Method)　在1870年已实行于美国各处。到1890年以后,才被教育界所采用。

5. 混合法(Combination Method)　将读法教学的初步,与书法、图画、算术等发生联络的教学。

看了欧美读法教学的进展,从符号入手并不是一种进步的方法,我们何必要学他们已经丢弃的方法呢?

赞成:1. 欧美读本,从字母法、发音法、文字法、全文法进展到混合法。我们教学注音符号也可以采用这个方法,不一定要从认识单独的符号开始,好比下面一课注音符号首册上的课文:

2. 开始就用全文法并不从单独的符号入手。在新近颁行的小学课程标准里对于说话教学的规定,也说:"开始教学说话时,应注意于语法的完整……"也不主张从字母法、发音法入手的。

反对:现在国语教学,就以文字教学而言,也不是先教单字,后教双词,再教语句,一开始就教整篇的短文。例如沈百英编的《复兴国语教科书》,第一课是:

"小小猫,小小猫,跳跳跳。"国立编译馆编的《国常课本》,第一册第一课是"来来来,来上学"也用全文法,而不从单字单句入手。

赞成:从整篇文字入手,固然可以训练说话;但因国字笔画多,学习不容易;注音符号笔画少,认识和书写都方便。所以个人认为先教注音符号是合理的。

反对:不见得吧!据有经验的人说:"注音符号因为笔画太少,各个记号的差别仅在一点半画之间,比汉字更难辨认。即就书写而论,注音符号虽得了省时的好处,却增加了容易写错的弊病,实在是得不偿失。例如下面各组符号,大体看来都差不多,很容易认错写错:

ㄅㄋ　ㄉㄌ　ㄅㄉ　ㄈㄩ　ㄇㄩ　ㄈㄖ　ㄝㄜ　ㄊㄎ　ㄅㄉㄈ　ㄋㄌ　ㄍㄏ
ㄑㄍ　ㄑㄥ　ㄥㄙ　ㄙㄠ　ㄤㄦㄤ　ㄚㄒ　ㄏㄏ　ㄐㄧ　ㄓㄞ　ㄕㄣ　ㄛㄜ
ㄆㄨ　ㄡㄨ　ㄞㄢ　一ㄟ　ㄒㄏ　ㄎㄢ

赞成:1. 符号的形式相似虽难辨认,但因为符号少,总比国字容易学习。

2. 你看欧美的字母、日本的片假名,各个形状也多相似,他们不见得难学啊!

3. 我们为了便于儿童学习,便于儿童记忆,可用种种有趣的方法,如卡片练习、游戏练习、竞赛练习等。只要方法改良,难易是不成问题的。

反对:我们从历史上研究起来,文化的演进是从语到文的。世界各国差不多全是开始就教语,不先教符号。我们何必急急要教注音呢!

赞成:1. 这虽是一种符号,学得了这一套符号,能直接帮助看书,是学习语言文字的利器,好比挑砖挑泥的需用箩筐一样,用箩筐虽然要多担重量,却不能缺少它啊!

2. 全国国语促进会,为了辅助统一国语计,已经呈请教育部,规定以下几个条例:

(1) 为推行注音符号,辅助认识文字,以期普及教育起见,凡新编或再版之小学及民众学校教科书、儿童读物、民众读物,一律用注音国字,否则不予审定,或撤销其审定。

(2) 国字右旁加注音符号,左旁可加土音或边音。

3. 从注音符号入手,一则便于阅读国语,一则便于校正国音,在非国语区域里更比国语区域需要——普通说国语话、读国语文声音都不正确,急需学得一套符号,矫正说话和读书的错误。

反对：1. 杜威博士(Dr. John Dewey)承认语言文字在教育上占有重要地位。人与禽兽的不同，就是人与人间有一种语言。若是没有这个条件，根本就没有文化可言。

2. 但博士只承认语言与文字有价值，并没有说到符号有价值啊！

赞成：1. 博士所说的文字，就是字母，等于我国的注音符号。他不反对文字，就等于不反对用注音符号。

2. 我国在最短期间，必须扫除文盲。扫除文盲的方法又革于习俗，不能骤然废弃国字；现在把注音符号作为改革的过渡，恐怕谁也不会反对吧！

反对：注音符号作为标音的记号，在学习国字上确比采用反切、采用直音来得简捷而清楚。尽可以等到需要检查字典时再学不迟，何必开始就学呢？

赞成：从三年级起开始教学注音符号，以便检查字典，在民国十二年（1923年）推行新学制课程时，就有这样的规定，此刻不必多讨论了。现在的问题，想从未识国字之前，先学一套注音符号，比了三年级开始教学的效率好，而且用处多。

反对：1. 我国向来用国字的，四周都是国字的环境。儿童在未入学前，虽没有正式认过国字，可是因为国字的接触机会多，学习上比较地不很困难。

2. 相反的，我们四周没有注音符号的环境，儿童完全从无中生有，学习就比较难了。

3. 现在的家长都没有学过注音符号；学校里先教了注音符号，家长就无从辅导。

根据以上三点理由，所以我还是主张不从注音符号入手。

赞成：1. 对于第一点、第二点的解释是，我们要大量地创造注音符号的环境，好比路牌的采用注音国字，学校里各种器物上，尽量地加注音符号等。

2. 对于第三点的解释是，初学儿童根本不需要家庭自修。学校里教了一套注音符号，就在校内复习复习已经够了。

3. 总之，入手采用注音符号的办法是妥当的，现在虽然刚才开始尝试，对于师资、课本、教具等一切都成问题，但是我们为了推行大众教育起见，不能因为有一点问题就不努力去干啊！

反对：1. 努力去干，应该顾到值得不值得。从注音符号入手的办法，是否行之有利无弊，还须加以仔细地研究才能决定。

2. 在未确定办法以前，未见功效以前，为郑重计，即使要教注音符号，也得请几个小学先来试验一下,俟有成效,才推行于全国各地。

赞成：为郑重研究计,这办法,我也赞成。

【总结】 应否先教注音符号,尚待试验研究。

问题五 "教学顺序"赞成规定吗？

赞成：教学必须有个顺序，好比走路必须有个计划一样。

反对：1. 我们走路时，定了一个目标，向着这个目标一步一步走去，自会达到，不必再有什么计划。

2. 教学注重需要，教法注重自然，呆呆板板地规定了一个顺序，教学时依照这顺序进行，不许变更一点，这办法实在要不得。

赞成：1. 工人造屋，有个造屋的计划又有造屋的步骤；厨子煮菜，有个煮菜的计划，也有煮菜的步骤；我们教导儿童学习，难道可以没有计划，没有步骤吗？——步骤就是顺序。

2. 你看，现在一般教师往往不知道教学应有顺序，上课时教师随随便便地教，儿童随随便便地学，名为教学，实际是无教无学。

反对：我也看到一般教师心目中太重教学顺序了，开始总是引起动机。假如这一课无须引起动机的（动机早就隐蓄着），他也呆照顺序先来一个"引起动机"，结果白白地浪费时间。我们与其使教师无谓地在教学顺序上打转，不如由他们自由地运用。

赞成：1. "自由运用"，谈何容易。一个教师非教到成熟的地步，绝不能说这句话。一般初任教师的或者任过多年教师而仍旧没有透彻了解教法的，必须有个规定的顺序，使他们有所遵循。你说，反对教学顺序，他们也许会附和你，可是教起来，难免发生前后倒置、轻重不分。

2. 你说"自由运用"这是好听的话，骨子里简直会变成"胡乱运用"。不定顺序，我绝对不敢赞同。

反对：1. 教学顺序，是教学上的大概计划。我们学过教育的，研究过儿童心理的，有一些教学经验的，都会知道什么功课应该怎样教法。规定教学顺序，简直是多余的事。

2. 聪明的人，有教学天才的人，就是不研究怎样教法，他们竟会教得很活泼很自然，也许比了专门研究教法的还要教得好。所以我对于教学顺序的看法，认为是一种绊脚石，顶好不用它。

赞成：1. 我也希望顶好不用，可是事实上却不能不用。

2. 好比我们教国语，能不能先用考查，再来深究？如果说，一定不能这样用法,必先深究,然后考查,那就是教学的顺序。教学顺序,并不是另外一种法宝,就是工作的步骤,自然的进程。

反对: 1. 我是反对"教学顺序",并不是反对"教法"。这种先用考查后用深究的方法,简直不知教育为何物。我们随便问一个不懂教育的人,从来不知道教学顺序是什么的,他们教起来也不会先用考查后用深究的。

2. 现在话不多话,我先请教你所谓教学顺序,究竟是怎样的一个顺序?

赞成: 1. 在没有阅读课文之先,必须引起儿童阅读的兴趣,所以开始必须"引起动机"。

2. 动机引起之后,准备读书了,可是课文中的字也不识、句也不懂,怎样可以了解全文呢,所以第二步必须"教学生字"。

3. 生字和新词懂得了,然后使儿童注重于全文的了解,第三步必须"讲解课文"。

4. 课文讲清楚了应该注意练习的功夫,就需要"诵读课文"。

5. 课文读熟了,我们还不放心,究竟儿童是否记得,所以接着必须用"背诵课文"。

6. 书,讲清楚了,读熟了,又背出了,大部分的功夫已经做到,可是我们为了补救作文时常写别字、错字,非在国语科里注意练习不可。所以在背书之后,还需接着一步"默写全文"。

反对: 1. 根据你所说的顺序,可以归纳起来叫做"新四书"。一是讲书;二是读书;三是背书;四是默书。这样教学,认为合理吗? 老实说,现在一般国语教学的失败,就是为了呆照着新四书的缘故啊!

2. 我们为了改造国语教法,必须打倒这种新四书的观念;要打倒新四书的观念,首先要打倒教学必须定顺序的偶像。

赞成: 你一方面反对教学顺序,一方面又主张研究教法,试问:你对于一课国语应该怎样教法?

反对: 1. 我们教学国语,目的不仅在于识字,在于训练阅读能力,同时也想启发人的思想。试问:一个人的思想,一个人的能力,能够分别养成吗?

2. 我们认为教学国语是整个的,每一阶段的进行,不能丢弃了整个的意思零零碎碎地指导。好比摄影一样,远近虽有分别,所摄的形象是整个的。新的国语教法,大概分为四个阶段:

第一阶段　等于"远摄",注重大意的了解,目的在于欣赏课文。

第二阶段　等于"特写",注重疑难的探讨,目的在于理解课文。

第三阶段　等于"显影",注重全文的运用,目的在于练习课文。

第四阶段　等于"配框",注重内容的开展,目的在于扩充课文。

3. 每一阶段好像是独立的,实际是混合的;好像是分开的,实际是统一的,阶段大概可以划分,顺序不必呆板规定。

赞成:你所说的划分阶段,在我看来就是教学顺序。你说顺序不必呆板规定,我也赞成;你说教学顺序绝对不能采用,我却不敢赞同。

反对:今天讨论的题目是"教学顺序赞成规定吗"?我就根据题目立论反对教学顺序,更反对教学顺序要有规定。如果你以为阶段就是教学顺序,那么为避免一般人误会起见,更改一个名称好吗?

赞成:我也赞成,就称为"教学的阶段"如何?至于规定的话,我就自动取消。

反对:能够这样,我就不反对了。

【总结】　教学计划,只宜大概分配,不能呆板规定。

问题六 "引起动机"赞成用吗?

赞成:"动机"是一切事情的起源,有了动机才有兴趣学习,才肯努力打破困难。儿童成绩不佳,其最大的原因,或许就是因为没有良好的学习动机。

反对:动机需要的,各科都该用的。但因一般学校都用国定课本,而且都照了课文次序一课一课教下去。引起动机,等于虚装门面,所以我反对它。

赞成:引起动机,各人有各人的巧妙方法。大概都是根据儿童经验一面加以整理,一面再推陈出新。例如教一课《鸡》的国语教材,我们可用以下许多问题:1. 你们早上什么时候起身? 2. 谁的家里有时钟? 3. 谁见过表? 4. 钟和表有什么用处? 5. 没有钟和表怎样知道时光? 6. 看太阳固然可以知道时光,但是没有太阳的时候怎么办呢? 7. 看猫的眼睛固然也可以知道时光,但不很正确,并且一时捉不着猫怎么办呢? 8. 我们每天早上,在睡梦中有一种动物可以唤醒你的是什么东西?……一个问题紧接一个问题,好像剥笋箨一样,一层一层剥进去,自然会达到问题的核心。

反对:1. 我就反对这样无聊的问题。儿童并无学习的需要,教师硬逼他们去学习。你如果规定了要教《鸡》,简直可以爽爽快快地向儿童说明"今天我们来读一课鸡的故事",不必转弯抹角地兜个大圈子。

2. 一个大圈子即使兜到了,也不过浪费许多时间,对于学习的动机同样地没有引起。所谓动机,一定要使儿童感觉学习的需要,才肯努力学习。假定学校里有了图书馆的设备,阅书的动机自会产生,不必由教师引起。

赞成:现在用的国语、常识合编课本,国语跟常识完全联络,学习国语的动机,可从常识中引起。这样就可以节省许多无谓的问答了。

反对:从常识中引起学习国语动机,固属自然,除此以外引起动机的方法还很多。如:

(1) 从谈话引起。

(2) 从观察挂图、画片引起。

(3) 从观察实物引起。

(4) 从参观游览引起。

(5) 从校内活动或社会活动引起。

(6) 从联络旧课或接续上课引起。

（7）从讲述故事、吟唱儿歌或试猜谜语引起。

（8）从准备表演引起。

各种方法对于不用课本或不依课文顺次教的，可以采用。否则，认为多此一举。

赞成：为了"故事竞赛"，令儿童读几个故事；为了"学级表演"，令儿童读几篇剧本，这时的读故事、读剧本，可算学习动机吗？

反对：1. 这当然是很好的动机。但切勿误会，以为动机必须每课引起。老实说，读课本的，只须在开学时把总动机引起了，每课就无须再零零碎碎地引起。

2. 况且现在的国语，全是童话、故事、谜语、小说、诗歌、剧本等儿童文学材料。教材本身就能引起儿童学习之兴趣与动机了，无须多费唇舌说一番无聊的话。

赞成：每次上国语课，不用引起动机，第一句话就说今天教第几课，不太简单吗？

反对：1. 上课时直捷爽快地说今天教第几课，有什么不好呢？

2. 学习应该引起动机，非但不反对而且极赞成。国语科用引起动机法，也不反对。我所反对的是必须用假的动机。现在采用呆板的教科书，顺着课次一课一课地教下去的简直无须引起动机。

【总结】 引起动机是需要的，但宜出于自然。

问题七 "概览"赞成用吗？

赞成：读一课书，在没有提出生字之前，先大概地看一看，这叫做"概览"。看的时间、看的次数，不必规定。这是新的教学方法，合于心理学上"先综合后分析"的原则，我是向来赞成用的。

反对：国语课文中有生字、有新词，一课书的生字和新词还没有懂得，怎么可以先看全文呢？不教儿童识字，先教他们看书，这简直是浪费时间，我不赞成。

赞成：1. 课文中有生字、有新词，我也知道。不过因为一课书中并不个个是生字，句句是新词。教科书的编配很合理，每课书的生字和新词并不多，先行概览，绝没有多大的困难。

2. 我们成人每天看书、看报，未尝不碰到生字和新词，但绝不是先查了生字才开始看的。谁都一样，逢到生字的地方，只须看上下文，把生字当作一个记号跳着不管。我们指导儿童先行概览，目的也属同样的训练。

反对：尝试错误的教法，是不经济的教法。我们与其教儿童先行试读，何不先教儿童认识生字和新词呢！况且先教生字、新词，后读课文，前后相差不多时间，何必强儿童所不能，跟儿童为难呢？

赞成：1. 先行试读是一种能力的训练，并不是令儿童吃苦。而且儿童在未教课文之前先读一遍，非但不觉得苦，还觉得有味呢。我们可以做个试验，在学期开始时，分发新的国语书后，不必暗示儿童先看一遍。但是事实上第二天到校，个个人已经把书从头至尾看过了。竟有几个聪明的儿童，能够略述各课的大意了。只要课文编来有趣味，内容并不艰深，生字和新词并不太多，儿童是有能力自动看的。

2. 儿童有阅书的兴趣，有自动阅书的习惯，这是很宝贵的。我们教儿童学国语，实在识字、读书还在其次，最大的目的就想养成他们有一种阅读的习惯，一种自动阅读的兴趣。

反对：1. 阅读的兴趣的确非常重要。现在先教生字，后看课文，使儿童不觉得困难，不是更有兴趣吗？

2. 社会上一般人没有读书的兴趣，其中原因虽多，为了不认识的文字太多，未尝不是一个重大的原因。说来说去，我还是反对先概览后教生字。

赞成：我总觉得能够在小学中及早养成儿童有自动阅书的习惯，会使他们一生受用不浅。

反对：在生字和新词没有弄清楚前，先令儿童看书，看时未免要把生字读错，新词解错。心理学上也曾告诉我们，教育应从正确入手；开始有了错误，以后改正非但费力多而且不容易见效。先教生字后读课文的根据，就是先求正确的办法。

赞成：1. 课文中的生字是编书人的生字，不一定就是儿童的生字。儿童识字的机会很多，或者从别科中学来，或者从环境中学来，你不要以为课文中规定的几个生字，儿童一定认为生字了。

2. 我们指导概览时，应该叮嘱儿童把生字当作一个记号，不能把它误读、误解。

反对：概览时把生字跳过不读，这样等于字句还不懂得，怎么能看全课大意呢？

赞成：读书要从识字入手，这完全是传统的思想。要知道人类进化的迹象是先有思想，后有动作、表情，次有言语传达情意，最后才有记载言语的文字。读书方法，也应该顺着这个次序，先使儿童了解课文上意义，再求说话的练习，末从文字上加以推敲。先概览后识字，在社会的进化上看来，也很适合的。

反对：先概览课文，使儿童懂得大意，这也许对于几个优秀的儿童可能做到；对于中材以下的儿童，恐怕还是吃力不讨好吧！

赞成：1. 既然对于高材生适用了，中材以下就该加紧训练，希望他们也能达到自动学习的地步。在现在民主教育①高唱入云的时候，无论什么活动先由儿童自主，也是应有的训练。

2. 退一步说，即使中材以下的人感觉困难，我们能使儿童知难而发生学习的需要，也是极好的教育啊！儿童对于某字不识得，不能看懂这个故事或者对于某句解释错误，使整个故事变成不通，这时他就有仔细学习的需要。我们根据儿童的需要加以指导，效果上自然事半而功倍。

---

① 民主教育的主要特点是：全体社会成员平等地享有受教育的机会，在教育过程中施行沟通教育和个性化教育。——编校者

反对： 这种自学的成绩，虽因指导得法，能够普遍养成阅书习惯，但对于低能的儿童，一定全无益处。

赞成： 1. 既然称为低能，任何方法都有问题。好在概览时间并不多，即使浪费也有限得很。

2. 概览完了，接着就要令中材生报告课文大意。报告时，低能的就可以听清了。

反对： 你既然说得费时不多，那我赞成试用。

【总结】 概览是向来被人忽略的，现在应该特别注重。

问题八 "挂文"赞成用吗?

赞成:挂文就是把课文写在大张的纸上,到上课时挂起来教。这种方法对于国语的初步教学很合用。因为初学的儿童就拿书看,也许看了甲句,念着乙句,非但识字读书达不到目的,还要养成一种不正常的看书的坏习惯。用了挂文,就可以避免这个缺点。

反对:1. 照国语教材的演进上讲来,我是反对用挂文的。

(1) 光绪三十年(1904年)商务印书馆出版的《最新国文教科书》,第一册:

第一课　天　地　日　月　山　水　土　木

第十课　竹高　林茂　天冷　月明

第一期的教材,特点是:①入手时用习见之单字开始,继以短句、短文。②文字笔画,由简入繁,语句由短而长。③语法避免浅俗,以为后来学文之基础。④取材合于时令,便于直观,且须关于立身居家处世的道德,或说明事物浅近的理由。

(2) 民国十年(1921年)商务印书馆出版的《新法国语教科书》,第一册:

第一课　一　二

第十课　这本书　是他们　不是我的

第二期的教材,特点是:①文字笔画由简入繁。②语句由单字、短语而成文。③组织注重前后联络。

(3) 民国十二年(1923年)商务印书馆出版的《新学制国语教科书》,第一册:

第一课　狗　大狗　小狗

第十课　弟弟唱,啦啦啦啦,姐姐笑。弟弟说:"你笑,我不唱。"姐姐说:"我不笑,你唱,你唱。"

第三期的教材,特点是:①课文长,生字少。②内容注重文学兴趣。③取材合于儿童生活。④选字注意常用。

(4) 民国二十二年(1933年)商务印书馆出版的《复兴国语教科书》,第一册:

第一课　小小猫　小小猫　跳跳跳

第十课　公鸡啼,白羊叫。公鸡公鸡不要啼,来来来,我请你吃米;白羊白羊不要叫,我请你吃草。

第四期的教材,特点是:①课文更长,生字更少。②从成篇的短文入手,不用单字和短语。③注重儿童文学,多用反复故事。

2. 看了这四期的演进,从单字到短语,再从短语到成文,学习起来都很容易,无须采用挂文的方法。而且在第一期和第二期的时代,目的在于识字,不必读书,可用字片教学。到了第三期的时代,就应该注重读书了,现在已经到了第四期的时代,当然注重读书。既然注重读书,就该从书入手,不必用挂文。

赞成: 1. 我所说的挂文,并不是全部用挂文而不用书啊!其教学的步骤,可分下列各项:例如课文为"小小猫,小小猫,跳跳跳"。

第一步　讲述故事。把课文语句嵌入故事中,写在黑板上,每讲到课文上的几句,就指点一下。

新民买了小鱼回来,走到门口,被屋上一只小小猫看见了,咪呜咪呜对他叫个不停。新民招招手说:"小小猫,小小猫,跳跳跳。"小猫就从屋上跳到墙头上。

小猫站在墙头上,仍旧咪呜咪呜地叫着,新民又招招手说:"小小猫,小小猫,跳跳跳。"小猫再从墙头上跳到地上。

小猫到了地上,跟着新民跑到屋里。新民把鱼放在桌上,再对猫说:"小小猫,小小猫,跳跳跳。"小猫肚子饿了,一心想吃那条鱼,就很快地向桌上一跳;不料桌上有个皮球,被小猫一撞滚下来了。

小猫吃完了鱼,站在桌上洗过了脸,伸一伸懒腰,轻轻地叫一声。新民拿着皮球引小猫,说:"小小猫,小小猫,跳跳跳。"小猫向地上一跳,抓着皮球就玩。皮球滚到东,小猫追到东;皮球滚到西,小猫追到西,皮球滚来滚去,小猫追来追去,好玩极了。新民看得起劲,一面拍着手,一面唱:"小小猫,小小猫,跳跳跳。"皮球跳,猫也跳,好像玩了一回把戏。

第二步　挂文阅读,将"小小猫,小小猫,跳跳跳"三句,写在挂文上,教师用教鞭指着,令儿童练习。

第三步　书本阅读、挂文练习打了一个基础,就令儿童拿出书来看。这时因为挂文练习过了,看起书来不怕他们看错了。

第四步　研究课文,关于课文的内容和形式都可以提出来讨论。

第五步　反复练习。或用闪片游戏;或用猜字游戏;或用字句重组练习。总之,要把字和句都练习成熟。

2. 挂文练习,不过全部教法中的一个步骤。这一个步骤,作为认字、读书的基本练习,利益是很大的。

反对： 听你说了五个步骤，第二个步骤挂文阅读，实在可以不用，改为黑板阅读也好，何必费去许多时间抄写挂文呢？

赞成： 黑板阅读固然也可以用。可是黑板上写的课文，下课后必须抹去，下次上课时不能温习了。现在用了挂文，随时可以拿来复习，不是一举两得吗？

反对： 1. 挂文的字大，书本上的字小，看了大字，也许看不惯小字。第二步挂文阅读练习好了，第三步书本阅读，也许要重新学习，在学习的效能上看来，很不经济呢！

2. 挂文阅读，由教师指了读，只能适用于团体学习，不宜于个别练习。我对于挂文教学，还有些怀疑。

赞成： 一切教育，对于初步训练关系很大。开始时观念正确了、方法合理了，以后就容易进步，俗说："差以毫厘，谬以千里。"开始不得不谨慎啊！挂文教学的特点，除上述几点外，更有下列各优点：

（1）避免指点的恶习

儿童读书，往往不是成句地读，而是逐字逐字地读。起初用了书，他们很容易用手指点一个字读一个字，成为读字而不是读书。读字的习惯养成了，看起书来就不会快，我们要养成儿童有良好的阅读能力，这"点一字，读一字"的恶习惯必先革除，用挂文阅读，就可以达到这个目的。

（2）集中阅读的注意

儿童拿了书读，究竟是不是看了课文读，还是顺口地唱，我们无法查考。现在用了挂文，教师指一句，儿童读一句，指到哪里，读到哪里，全体的注意力可以集中，阅书的良好习惯也可以养成。

（3）增进阅读的速率

用了挂文，由教师指点，要快要慢可以全权操纵。教师就可以利用这方法，逐渐加快，训练儿童速读的能力。

反对： 读书应该注重个别学习（顶新式的教学，就是个别学习法），用了挂文，注重团体教学，仍旧脱不了班级教学的缺点。

赞成： 能够不用班级教学当然很好。但照目前情形看来，哪里做得到呢？

而且即使废除班级教学,纯用个别学习,采取挂文教法,在小组中应用起来,也很适用呢。

反对: 总之,挂文教学有利有弊,我们看实际情形决定吧!

赞成: 我非但认为挂文教学对于初步学习有利无弊,而且希望全用挂文,废除课本(课外自由阅读不在内)。你说"看了实际情形再决定",我却以为"看了实际情形再推行"。各人的观点不同,方法也就跟着不同了,我们各归各去试验吧!

反对: 这也好,往后再把我们的经验彼此交换一下,再决定一个具体的办法。今天就不谈了,到此告一结束。

【总结】 用挂文作国语的入手教学是很方便的。

问题九 "字音"赞成用旁注法吗？

赞成：小学课程标准上规定："教学时的说话和读书，都应一律用标准语（即国语）或近于标准的口语，不得用方言土语。"读书要用标准语，字音当然应该要用标准音了。

反对：统一全国语言，提倡言文一致，固然要用标准语。但标准语只须口头说明，无须用注音符号注释。

赞成：1. 口头说明，容易滑过，终不及用注音符号的清楚而正确。尤其对于几个同字异读及变音的字更易忽略。例如：

（1）意义不同的变读。如：温和　暖和　附和

（2）上声字的变读。如：嫂嫂　扫扫地

2. 国字中有许多同出一个字源的，往往读如同一声音。例如："慕、墓、暮、幕、募"等都读作ㄇㄨ。因此看到"话语谈说"四字不读"言言言言"便读"舌吾炎兑"。用了注音符号就可以免除这种缺点。

3. 还有一种国字需要读别的。如："滑稽"不读"画鸡"而要读如"骨鸡"。"忠告"不读"中高"而要读如"中古"。用了注音符号，也可以避免识别字的缺点。

反对：1. 我国虽不是拼音文字，但据钱玄同先生的研究，国字中象形、指事、会意等字，仅占总字数百分之七；最大多数的字，是由形符和声符合成，而半表意义、半记声音的形声字，其比率达百分之九十以上。

2. 我们教形声字，虽因历代语言的演化，字音转变，有些字好像读音查不出了，其实这是少数的少数，大多数看了半个字形就能够读出字音，如"杨柳、梧桐等"。

3. 用注音符号注清字音，逐个逐个读起来还能适合；如果把几个字连成一句话，说起来就有些牵强了（好比外国人学说中国话一样）。所以我主张每字不必加注音符号，只须从活的语言中直接听受。

赞成：我国读书向来没有标准的语音，因此各地读起书来各各不同。现在正在提倡言文一致的时期，如能采用注音符号同时兼顾读音统一，那不是更好吗？

反对：1. 提倡言文一致，只要采用浅易的口语文就能达到目的。如果提倡读音统一，在全国广大的区域内一时恐怕不易做到。我国自从提倡标准语以来，不知想过多少方法，颁布多少命令了，事实上在非国语区域内，至今还不能普遍地实行"教学时的说话和读书，一律用标准语"。好比教一个"花"字，本来只须用土音教的，今天教什么音，明天仍旧教什么音，前后不会变的。现在一定要用国音教，教师修养未丰，今天读作土音ㄏㄨㄛ，明天读作国音ㄏㄨㄚ，叫儿童根据哪一个音读呢？

2. 我以为国语应该提倡，应该赶快地提倡，但因教师还未学会一口标准的国语，仍宜采用土音教学；等到进修成熟（至少学到近于标准的口语），再改国音不迟。

赞成：正因为师资的缺乏，所以必须用注音符号加在字旁，使教师便于指导，使儿童有所依据。

反对：1. 为了校正生字的读音，在师资并不感觉困难时，我可同意采用注音符号，至于每字注音，尤其是对于国语课文，我是绝对不赞成的。

2. 注音符号的作用，既然在于帮助读音，那么已经认识的字就无须再加注音了。现在"一"字旁再加一音，一音旁再加四声记号，一个极简单的字，反而越注越复杂，越看越不便利了。

3. 国语的目的除了认字以外，最重要的训练在于养成阅读的能力。阅读能力中"速率"占着重要的成分。现在每字加注符号是以分散注意力，非但无益而且有害的。

赞成：现在教育部的规定，国语课文上并不每字注音，而于常识、自然、社会中采用每字注音，这就是顾到阅读的便利啊。

反对：如果国语课文中只定生字采用注音符号，课文不加注音符号，我也就不反对了。

【**总结**】 生字应该注音，课文不必注音。

问题十 "字形"赞成用分析法吗?

赞成：国字（从前叫做汉字，因为范围太狭，现在改称国字）的起源，发生于象形。从象形逐步演化，变成现在通行的字。现在国字中，有的仍旧与原形差不多，有的改了不知多少次，有的把旧有的几个文字合成一个，那些并合的字，教起来应该用分析法的。

反对：1. 现在的字，从图画改成，对于造字的原意大部分失去了。好比一个"日"字，本来是圆的☀，四周还有光线辐射出来；现在写起来变成方了，论起理来，谁看见太阳是方的呢？

2. 再如一个"思"字，一拆开来变成"田心"两字。将"田"压在"心"上，还会思想吗？研究该字来历，上边不是一个"田"字，应该写成⊗，○是像人的头顶；×是像脑门。这一个⊗的记号，就是代表脑。西洋人研究思想的主宰是脑，中国人研究思想的主宰是兼脑和心，中国人的研究虽有错误，但该字的造法却很聪明。现在楷体的形状完全改变，拆开来教，就要变成笑话了。

赞成：1. 这"思"字的教法，可以告诉儿童从"⊗"变到"田"。说明白了，他们一定了解更能透彻，记忆更加容易。

2. 再如一个"亭"字，从高的意思，省去一部分笔画，再取"丁"的声音。把一个字拆开来稍稍说明一下，非但学习起来有特殊的兴趣，从此也知道"国"字的来历，实在是指导生字的好方法啊！

反对：1. 一个字可能拆的，分成几部分说明，虽然可以增加兴趣，但教师要多一种麻烦，儿童要多一种记忆，也许弄巧反成拙呢。

2. 好比我们教一个"巢"字，可以说明木上有鸟窝，窝上有小鸟，把一个字写成巢。这样不会使儿童把巢字写成巢巢巢。你想根据《说文》说明，他们就根据你的说明变出奇奇怪怪的花样了。我国各地方言，虽有多种，文字还能统一；现在用了分析法教，也许反而要破坏文字的统一性。

赞成：1. 我们提倡的分析法，并不想做拆字先生，把每个字都分拆开来。我们只希望把能够分析的字分析一下，不能分析的还是照样整块的教。

2. 例如一个"月"字，造意就像一个月形，不必分析了。

3. 我们所谓分析，不一定要参照了《说文》分析，也可以用杜撰的方法分析的。好在"国"字的演变很多，到现在不过当它是一种记号，不必考究它的来历了。换句话说,文字中能考究的,考究一下;无法考究的,也可以随俗称呼。例如两个新朋友相见,彼此要问起尊姓大名:贵姓? 敝姓张,弓长张;请教尊姓? 敝姓立早章。其实章字不应该分为"立"、"早",照字义说来,应该分为"音""十",因为古代奏乐时每十节成一章。

反对:1. 这种从俗的分析法,虽然社会上很通用,但是看错的很多;因为看错了,反而造成错字的机会。例如一个"全"字,通常往往说"人王全",其实不是"人王"而是"入王"。我们教生字时采用分析法,目的在于希望儿童少写错字,结果因为分析错了,反而造成错字,不是为好反成歹吗?

2. 分析法仅能使儿童明白字的结构,写起来不一定就不会错误。例如"鲜"字会写成"䲓","甜"字写成"䑽",国字中左右两半拼成的,据有人根据《新字典》的调查,差不多要占 250 页之多。计:

18页	10页	10页	4页	18页	26页	28页	2页	5页	
亻	土	女	彳	扌	木	氵	忄	王	
6页	5页	3页	2页	3页	18页	5页	5页	6页	共249页
石	禾	礻	立	米	月	马	鱼	鸟	
2页	3页								
卩	攵								

3. 左右拼合的字,都有互换的可能采用分析法,实在没法使人不写错字。

赞成:我们调查儿童的错字情形,左右调位的虽然也有,可是常见的却不是那些错字。我们常见的有以下几种:

(1) 多笔画   如"喪迎坐步"……等。
(2) 少笔画   如"衫亨臺豬"……等。
(3) 改笔形   如"射滿虜霯"……等。

用了分析法,把一个字的各部分拆开来说一说,好比研究一部机器,把各部分的零件逐件看一看,逐件说明一下,至少对于全部机器的构造更加清楚些,所以我是绝对赞成分析法的。

反对:1. 你要防止错误,非但应该注意把一个字的几部拆开来教,顶好要更进一步根据杜定友①分析的二十种笔形细细地拆一拆呢(如、ヽ一丨丿㇖丁㇈丨丨)㇄㇀ㄑㄥㄟㄥ丿㇒〈㇈)。

---

① 杜定友(1898—1967),中国近代图书馆事业和近代图书馆学的奠基人之一。融东西方图书馆学为一体,在图书馆学诸多领域都作出了突出贡献。——编校者

2. 我们认识一个新的朋友，只有大体的印象，见过多次，自会熟识的。教儿童识国字，也只要认个大体的印象，经过多次反复练习，自会写得出、默得出而不会错误。那些错字的来历，实在因为练习的次数不够的缘故。

赞成：1. 我们所用的分析法，不需要分到单体的笔形为止，只要分成整块的几部分。例如：

雲　鎮　章　礆　留　盎　類　殷　臨　樂　開　函　遷
雪　村　意　謝　醫　嵌　雜　悟　協　戀　間　幽　起
吕　川　言　𧮫　呂　品　卯　叺　叻　罒　冂　囗　巴

2. 至于分析的教法，我们也不想违反心理学上的规定"先整个后分析"的原则。开始指导先令儿童看整体的形状；到后来反复练习时，才用分析的方法来辅助。

3. 并且规定分析的教法，不是个个字要采用这种方法，仅选值得分析的加以分析。

4. 据我们的经验，分析法试用几次以后，儿童懂得这个决窍，以后看见生字，也会自动地分析了。这种能力，我始终认为在小学里值得养成的。

反对：1. 刚才我所反对的理由，也可以归纳成几条原则：

（1）每字必须分析，有时会钻到牛角尖去的，我不赞成。

（2）每字分析到笔形为止，似乎有些过分了。俗语说"过犹不及"，所以我也不赞成。

（3）先分析后综合，违反学习原则，也不赞成。

2. 如果仅仅选几个字分析一下，而且只分大块，在先综合后分析的原则下指导，我也认为可以采用。

赞成：凡事不能走到极端，我们各述各的主张，彼此讨论一下，得到一个调和的结论，实在是很有意义的。

【**总结**】 有些字值得分析的，用分析法教，但不必太重分析，以致钻进牛角尖去。

问题十一　"抄书"赞成用吗？

赞成：我国文字每个具有特殊的音形义，学习起来比较难，尤其对于形状的记忆更不容易，非有抄书练习不可。

反对：1. 字形的记忆，应从多次认识中习得。好比我们认识一个生客一样，必须多次会面了，才能说得出他的名字，以后劈面过来，也能一见就打招呼。再多几次，就是看见背影，也容易辨得出他是谁了。

2. 现在新编的国语，注重字句反复，一字要有多次的出现；再加课外阅读的注重，生字的见面机会更多，不难把几个常用的字一起记熟。换句话说，就是不必多花工夫抄书。

赞成：多次认识固然可以帮助记忆；可是采用抄书方法，经过肌肉的运动，记忆一定更加强固。而且对于那些差在些微之间的国字，多看不一定会注意，必须多写，才能分别出来。例如：

正	误	正	误	正	误	正	误	正	误
刋	刋	强	强	摇	摇	黄	黄	脚	脚
奋	奞	劫	刼	圣	圣	色	邑	船	船
旨	旨	挽	挽	陕	陕	朵	朵	微	微

反对：注意字的正误，在教生字时就该分别指导。抄书练习，未免太机械太乏味，不合儿童的需要。

赞成：抄书的乏味我们可以想法补救的，只要用个人或团体的竞赛方法就有兴趣了。例如：

（1）个人的

比较同一时间内抄写多少字，比较前后错字的增减数量，比较前后字迹的好坏。

（2）团体的

比较各组的快慢，比较各次的进步情形，比较抄书的分量，比较每人的抄书百分比。

反对：1. 新教学法中为了增加儿童的学习兴趣，往往采用竞赛方法，读书要竞赛，算术要竞赛，作文要竞赛，写字也要竞赛，体育当然常用竞赛，就是美术劳作也有采取竞赛方法的。儿童们一天到晚在竞赛中生活，精神上不太紧张吗？

2. 一级中成绩好的，竞赛的结果，优胜还是属于他们；成绩不好的，结果仍旧不好。常常举行竞赛，往往要使能力高的生骄傲心；能力差的生妒忌心，对于德性训练也不相宜。

赞成：1. 我所说的竞赛，并不像算术测验样的紧张，实际仅有竞赛的意义而没有竞赛的形式，儿童不觉得苦的。至于发生骄傲与妒忌的情形，只要多行个别的前后比较，或者团体的分组比较，就可以免此缺点。

2. 我们教儿童读书，儿童只读课文，虽能背诵，对于单字新词，也会滑过不注意的。我们为使儿童切实注意文字的写法起见，在低、中、高各年级中可以分别几种抄书的方法。

（1）低年级用抄写全文法。

（2）中年级用抄写难词、难句法。

（3）高年级用抄写成语、要句法。

反对：高年级因为课文长了，需要研究讨论的时间也多了，简直分不出时间再注意于抄书。中年级注意于难字、难句，比较还合理。低年级对于字的基本练习还没有指导，怎么可以就叫他们抄书呢？

赞成：1. 你所说的基本训练，是不是先从描红入手，然后再用映写、临写的方法？其实这是旧的方法，现在有人仔细实验过，不从描红入手，所得的成绩，并不低于描红。抄书，等于临写。开始就从临写入手，事实上是可以行的。

2. 你所说的基本训练，或者是指先从丶一丿丶入手，使儿童懂得运笔方法了，然后再写整个的字。这种方法，也不合时宜了。心理学已经证明无论学习什么事情，必先整个而后分析，先分析后整个是违反学习定律的。

3. 你所说的基本训练，也许要从笔画简单的、间架结构整齐的先入手。这一点也是传统观念的错误。字的难易，跟学习的兴趣有关，笔画的多少与字形的整不整，没有多大出入的。

反对：基本训练，别的可以不管，笔顺的指导似乎不可不注意吧！我们常看见儿童写的字，往往有反写的，有倒写的，笔顺的错误更不必说了。学习心理学上说，开始的训练，不能稍有错误，你对于这一点有什么意见？

赞成：1. 笔顺是运笔的顺序。我们写字时，顺了运笔的次序，比较写得快，并不是有什么特殊的理由。如果真要研究字的来历，现在的笔顺简直是不通，例如一个"木"字，应该从下面写到上面，表明木是由根生枝的，现在先写枝，后写根,那不是不通吗! 又如一个"出"字,本来是这样写的:表明草从地上生出来。写起也应该先从根上写起,现在有谁照发生的次序写呢?

2. 就是要讲笔顺,实际也很简单。(1)自上而下,(2)自左而右。其中有少数的字是(3)自内而外,如"远近"等写法;更少数的(4)自外而内,如"開關"等写法。只要懂得了这四个重要条件,所谓笔顺,尽在于此了。

3. 我们要教儿童学得笔顺,只须在每个生字初教时特别注意一下,板书写得大而清楚,儿童自易学会,不必另外提出时间来专门指导笔顺。

反对: 笔法的顺不顺虽跟字的发生无关,跟字的好坏也不关;但如果采用头尾字典或有研究笔画次序的需要时,就不能不有个讲究了。例如下面许多字,笔顺的写法就各各不同:"马"字的写法有两种

赞成: 1. 笔顺实在没有研究的必要,如果防患于未然必须指导笔顺,也可以在抄书以前,先提出几个特殊的字来指导一下。

2. 我赞成抄书,并不在于字的写法上,希望他们因为多抄写后,作文时不致发生错字连篇。

反对: 1. 儿童写错字很普遍了,好像写一篇文章,非有几个错字不行。非但低年级里错字很多,中年级也不少,高年级仍旧还有,甚至到了中学,升了大学,还免不了要写错字。错字的应该想法研究,确乎值得注意。

2. 我们希望儿童少写错字,第一要在初教生字时,就注意清清楚楚地教他们(当然不必用错的字形告诉儿童)。其次最有效的方法,是用字片练习。字片的大小,约须八寸长、五寸阔,用洁白而质厚的纸做成。每片可写一字、二字至三字。字体要正,笔画要清。练习时应注意下列各点:

(1) 难的字多练,容易的字少练。

(2) 新片慢慢加入,旧片逐渐淘汰。

(3) 相隔一定时间后,举行总练习一次。

（4）应用间隔练习法，旧片逐渐递减时间。

3. 我们只要常用字片练习，错字就可以减少。

赞成： 1. 字片练习一定要用，并不反对。抄书练习，不妨同时并行。好在抄书由儿童自动学习，教师并不多花功夫。抄过的成绩，可用相互订正法，也不需多花批订时间。运用此法，对于复式单级或者实施能力编制用分组教学的，更可以把它当作自动作业，多多使用。

反对： 你以为抄书是最好的自动作业吗？怪不得现在的一般学校常常利用它，这一节是抄书，那一节也是抄书，上午是抄书，下午又有抄书，甚至于惩罚儿童也用抄书。

赞成： 你所说的不是抄书本身的缺点，是用法的不对。只要我们限制运用，必然有利而无弊。

反对： 我对于漫无目的又无限制的抄书是反对的，如果把方法改良，不称为抄书，而称为抄写练习，再加以有条件的指导，我也并不完全反对。条件是：

（1）抄写的步骤，先抄容易写的字，再抄难字句。

（2）抄写的方法，可以略采竞赛或奖励的方法。

（3）抄写的时间宜少、次数宜多，适合于分配练习。

（4）抄写后应有订正，加以切实的指导。

（5）抄写的成绩以正确为主，迅速次之。

赞成： 1. 我还可以补充你一个办法，将抄书与作文的基本练习合并在一起。例如读了一课"哥哥、弟弟、爸爸、妈妈，大家爱我，我爱大家。小羊不爱我，我也很爱它。"可令儿童自由造句，造成："哥哥爱我，我爱他。""弟弟爱我，我爱他。""爸爸爱我，我爱他。""妈妈爱我，我爱她。""小羊爱我，我爱它。""弟弟小羊，哥哥不爱小羊。""妈妈爱小羊，爸爸不爱小羊。""我爱你，你爱他，他爱我，我们大家都爱大家。"

2. 每课这样练习，更比死抄课文有用得多、有兴趣得多，以后应该多多提倡。

反对： 这种改良的抄书法，我不反对，而且要竭力地提倡。

【**总结**】 抄书可以用，最好兼带语句的练习。

问题十二 "简体字"赞成教吗？

赞成：1. 据许多人的研究，都说国字的学习很困难，其原因有：(1) 难认；(2) 难写；(3) 不便于音译外来语；(4) 不便于检查字典；(5) 不便于印刷；(6) 不便于编电码；(7) 不便于打字；(8) 不便于速记；(9) 不便于盲哑教育。其中字形的笔画太多，也是一个困难问题。

2. 查《中华大辞典》有 42,239 个字，常用的约 2,400 个字，笔画最多的竟有 52 笔，平均画数也在 11 笔与 12 笔之间，实在应该想法改简了。

反对：我国地方广大，人口众多，各地的风俗不同，语言各异，几千年来能够维系全国人心、统一思想的，也许就因为有那统一的文字。如果采用了简体字，你爱这样写，他爱那样写，四分五裂，就难保持统一了。

赞成：1. 我国虽然向以正楷为主，但民间习用的简体字很多（有的不称为简体字，称为手头字、便写字、简写字、小写字、俗写字等等）。各时代常有变迁更改，各人也有杜造的（实际简体字多数是杜造的）。这些仅靠自然的流传，没有加以整理和研究，所以弄到庞杂的现象。今后如果提倡简体字，必须先把简体字整理好了，公布出来，使全国一律照它应用。

2. 例如钱玄同①先生做过一个研究，分析简体字的来历有九种：

(1) 删得略形，如龟（龜）、寿（壽）。

(2) 采用草书，如为（爲）、𠃓（事）。

(3) 草书更改，如当（當）、𠃌（有）。

(4) 采用古体，如从（從）、礼（禮）。

(5) 删繁取简，如观（觀）、边（邊）。

(6) 取字的某一部分，再可分成以下几种：

① 取字的上部，如狀（然）、丽（麗）。

② 取字的下部，如处（處）、厘（釐）。

③ 取字的左半，如号（號）、虽（雖）。

④ 取字的右半，如条（條）、支（枝）。

---

① 钱玄同(1887—1939)，原名钱夏，字德潜，湖州市人。语文改革活动家、文字音韵学家、中国"五四"新文化运动的倡导者之一。曾主张废除汉字。——编校者

⑤ 取字的两边,如䏡(職)。

⑥ 取字的上下,如夺(奪)、广(廣)。

⑦ 取字的外廓,如囗(圍)。

⑧ 取字的中心,如啚(圖)。

⑨ 取字的左角,如医(醫)、声(聲)。

⑩ 取字的一部分,如点(點)、恳(懇)。

(7) 改简音符,如迁(遷)、远(遠)。

(8) 别造一字,如灶(竈)、响(響)。

(9) 假借他字,如几(幾)、万(萬)。

(10) 采取日本字,如円(圓)。日本人造的简体汉字很多。如连用字写作"々"也是日本人造出来的"如此如此"写为"如此々々"。

此外更有一个常见的简写"磅"字"lb",骤然看来很不容易明白它的来历,但是仔细一想,原来是取英文 Pound 的第一个字母。

3. 简体字的研究,已经有不少的人花过功夫,将来再把它整理一下,规定一字只采一个为标准,其余完全不用,那就不会有紊乱的现象了。选取的原则如下:

(1) 选取通行的,如取学舍孝。

(2) 选取简单的,如取实舍寔。

(3) 选取整齐的,如取团舍団。

(4) 选取近楷的,如取虎舍厈。

(5) 选取表意的,如取众舍乑。

(6) 选取互通的,如萬作万,其余可为厉、励、砺、迈。

反对:简单字虽然定了选取标准,定了选取方法,再统一颁行,但据王了一①先生的研究:"简体字因为笔画太少,许多字的差别仅在一点半画之间,比繁体字更难辨认。即就书写而论,简体字虽得了省时间的好处,却增加了容易写错的弊病,真是得不偿失。"

赞成:1. 笔画简单了,容易写错,这也许是初期的现象。写熟了,决不会因为简单而容易错误。否则注音符号的笔画更简单,英美的字母,日本的片假名,

---

① 王了一(1900—1986),原名王力,广西博白人。先后在清华大学、燕京大学、广西大学、昆明西南联大、中山大学、岭南大学任教,曾任中山大学及岭南大学文学院院长。1954 年后任北京大学教授,并担任中国文字改革委员会委员、副主任,中国科学院哲学社会科学部学部委员。王了一一生著作等身,对汉语有极为精深的研究。——编校者

笔画都很简单，难道他们不感觉错写太多而设法改良吗？

2. 从另一方面说，笔画简单难认而容易错误，那么笔画繁复就容易认识而没有错误吗？

3. 我想，文字是工具，由繁删简，好像是个自然的定律。我们不必反对，也无法反对的。

反对： 将来如果通行了简体字，那繁体字是否完全废除不用。如果简体与繁体同时并用，双管齐下，儿童也不胜其负担呢。

赞成： 1. 既然公布简体字后，当然要将繁体字取消不用。一时虽不能全部改革，至少在小学的阶段里不能再教繁体字了。

2. 照目前的情形，简体字在社会上的势力很大。记账用简体字，写信用简体字，广告用简体字，小说唱本用简体字，文人起稿也用简体字。简体字虽不颁行，实际等于颁行一样。不过因为各人各写，反有许多不便，倒不如爽性把它统一规定好了，同时颁行一下。

反对： 在未规定以前，还以不教为是。不得已就参照现在课程标准上写字科的规定，作为认识而不必应用。

赞成： 这是不彻底的办法，值得再加以研究和实验。

【总结】 待教育部订定标准后可以采用，在未订定前，可在写字科内略加指导。

问题十三 "字义"赞成用口译法吗？

赞成：现在读的国语是浅近的白话文。所用的字，都是常用的国字；所用的语，都是口头上说惯的语；所用的词，都是合于标准国语的词儿。粗粗看来，好像现在的国语文，一看就明白，无须解释了，实际上却不然；一个字或一个词，开始指导时不很清楚，将来就会影响到阅读的理解能力，影响到作文的发表能力。字义解释，实在不能忽略的。

反对：正因为现在用了浅近的白话文，说什么等于读什么，做什么等于说什么，读作说成功三位一体了。例如"今天"两字，你想用什么方法解释呢？如果解为"今日"那不是比不讲更难懂吗？所以教白话文我不主张再用解释。

赞成："今天"是一个浅显的语词，固然不必解释，但是字义中应该解释的很多，随便分析一下，可得以下几种类别：

（1）儿童没有见过的事物，如"虎、象、地球……"。

（2）儿童没有用过的语汇，如在低年级中教"因为，所以……"。

（3）儿童没有听过的成语、俗语，如"孤掌难鸣、千钧一发、掩耳盗铃……"。

以上这些词，不加解释，儿童怎么会懂呢？所以我是赞成解释的。

反对：1. 现在一般人所谓解释，都是将本地的土话翻译一遍。例如"我们"一词，宁波人讲"阿拉"，无锡人讲"偨伊"，常熟人讲"岸里"，安徽人讲"额加"。

2. 我们为了提倡国语，希望能将读做说三位合成一体，不希望把简单的词再用土话翻一遍。好比"我们"就说"我们"，不必再当地的方言和土音。

赞成：简单的词属于口头上常说的，就是不翻译也不妨。有些比较难的词，那非用翻译不可。

反对：难的词根本不宜骤然加进，应该由渐而来。既然能够由渐而来，一个人的思想、经验、说话会跟着年龄的长进而长进，到那时自然不讲也能明白。好比"辛苦"一词，在低年级里不大懂得，到了中年级口头上也会常说，不讲也能明白。

赞成：学习一个词，要等年龄大了自己懂得，那不是太费时间了吗？况且现在所编的书，哪里能够顾到各年龄口头上常用的语词呢？再则，读书有提高说话技能、增进说话语汇的责任，没有学过的词应该先在国语中教。

反对：1. 要使儿童了解词义，必须适合他们的经验，好比儿童没有交易所的经验你跟他讲交易所的定义,儿童哪里会真正了解呢。

2. 即使有几个字词,照例应该懂而还没有懂的,不必一定要用解释的方法,以下各种都可以作为参考:

(1) 如纸、笔等,有物可指的,把实在的物品指给儿童看。

(2) 如象、星等,手头无物可指的可用黑板图来说明。

(3) 如跛、踩等,无物可指,无图可画,而有动作可以表演的就用动作说明。

(4) 如紫、靛等,无物可指,无图可画,无动作可以表演而有色彩可以观察的,用彩图给儿童看。

(5) 如所以、然后等,无物可指,无图可画,无动作可表演,无色彩可看,能用例句说明的,就用举例法说明。

以上各种方法,应该尽先应用。字义的说明,虽然不由教师用口译法说明,事实上却比了口译法还清楚呢。

赞成: 1. 我所说的口译法是广义的,并不是单指土话翻译就算讲解。你方才所说的五种指导法,在我看来,也就是口译法啊。

2. 不仅如此,有些字可从字音或字形上得到字义的。我也认以为是解释法。例如:

(1) 字义起源于音的,如"钉"字的义得于"丁"字的声;"猫"字的义得于猫叫的声。

(2) 字义起源于形的,如"打、拿"用手,"吃、喝"用口,义靠形上得来。

(3) 字义起源于音形的,如"仲、衷、忠"都是"中"字的音,含有"中"字的意思。

3. 解释的方法很多,我们只要把最适当的方法采用一种,就可以使儿童彻底了解。

反对: 字义的说明,不限于口译,但最好而最自然的解释,必须从实在环境、整个意义、整句说话上得来。好比"建筑"两字,应该从实地见过建筑或者从"建筑公司、建筑物,那房屋建筑得多么精致啊"许多活言语中学来。这种活的说明,在你看来或许认为就是口译,在我看来这是证验,不是口译。

赞成: 本问题的核心,实在彼此意见相同,不过你的立论从广义方面出发,我的立论从狭义方面出发,实在是异途而同归的。

【总结】 字义解释应多用直接法,少用口译法。

问题十四 "笔记"赞成用吗？

赞成：读书科采用笔记，由来久矣。的确有许多好处，最大的优点在于帮助记忆。一个字、一课书，单单看过了，读过了还不见得十分清楚；如果把生字的音形义，把课文的大意，把读后的感想，用笔记录一下，自然会记得清清楚楚；这是心理学家几经实验的结果，认为运用肌肉的活动比较容易记忆，大家毋庸怀疑了。

反对：帮助记忆用笔练习，原是无可非议；不过有了笔记，教师必须加以批改。当教师的精力有限，每天作文要改，算术要改，写字要改，美术要改，常识笔记也要改，现在再加上读书笔记，那不是更要加重教师的负担吗？我为节省教师的精力计，希望他们把有用的时间花在更有价值的工作上，所以我是反对笔记的。

赞成：1. 事情的繁不繁是另一问题。因为教师的职务，本来很辛苦的，我们只要看这件工作在教育上是否值得做；值得做就做，不必顾到繁不繁。我们看低、中、高三种笔记的内容，就可以断定笔记的价值何在。

（1）低年级适用

课文题目				
生字和新词				

（2）中年级适用

题目			
生字、新词（形）	音	义	举例

提要			

(3) 高年级适用

题目		文体	
要旨		大意	

段落及整理：

记述或感想：

新词注释：

2. 在低年级里做了笔记，可使儿童对于生字的音、形、义，得到进一步的了解，因为经过手的练习更加容易记忆。

在中年级里做了笔记，可使儿童除学得生字外，更能练习字典的用法。懂得了全篇的段落大意，对于阅读的基本训练上有很大的帮助。

在高年级里做了笔记，可使儿童除了中年级所得几种好处外，更可以学得字词的用法，及读后的感想，这些训练直接对于作文有很大的帮助。做笔记的功效很大，怎么能说没有价值呢？

反对：1. 照你说来笔记有这许多功能，好像不可废了，但是你得细细考虑，儿童是不是有这种能力？教的人是不是能够参照目的进行？据我看来，一般所谓笔记，全由教师在黑板上写示了，令儿童做个誊文公，这算什么笔记，只能当作抄书。

2. 现在且把方法不提，再就内容上分别说一说：

（1）低年级笔记中写一个"课文题目"有什么用处？生字和新词，儿童也没有能力能够自己提出，还要靠教师的辅助，单教儿童把已经提出的抄一遍有什么用处，如果为了增强记忆，应该用抄书，而不应该用笔记。

（2）中年级笔记要练习查字典。查字典的活动是应该教的，而且在阅读训练上必须教的。不过现在还没有一部理想上合于儿童自己能查能懂的好字典，你看：

首先，字典中注音方面，有了注音符号，还有反切①，还有直音②，还有罗马拼音③，叠床、架屋，实在累赘极了。

其次，字典中记形方面，宋体铅字还不能个个与手写楷体相同，使儿童多一番辨异之苦，甲部字典与乙部字典出入很多，标准写法未公布，全国的字形还不能统一。

第三，字典中释义方面，更加有问题了：

① 有些字分列许多意义，例如"扣"字。据《学生新字典》上注释有五条：敲，例：扣门；阻留，例：扣留；扣除；折扣；纽扣。儿童查得了该字，仍旧不懂应采哪个字义。

② 有些字，本来意义极平常，只要口头一说，便能懂得，现在查了字典，反而模糊不清。例如"朋友"两字，只要令儿童报告有没有朋友，有哪几个朋友，意义就清楚了，现在看了字典：

《实用学生字典》——同类也称朋友。

《学生国语字典》——凡志向、意趣彼此相同的统称朋友。

《辞源》——同门曰朋，同志曰友。

《辞海》——凡相交皆曰朋友。

看了以上各字典的注释，反而弄得莫名其妙了。

③ 有些字，只须画一个简单的图，就能透彻明了；现在查了字典，反而越搅越不清楚，例如"蝉"的一字，只须在黑板上画一个知了，或者仿作知了的鸣声，儿童就能懂得。现在查了字典，反使儿童如堕五里雾中，无法了解。

《新字典》——虫之善鸣者。

---

① 反切，是古人在"直音"、"读若"之后创制的一种注音方法，又称"反"、"切"、"翻"、"反语"等。反切的基本规则是用两个汉字相拼给一个字注音，上字取声母，下字取韵母和声调，上下拼合就是被切字的读音。例如，《广韵》"冬，都宗切"，就是用都的声母、宗的韵母和声调作为冬注音。1918年，北洋政府教育部公布了国语音字母（声母二十四个，韵母十六个），反切法遂被淘汰。——编校者

② 直音，是古汉语的注音方法，即用同音字来注音，如"根，音跟"。——编校者

③ 罗马拼音，即罗马音。罗马音主要作为日文、韩文的读音注释，类似于英文中的音标对英文单词的读音解释。基本跟汉语拼音（编制时参考罗马音，也可认为属于罗马音）的读法差不多。——编校者

《实用学生字典》——虫名,有夏蝉、秋蝉之分。

《学生小辞汇》——昆虫名,头短,翅透明,雄的腹部有发音器,夏日鸣声很高。

《王云五大辞典》——虫名,头短,口为长吻,翅膜质,大都透明,前翅较大;有发声器,具小皱膜,收缩振动,以发高声。

第四,现在没有好的字典,徒然苦了儿童的检查,苦了教师的批改,等于顶石臼做戏,我始终认为不值得用。

第五,有许多学校,对于课文中的生字和新词,并不由儿童自己查了字典填注在笔记簿上,却由教师从教授书或指引书转录在黑板上令儿童抄的,连查字典的技术也不教,那是更没有意义了。

第六,至于分别段落大意,对于阅读训练上确属重要,只须口头讨论已经够了。不必用笔记把它记录起来。况且现在学校里常用的段落大意,大都是由教师把整张的表抄在黑板上令儿童誊的,儿童只有抄写的动作,并没有经过思考,效果低微极了。例如:

木兰的故事 { 第一段"女子……冻饿"述木兰的家庭生活。
第二段"一天……出力"述木兰改穿男装,代父从军。
第三段"她……杀敌"述木兰上阵杀敌。
第四段"木兰……女子"述十二年间,人家没有知道木兰是女子。
第五段"她……工作"述木兰不愿受赏做官,仍旧回家过旧时的生活。

(3) 高年级笔记有字和词的用法练习,例如:

同——这句话是我同他说的(介绍名词代名词于动词等)。

和——哥哥和弟弟同上学(连结对等的词)。

跟——厂主和工头,跟工头和工人的关系不同(连结两串已经用"和"连着的对等词)。

这些确属对于作文有很多的帮助,可惜一般教师未见得肯认真指导。如果每课国语教完之后,必然来一次字词应用练习,不但对于字词的意义更加清楚,而且可以扩充儿童的字汇,以后连字造句就便利得多,可惜各校读书笔记中有此一项的,尚不多见。

3. 还有读后感一点,也有用处。不过又因为一般教师怕改笔记——改一篇读后感,等于多改一篇作文——而不肯认真做。这好比王安石行新法,方法虽好而没有奉行的人,结果还是行不通的。

4. 说来说去，笔记虽有一部分有用处，但因应用的人不得其法，徒然使师生两方面各多一种繁重的工作，所以不如不用的好。

赞成：1. 依你的主见，并不是不赞成笔记，而反对笔记，是想把笔记的方法改良，那么我们两人还有磋商的余地。

2. 我以为笔记既然可以训练阅读能力，辅助作文练习，在原则上应该成立，不必废除。

3. 在方法上似可改良几点：

（1）低年级不用笔记。

（2）中年级选用一本浅易的词典，试行自动检查的方法，逐步加以指导。三、四年级中只希望达到初步的训练。纯熟应用，须在五、六年级中完成。

（3）高年级起才用段落大意、字词应用和读后感想。方法应该由儿童自动，教师仅属辅导地位。

反对：这样的结论，我也赞同，不过还得加以补充说明：就是同一年级中不必个个人做同样的工作。如果能力差的，不妨减轻他的分量，减节他的项目。

赞成：这一点，我也赞成。

【总结】 有自动能力笔记时，才做笔记。

问题十五 "朗读"赞成用吗?

赞成:1. 据王了一先生的研究,由阅读心理分析起来,国字的作用仍是表音。他说:"我们阅书看报,虽然不必念出声音来,但我们心里仍旧在默念着。换句话说,文字必须先经过语音媒介,然后能引起我们的概念,与图画之直接引起我们美感者绝不相同。由此看来,汉字的作用仍是表音,只不过与西洋文字的拼切作用不能相提并论罢了。"

2. 国字的构成在最初的阶段,虽以形为主,由古代图画文字演进而成,但在现阶段的作用,都是表音,早已以音为主,而变成一种单音节的标音文字了。

3. 我们认清了国字在于标音,所以应该注重朗读。

反对:谈到国语,大多数的人总以为非读不行,实际"读"也不过占着一小部分的地位,大部分的时间不应该花在"读"上。即使要"读",默读应该比了朗朗高声的读要多些。我们到一个学校去参观,到处听见书声琅琅,每个年级都在打着调子吟唱,不应该就称赞这个学校为优良。相反地,我们听得某校多数是朗读,反是落伍的学校,旧式的教法。

赞成:我们就不从国字的本身上说,朗读本身确有许多利益。以下分别加以说明:

(1)正目的:

① 在非国语区域里,要从国语课本训练儿童学说国语话,非有朗读不可。

② 国语的学习,虽然可从眼看文字上得来,但是要使说话能够表情达意,非从朗读入手不可。你看,导演的人绝不是单教演员默读剧本就会成功,必须叫演员一句一句地把剧本高声读熟,才能句句合拍,临时不会慌张。

③ 读书的训练,要养成儿童许多能力。各种能力中最重要的是阅书的良好习惯。许多阅书习惯中,最要注意有规律的眼动——两双眼睛射在字里行间,成功有规律地移动。因为朗读要靠嘴巴,一字一句读下去的,读时既不会遗漏,也不会重复,读惯了,眼动的习惯,自然有规律了。

④ 我国不用拼音文字,有许多字单看字形不能读出字音的,我们要训练儿童识字、读书,也非从朗读入手不可。

⑤ 国语中的诗歌,有依民歌词调编的,更需要出声朗诵,才能表达诗歌音韵之美。

⑥朗读还可以帮助记忆。美国林肯在幼年时,在一个乡校里读书,那所学校,十分简陋。先生常常高声朗诵,学生也跟着高声朗读,声音十分吵闹,邻居们叫它闹市学校的。林肯在这学校中养成了朗读的习惯,以后无论看到什么报章或书本,总是要高声朗诵。有人问他为什么要高声朗诵,林肯说:"这样做是在运用两种官能:一是看着自己在读什么,二是听着自己在读什么,这样可使记忆力增强不少。"

(2) 副目的:

①朗读可以集中注意。许多学生坐在教室里,时间长了,很容易发生疲倦。如果来一回朗读,可以当作兴奋剂,把萎靡的精神重新振作起来。

②朗读可以改良口语,有些人长于口才的,即使不教国语也能说得一口流利的话。有些人拙于口才的,就可以从朗读国语上学得说话的技巧。

③朗读可以帮助作文。作文成绩的好坏,对于虚词用法、成语用法的妥当不妥当有绝大的相关,这种虚词和成语的语汇都可以从朗读上学来。

反对:你只知道朗读有许多优点,不知道也有许多缺点吗?

(1) 主要的缺点:

①读白话文不比读文言文,应该像平常说话一样。可是因为朗读惯了,很容易打起调子来唱,一唱就难听了。

②朗读要出声音,要运用舌头,不比默读的只须用眼睛看,因此朗读总比默读慢。朗读惯了,很容易养成慢读的毛病——说话、看书,都变成慢吞吞地,不爽利、不简洁。

③朗读惯了,以后见到任何读物,非高声朗读不可。非但看报要朗读,看书要朗读,甚而至于看私人的秘密信,也会朗读起来。这种习惯养成了,会使效率减低,而且也甚难听。

④为了节省时间,节省教师劳力,往往注重团体的朗读,用了团体朗读,非用整齐划一的语调不可,于是呆板调门,无法革除了。

⑤读白话文能够顺口,能够表情达意了,就不必多费工夫作无谓的朗诵。但是因为朗读可以敷衍时间,不期然而然地老是一遍一遍地读下去,把宝贵的光阴,白白地蹧蹋,真是可惜之至!

(2) 次要的缺点:

①因为教师鼓励儿童朗读,而且希望读得响,于是个个儿童读来面红耳赤,直到声嘶力竭为止。本来是个健康的儿童,经过多次朗读后,喉咙沙哑了,肺部受伤了,教而忘育,究竟不是好办法。

② 因为朗读可以表示在用功读书——默读时,是否在读,听不出,看不出的——于是甲级要提倡朗读,乙级也提倡朗读,全校闹做一团,变成一个闹市,也不相宜。

③ 因为朗读注重团体的读,一般成绩比较差的儿童,往往学做南郭先生,随声附和,永远得不到一个彻底的了解,这虽不是朗读害他,却容易造成这种不良的机会。

④ 普通称上学叫"读书去"。好像儿童们到校求学,就为读书;有了书又非读不可。于是相习成风,教国语专重朗读了。各地乡村小学里,科目不甚完备,大多数只教一课国语,国语又特别注重朗读。于是一个儿童到校后,差不多一天到晚只是高声地读、读、读。现在名为实行新教学法,实际还是很旧很旧的私塾教法。

旧时教国语,注重一个"读"字,到现在应该觉悟是不合理了。

赞成：1. 朗读可以测验理解的程度。读一课书,如果读得抑扬顿挫,合乎语气自然,必能断定他完全能够了解课文。

反对：一般朗读的缺点,都是读字而不是读书,所以读来都不像话。虽经我们竭力提倡"读书要像说话",可是效率极微。因此,我就用过激的做法,爽性反对朗读,一律改用默读了。

赞成：朗读是有朗读的好处,决不能因噎废食。指导朗读的方法,可看《国语小报》第五十一期,谓宜先生的一篇短文。他说:诵读白话文应当遵守下列三条规律：

1. 正确的字音：所谓正确的字音,就是标准的国音跟声调;简称"国音、国调"。理想的白话文,一定是用标准国语写成的,所以念的时候,必须用国音、国调,总能还他一个本来面目。不会说国语的人,可以利用白话文的诵读,帮助他们学国语,但是先决条件,还是必须按照国音、国调读。

2. 适当的语调：这是要拿口语作根据的。说话时的轻重缓急,要整个拿到白话文的诵读上面去,使听的人不知道你是在念书,简直就是在那里说话。千万不要一字一字地念,破坏了白话文的有机组织,只剩了一个一个的死细胞！

3. 活泼的表情：表情也是说话时自然流露出来的,可以跟口里的话相配合,把思想情意更明显地表达出来。一般人说话有表情,在念书的时候,就常有"喜怒不形于色"的神气。其实白话文的诵读,应当极力跟口语相近,不但"有声",还须"有色","有色"就是活泼的表情。念白话文能像柳敬亭说书似的,那才算到了家。

反对：朗读既然跟说话一样，那就不适宜于齐读。既然注重个别朗读，在时间上不是太浪费了吗？

赞成：浪费时间确属事实，不过我们应该设法补救。例如，指名某儿起立朗读时，面部应向全体，不能专向教师使全体的人都能注意他。其余不读的人，应该细细地听他朗读，发现了错误，等读完后，共同提出矫正。这样，就不至于空费时间了。

反对：现在的国语教学，顶多是朗读，朗读中顶多是齐读，齐读中顶难听的是怪腔、怪调。我不是有意反对朗读，实在因为想不出革除怪腔怪调的办法。

赞成：你既然看出了国语教学的缺点，就可以对症发药，想个救济的办法了。救济办法恰与现在相反，要少朗读，少齐读，注重个别矫正，那么一切朗读的问题都可以解决了。

反对：这几句话，我无可反对了。

【总结】 朗读可用，应多个别练习。语调要合于说话，出于自然。

问题十六 "齐读"赞成用吗？

赞成：我国自有班级教学以来，就有齐读一项活动。全班儿童用同一声音高声朗读，非但时间可以经济，精神也可以兴奋起来。齐读并不是一个新兴的名词，直到现在也不能废除。

反对：从前读文言文的时代，需要把古文滥调唱得很熟，以便套腔作文。现在用了白话文，作的就是说的，说的就是想的，无须那样唱了。

赞成：齐读不一定用在文言文时代，就是读白话文也很适当。你看，全国各地哪一校没有齐读？哪一天没有齐读？

反对：1. 正因为各地各校都有齐读，流毒很深，所以我们必须倾全力加以反对，赶快把错误的思想改造过来。

2. 你想，社会上需要高声朗读吗？每天看报，需要朗读吗？每天看书，需要朗读吗？路口看一张通告，需要朗读吗？朋友寄来一封快信，需要朗读吗？社会上有什么情境，需要高声朗读？个人的朗读尚且不需要，许多人的齐读，除和尚道士讽诵经咒以外，还有什么机会需要团体的高声朗读？

3. 学校教育的作用，一面须适应儿童的需要，一面须适应社会的需要。齐读既然不适应于儿童生活，也不适应于社会生活，我们要它做什么？

赞成：在个人方面看，齐读有一种整齐划一的调子，读来优美好听，使反复温习时不觉得厌倦。在社会方面看，齐读使彼此协调，互相呼应，可以养成合众的美德。好像诵诗班的朗诵，含有团体合作的意味，谁说齐读不行呢？

反对：1. 读书的目的在于养成一种阅读的能力，并不是为了读书而读的。养成阅读能力的最好办法是默读，不是朗读，更不是高声齐读。

2. 朗读为了唇舌的连带活动，为了发音的逐字吐出，阅读速率上比较默读慢得多。现在为了齐读，要受团体的牵制，那不是更加慢了吗？

赞成：1. 默读比朗读快，比齐读更快，这是事实，毋庸强辩。我们并不废除默读，也不废除朗读，采用齐读不过玩玩花样而已，并非把所有读书的时间全用齐读。

2. 并且齐读的方法很多，可看下列一表：

齐读 {
领读——教师读一句,儿童跟读一句。
伴读——教师伴着儿童读。
行读——一行一行轮流读下去。
排读——指横的排列,一排一排地轮流读。
团读——依能力分成若干团,各团轮流读。
组读——或依年龄分组,或依智力分组,或依男女分组读。
响读——用高声朗读。
低读——用低声吟诵。
背读——带背带读。
急读——很快地朗读。
慢读——慢慢地一句一句地朗读。
竞读——分组定时比赛读。
表演读——一面表演,一面朗读,或由一人表演,众人朗读。
表情读——把喜怒哀乐的情绪表达出来。

3. 这表上所有的读法,错综变化应用,使儿童在反复练习时不觉得厌倦。你以为可以废除,我却以为应该多多提倡呢!

反对:1. 国语课文要反复练习,练习的最高目的是什么?如果为了背书,背书现在不需要了(理由详后);如果为了默书,默全课现在也不需要了(详见于后)。既然不需要背和默,那么何必费去许多时间,想出许多花样,叫儿童齐读呢?

2. 齐读的缺点,不但是儿童不需要,社会不需要,读书的本身不需要,在儿童的健康上也有妨碍呢。例如教师叫全班儿童齐读,大家不得不直着嗓子用足力气大喊,有的竟至于读得面红耳赤,把嗓子也读哑——小学没有毕业,嗓音已经完毕了。

赞成:嗓子读哑,这是方法的问题,我们可以劝导儿童读时不宜过于用力。反过来也可以说,嗓子要从高声呼喊中训练出来。你不看见新旧剧员需要吊嗓子吗?更不看见歌唱家需要吊嗓子吗?你说多用齐读会伤嗓子,我说多用齐读,可养嗓子的。

反对:1. 剧员的吊嗓子,歌咏家的吊嗓子,他们有学理的根据,有专家的指导,不是随便喊的。我们学校里教齐读,只求书声琅琅(一个琅字不够,要用两个琅字,表明是要响了再响)。实在不是好办法啊!

2. 我的反对齐读,理由还不止此。因为要齐读,不能顾到朗读的自然;因为要朗读,不能顾到语调的自然。齐读惯了,就造成一种怪腔调来,实在难听之至。

3. 学习国语,同时也就是学习说话,用了怪腔怪调,怎么可以学得一口流利的说话呢!

赞成:1. 齐读的确跟说话不同。正因为这样,我们要用齐读来补救个别诵读的不足。如果读书用了说话的语调,那么缓急疾徐、抑扬顿挫,各各不同的。各各不同的语调,不是变成嘈嘈杂杂,听不清楚了吗?

2. 如果只用个别的读,那么一小时中能有几人可读?一级中人数多的,要花多少日子才能轮到一回呢。我们要用齐读,目的就想节省团体学习的时间。

反对:"节省时间",谁都听得进的,不过必须先问节省的方法好不好?节省的值得不值得?如果顾此失彼,得不偿失,还不如废止的好。

赞成:齐读,不但可以节省教学的时间,还可以节省教师的精力。每到将近退课精神萎顿时,来一次齐读,可使大家兴奋一下。同时,教师也可以乘此舒一口气。

反对:齐读可做兴奋剂,可做避倦丸,在无可奈何的状态下,偶一用之,未始不可,但不宜多用。

赞成:诗歌宜于朗诵,而且更有歌咏班的出演。朗读韵文多用齐读,你不会反对吧!

反对:读诗歌用朗诵,用齐唱,是另外一个问题(详另节),我不反对。我所反对的是读散文,尤其对于不是传记,不是游记,不是说明文而是纯粹合于说话作风的故事小说,更不宜用齐读。

【总结】 齐读以少用为是。即使要用,亦以分组为宜。全体高声朗读,应该废止。

问题十七 "诗歌"赞成吟唱吗？

赞成： 诗歌不比散文，它有音调之美。这音调之美，不吟唱，不能体味到的。

反对： 白话诗歌不比旧时的文言诗歌，其音调之美，在于说得自然，并不一定要吟唱。

赞成： 所谓说得自然，就是说来有情有致、有高低、有节拍，这样，我就认为吟唱，不一定像音乐那样，必须含有曲谱性质的，才得称为吟唱。

反对： 1. 我国旧时的律诗和词赋，字字调平仄，朗读起来可以按两字一拍或一字半拍的办法，每到一个意义完全的地方，把末尾的音延长一下，使人听来清清楚楚。同时因为节奏的配得整齐，音韵的配得匀称，读起来能够使人辨出字句中的韵味来。

2. 现在的白话诗歌，除了末尾须叶韵①以外（有些散文诗，简直不叶韵的）。平仄也不顾了，一句一句就好比说话一样，就不需要打起那种两字一拖的腔调了。

3. 如果训练成两字一拖的腔调，非但不像说话，而且并不好听。我们常听得西洋人初到中国来传教，说得一口非话非歌的腔调，两字一拖，实在难听极了。

赞成： 1. 你说每句读来两字一拖，不顾词性，不顾语句，那当然是不对的。如果根据词语的组织，再依节拍吟唱，我想一定很好听吧！

2. 从前唐擘黄先生（中国哲学家，福建闽侯人）对于朗诵的方法，曾经举过一个例子说："燕赵——古称——多——慷慨——悲歌——之士"有六拍。如读"雨——吾见其湿万物也"只须两拍。读散文尚且可以用节拍吟唱，读韵文哪里不可以吟唱呢？

反对： 1. 刚才，我已经说过了，读旧时的文言文可以用吟唱法的，读现在的白话文，无须再用那一套了。

2. 朱自清先生（字佩弦，江苏江都人）在《国文月刊》②第五十三期上说过："目前小学及初中诵读白话文，都是作一顿而延长之，老师学生都感到这样读法

---

① 叶(xié)韵，一作"谐韵"、"协韵"。诗韵术语。——编校者
② 《国文月刊》，是在1940年由任职于西南联大师范学院中文系的教授们主办的《国文月刊》，主编是著名学者浦江清，先后出任编委的有朱自清、罗庸、沈从文、王力、余冠英等。——编校者

不对劲儿,然而又想不出别的妙法。"又说:"白话诗只宜干念,不能吟唱,唱不见得有什么好处。"朱先生所说的几句话,就可以代表我的意见。

赞成: 1. 所谓诗歌,诗的意思占一半,歌的意思也占一半。"歌"在学校里打起调子唱的,已经司空见惯了,难道变了诗歌就不能唱吗?

2. 我们常看到不少的歌,内容就是一首诗。歌既然采用诗,难道诗不能变为歌吗?

反对: 1. 好的诗,经过专家的精心研究,可以配成一首好曲。不过这些曲谱不容易创造的。第一,对于诗的方面,必须彻底了解这首诗的主旨是什么,组织的特点在哪里,字句间音节如何。对于该诗的内容和外形,都能细细嚼过,然后能注意到第二部分歌的方面。作一首歌的条件很多,不是三言两语所能说得清楚,最起码的条件必须懂得:(1)曲趣该用什么方法表达?(2)句段与乐段如何配合?(3)节奏与语词如何调匀?(4)字的四声如何与音的高低互相适应?(5)旋律中如何把诗意、情调、标点等曲曲表达出来。这些研究,非对于音乐有特殊修养的,绝不会成功。

2. 现今一般小学音乐教师,对于歌曲的作法也许不能完全懂得,当国语教师的哪里会知道这些呢?

3. 不懂作诗作歌的方法,硬把它打起调子来唱,实在要不得。

赞成: 诗歌非经专家配曲,不能随便吟唱,那么我们就请专家把课本中所有的诗歌都配了曲谱吟唱,不是很好吗?

反对: 作诗易,作曲难;作好诗固然也不易,作好曲更加难,国内作曲专家能有几人?他们是不是都肯牺牲了自己的爱好为你配曲?即使他们肯为教育而牺牲,为儿童而服务,把现在国语课本中的诗歌,一齐配成各式各样优美适切的曲谱。那时,我们吟唱起来,变成音乐科而不是国语科了。

赞成: 依诗作曲是不容易的,那么各地的民歌儿歌,并没有配上曲谱,为什么一般老百姓、一般小孩子都能咿咿呀呀地唱呢?而且唱来能够表达乡调土风,谁说没有优美的曲谱不能唱呢?

反对: 1. 儿歌民歌,经过历代口授,慢慢地变成自然的作风了。这种自然的作风,成功也不容易。各地流传的歌词有多多少少,而曲调能有几种?

2. 这种曲调,不过辅助吟唱之美,并不能真正表现音乐的功能。好比旧剧中的西皮二簧等,不管词句的内容怎样,只要编来适合于某某调的,就用某某调唱。

3. 现在我们读的白话诗,既不是来自民间,又不是依据了什么调子作成,唱起来自然难以讨好了。

赞成：现在我们不管旧剧有什么调门，各地民歌有什么调门，音乐上有什么规则，我们只看诗的内容需要怎样说法才能表情达意的，各人就用各人的自来调唱，好不好呢？

反对：只要不破坏诗的意义，也不妨试试；可是与其这样放胆试用，还不如就用说话的语调来得干脆。

赞成：现在各地不是盛行一种朗诵诗歌会吗？他们是不是在那里研究如何吟唱诗歌？

反对：1. 朗诵会是新兴的一种活动。因为自从提倡白话文到现在，虽已得到一半的成功（还有一半是公牍和报章，不能全部改为白话），但诵读的方法，却毫无建设。朗诵会的创立，目的就在研究这方面的工作，可惜到现在还没有达到成熟的地步。如果将来整理出一种条理来，到那时再用吟唱也不迟。

2. 不过，朗诵方法虽还没有研究成功，有几点却可以很肯定地说：

消极的原则：

（1）读新式诗歌，决不能用旧诗的腔调。

（2）读诗可以表情，但不能过分地戏剧化。

（3）两字一拖无理的腔调，万万用不得。

积极的原则：

（1）读者应以作品为主，尽量把好处读出来。

（2）把一个字的头腹尾都念得清清楚楚，于意义重要处，更应清晰地重读。

（3）意义上有抑扬顿挫处，读时应该充分地表达，使所说的话不是平平淡淡，要解说得有力量、有感情。

赞成：这办法，我也赞成。我们一面努力研究，一面多方试验，肯定的答案，且待将来再说吧！

【**总结**】 诗歌可以吟唱，语调必须出乎自然。

问题十八 "默读"赞成用吗？

赞成： 默读就是不出声的阅读，这种读法以前只认为看书而不称为读。自从欧美把朗读（Oral Reading）和默读（Silent Reading）并称以后，现任普通也称默读了——也有称静读的——社会上的看书、看报、看信、看布告，都用默读而不用朗读，所以小学里必须训练默读。

反对： 看书、看报、看信、看布告的人，他们从小也从朗读出身。因为朗读训练好了，默读起来就不觉得困难。如果从小只有默读，怎么可以知道他对于字句是否懂得呢！我不是不赞成默读，我是反对在小学里全部用默读。

赞成： 1. 不消说得，我的赞成用默读，也不是全部采用。课程标准上本有规定："朗读和默读的分配，低年级朗读多于默读，中年级朗读、默读各半，高年级默读应较朗读为多。"

2. 在小学里虽不是全部采用默读，但至少要把它看重一下。依读书的目的说，默读比朗读重要，理由是：

（1）获得知能

有了读书的能力，可由书本上吸收一切知识和技能。无论上自古代，近至今天；无论远自国外，近在眼前，别人花去多多少少的时间、脑力和经济发表的文章，我买了一本书，就可以得到他全部的知识、技能和经验了。

（2）欣赏消遣

文学、艺术、音乐一类的书，看了并不在于获得知能，在于消遣和欣赏。一个人必须有了消遣，才能增进工作的效能；必须有了欣赏，才能提高精神的生活。

（3）辅助发表

看书与发表有连带的关系。尤其在小学里，读书与作文的关系更多。我们希望儿童作文成绩好，非注重读书不可；读书与作文的好坏的确成正比例的。

（4）认识文字

从前读书的目的，初学时完全在于识字。现在虽然不以识字为主，但识字在国语科里，仍旧占着重要的位置。其他各科中，各种境遇里识字的机会虽有，负责顶多的还是国语科。

3. 上面四个项目中，除了第四种可用朗读外，其余三种都可以用默读。

4. 我们再拿出版的情形看一看：

（1）据美国调查局报告：自 1850 年到 1880 年，30 年间出版的报章、杂志增加数与人口增加数相等。自 1880 年至 1910 年，30 年间出版的报章、杂志增加数为五与一之比（书增加 500％，人增加 100％）。依次类推，现在的增加数当然更多。

（2）据商务印书馆出书的情形，在开始时每年只出几十本，到民国二十年（1931 年）后改为日出新书一种；到民国二十五年（1936 年）时，每日可出四五种之多。如果没有这次大战，其进展的神速，一定可以惊人。

5. 我们为了生活的需要不得不看书，书又出版这样多，我们非用快速的方法看书，不足以应付。读书中顶快的方法就是默读。

反对：现在的出版物虽很多，能够给儿童看的还很少，如果把少量的书给儿童读，就用朗读也不妨。朗读可以考查儿童读音是否正确，是否能够表情达意。朗读从小训练好了，长大起来看书、看报的能力就强了。

赞成：我并不反对采用朗读，但默读必须从小训练。默读对于记忆，非但不下于朗读，并且从实验的结果，断定还比朗读好。以下且加以简单的叙述：

1. 我们看书时，能够看见字，一定在眼停的时间，眼动时是看不见的。要证明这一点，只须拿起一面镜子，自己向镜子里看自己，便可以证明动时看不见，眼停时才看得见。

2. 眼停时，各人看的距离各不同，有的一眼望去，只能看到两三个字，有的能看四五个字（以五号铅字论）；字数看得越多的，等于步子跨得越大，跑起路来越快。反过来说，眼距小的，看书一定很慢。我们要训练儿童眼距逐渐放大，看书逐渐加快。用朗读因为看一字，读一音，被声带和舌头的活动限制了，无论如何不容易快。如果用默读，只需眼看，不动声带，不动舌头，也不动嘴唇，就快得多了。兹举两例如下：

（1）美国芝加哥大学格雷氏（Gray）的研究：

年级	二	三	四	五	六
每分钟所读的单字	90	138	180	204	216

（2）成都实验小学的研究：

年级	三上	三下	四上	四下	五上	五下	六上	六下
十分钟所读的单字	185	408	420	529	462	487	402	560

大概朗读与默读的速率比较,低年级为 13∶16,高年级为 16∶24。

3. 默读时唇动不要,舌动不要,喉动也不要,只用两眼看,头脑想,好比是架双镜头照相机,能全种贯注于理解课文上,理解力当然比朗读高得多。

4. 因为默读比朗读看得快,理解力又高,所以记忆也比朗读好。

反对:1. 默读可以训练眼动得快,但眼动的有无规则关于阅书能力也很重大。朗读因为要看一字读一字,眼动的习惯很有规则,不至有回视的毛病(看到下面了,再回到前面去看,叫回视)。儿童在初期训练时,有规则得眼动,似乎应比眼距的放大更重要些。

2. 我国旧时的读书,开头总是注重朗朗诵读,年纪大了,也会注重看书,不注重朗读了。

赞成:我们从读书的演进上看来,却知道默读比较得最进步:

1. 单用口的时期

在没有文字以前,那时看不见文字,听见别人唱一首歌谣,或者说一句谚语,也会用口反复朗读。这是原始的读书法,也是初步的读书法。

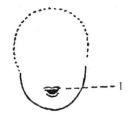

2. 用口、用目的时期

在旧时私塾时代,初学的读起书来,往往只用眼睛看,用嘴巴唱,文字的内容毫不顾到的。

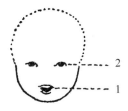

3. 用口、用目、用脑的时期

现在读浅近的白话文,看一句读一句就能懂一句,朗读的练习,就是这一种的代表。

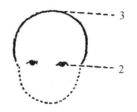

4. 用目、用脑的时期

一面看,一面想;看得快,想得快,就是默读。默读能把口的方法隐藏不用,造成顶进步的一种读书方法。从前朱子在《训学斋规》中也说过:"读书有三到,心到、眼到、口到,三到之中,心到最急。"心到,就是脑到,也就是能够理解。

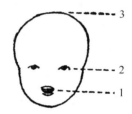

反对:因为朗读惯了,一旦叫儿童改用默读,结果一定不能纯粹地默读。如果强迫他们默读,不许出声,不许发喉音,不许动嘴唇,结果必然默而不读,读而不能理解。

赞成:为了这个缘故,所以必须加以训练。训练的方法,可分三步进行:

1. 低声阅读

训练他只求自己听见,不使第二个人听见,看他能否获得意义。

2. 无声阅读

如果他在进行上没有遇到阻碍,获得意义的速度又比移动嘴唇的速度快,结果唇动自会废除不用。

3. 完全默读

一切眼动训练、了解训练、记忆训练,均有良好的进步,才会达到真正默读的时期。

反对:照你所说,一步一步地训练,至少在小学里不能成功吧。

赞成:1. 一、二年级儿童的语言习惯与朗读过程有密切的关系,非但不能轻视朗读,并且要特别重视朗读。到了三、四年级,学习的态度转变,对于看书的需要与兴趣,渐渐走入独立的境界,这时期朗读不如默读重要,就可以训练默读了。

2. 据嘉德(Judd)的研究,只要训练有素,大概在小学四年级以前,就可以见效了。

反对:我从传统的惯例着想,你用科学的研究证明,我的理屈,从此不敢反对了。

【总结】 默读应该从早训练,多多采用。

问题十九 "讲解"赞成用吗？

赞成：中山先生在学塾里读书，因为老师只读不讲，他起来反对，要求老师讲书。中山先生是聪明的人尚且如此，我们读书哪能不要讲书。

反对：中山先生那时候读的是文言。文言不是口头上说的话，要了解课文，非用本地的土话翻译一遍不可。现在我们读的是白话（明白如话），而且是浅近的白话，能够识字，就能懂得一句一句说的什么，那何必再讲呢？

赞成：现在读的白话，虽然很浅了，可是究竟跟说话有些两样，要知道我们一个人的思想很复杂，用说话表达出来的，虽有善于辞令的人，也不过能够表达全部思想的几分之几；从语言再转变到文字，能够用文字表达思想的，虽有善于写作的人，也不过能够表达全部思想的几十分之几；即以文字表达说话而论，也不能句句用文字写下来毫无遗漏。现在读的白话文，认为等于说话，不必讲解，无论如何不敢赞同。

反对：小学国语科，从文言改为白话，是一大进步；再从旧小说派的白话改为浅近的白话，又进一步；现在更从浅近的白话，改为大家口头的白话，更进步了。我们用的白话文，慢慢地发展到同说话一样，使一般儿童容易学习，讲解实在不需要了。

赞成：1. 我们说话时，对面一定有人听着。说的时候，可借词调语气的帮助，可借姿态表情的帮助。就是说来有些错乱，前后有些不合文法，只要听的人和讲的人彼此程度相仿，就可以完全了解。我们用笔写在纸上的文句，就不能跟说话一样的自由了。一篇文章，一定要有布局；一段语句，句句要合文法；不是这样，就不能使人看得明白。所以白话文绝不同于说话，至多可以说白话文是精练的说话。

2. 我们阅读那些精练的说话，一定有许多不能直接使儿童明白的地方；要使儿童明白全文，那就非讲不可。

反对：儿童不懂某字某句，应该在提出生字时解释清楚。既然在前面弄清楚了，看书时只须注重看书，无须再讲了。如果全课满是难字难句，非逐句讲解不可，这种课本，根本不合儿童程度，不应该给他们阅读。事实上，各课中所列的生字和难词并不多的，万万不需要读一句讲一句。

赞成：课文中只要有一句话不能使儿童明白，就会影响到整篇课文。例如一句"我们从此重见天日",儿童不知道什么叫做"从此",什么叫做"重见天日";或者他们把"重见天日"四字,误解为"看见天上的太阳很重"。国语注重讲,就想使儿童了解课文意义。

反对:读一句,讲一句,要费两倍时间,简直不经济之极了。而且这种办法,惟有在我们语文不统一的国家里才用得到。世界上凡是语文合一的国家,都没有像我们用读讲的方法教的。我们一面在提倡国语,注重言文一致,一面想追踪欧美,迎头赶上,难道连一点小事也不想改革吗?

赞成:1. 各国的语文教法各各不同。我国采用一形、一音、一义的方块字,教法的确跟外国语不同。我们向来用惯讲的,到现在也不必废除。

2. 并且,从改良语言上看起来,凡是文化程度高的,说起话来,出口成章,这是因为文言字汇积得多了,能把文字引到说话里去(本来文字从说话中来,文字为说话的精练品;现在反把文字插进说话里,使说话的程度提高)。

3. 我们为了提高说话,改进说话,也得采用讲解。

反对:现在是浅近的白话文,本来不讲也会使儿童明白,可是用惯了讲,好像非讲不可。于是把一句清楚简易的话,反而说得啰哩啰嗦。例如:"我的名字叫做煤,又叫石炭。"用上海土话讲起来要说:"阿拉个名字叫子煤,又叫子石炭。"你想,这样训练下去,会使儿童说话流利吗?

赞成:说话流利是要紧的,有了讲解未尝不会流利;而且话的说得好,比流利更要紧。

反对:讲是用土话把标准国语翻译一次。现在正当提倡国语的时代,还用土话来翻译,实在无谓之至。而且提倡国语的初步办法,第一步先使儿童少说土话。现在国语科中用了讲,反使土话加紧训练,实在是阻碍国语进步的。

赞成:你说现在课文统一了,浅近的白话文不必再讲了,我可以相当地表示赞同,可是对于年级高的课文,因为难词、难句很多,讲解似乎不能废除吧!

反对:因为低年级废除了讲,所有的语句,都能使儿童直接了解;年龄渐大,经验渐富,有历年的成绩作为根据,就是到了高年级不讲也不会发生什么问题罢!

赞成:年级高了,对于难词的意义,成语典故的来历,非得解释清楚不可。我们把课文读一句讲一句,目的就在于此。

反对:难词要讲,成语要讲,我并不反对;这些解释应该在提出生字、新词时就弄清楚,等到词语弄清楚了,我始终认为不必再来读一句讲一句。

2. 或者认为废止了讲,不知道儿童究竟明白不明白,那么还有深究的办法。

什么叫做深究,深究又是怎么样进行的,在后面还要细细地讲到,现在暂且搁置不谈。

赞成：你把讲解分开前后两段,这倒是个新的办法。今天经你一说,把我传统观念完全打破,从此我也不打算采用读一句讲一句的办法了。

【总结】 字词解释应该注重。全课读一句讲一句的方法可以废除。

问题二十　"深究"赞成用吗？

赞成： 学习国语，对于内容的了解和形式的研习，都很重要。这两项工作的推进全靠深究。深究在国语科中的地位，除概览外，就要轮到它了。

反对： 儿童经验浅薄，知识未开，哪里谈得到深究。名为深究，恐怕只有随便谈谈而已。随便谈谈，完全浪费时间，还以不用为是。

赞成： 1. 你对于深究的实在情形，还不了解，兹举一个例子在下面：

课文为："摇摇摇，摇到外婆桥，外婆很爱我，叫我好宝宝。问我爸爸好不好，问我妈妈好不好。我说：'谢谢你！爸爸好，妈妈也好。'外婆听了哈哈笑。"

2. 依"先整个后分析"的原则，先讨论课文的大意：(1)小孩到外婆家去做什么？（看看外婆的身体好不好。）(2)外婆记挂着谁？（爸爸妈妈）(3)小孩怎么样回答？（先谢外婆，再说爸和妈都好。）(4)这一首儿歌的好处在哪里？（一首可以唱的歌，每句都叶么韵）。

3. 再分析深究内容和形式，可依课文次序讨论，不必分开先内容后形式。讨论时最好由儿童自己发问，不能个个问题都由教师发出。本文中可供讨论的问题如下：(1)摇摇摇，摇些什么？怎么样表演摇船？（令全体儿童仿作。）(2)为什么要摇到外婆桥？（距离远，又隔水，非用船不行。）(3)为什么称为外婆桥？（大概外婆住在桥边，所以称为外婆桥。）(4)外婆很爱我的"很"字可以不用吗？（用了才能表示爱的程度深。）(5)外婆为什么很爱他。（他很有礼貌。）(6)外婆问的话，可以更调吗？（可以的，先问妈妈跟先问爸爸一样的。）(7)好不好的意思是什么？（是指身体的健康不健康。）(8)为什么把谢谢你放在前面？（这是客气和尊敬的说法。）(9)小孩说时的态度怎么样？（指名试演。）(10)妈妈也好的"也"字可以省吗？（省了也通，不过加上一个也字，读起来顺口，更明白。）(11)"外婆听了哈哈笑"，可改"外婆听了眯眯笑"吗？（眯眯笑不及哈哈笑，笑得更厉害。）(12)外婆为什么要哈哈笑？（听得他说爸和妈都好，并且看见他的回答很有礼貌，以及说话的神气，表达的姿态，都能使外婆越想越有趣味，所以要哈哈笑了。）(13)外婆哈哈笑，小孩的态度怎么样？（大概也趁着大笑一阵。）

4. 有许多问题，看了课文能够答的，有许多问题课文上没有的。不论问题属于课文的内容或形式，不论问题属于课文的表面或内幕，经过一番深究之后，儿童对于课文的了解必然更清楚了。

反对：问到课文表面，可以考查儿童对于课文是否了解；问到课文以外，无书为证有什么用呢？

赞成：现在的国语，采用儿童文学，凡是对于文学的教学，应该注重欣赏。经过一番深究之后，不但儿童对于课文表面很清楚，而且对于课文内幕也能彻底了解。这不仅有助于儿童欣赏能力的增进，且于儿童的创造能力、想象能力，也会得到深一层的训练。

反对：要使儿童了解课文，何不由教师细细讲解一遍，可以节省许多时间？

赞成：讲解课文，还是只能顾到课文表面的了解；而且讲解总以教师为本位，对于新教育原理上说起来也不适合。

反对：深究的效用，除了帮助了解课文以外，别无好处，何必多费许多时间呢？

赞成：了解课文，不是目的，是一种手段。因为课文的深究有了基础，以后思想也会精密，说话也会周到，作文也会面面顾到。就是对于劳作、美术、音乐等艺术的陶冶，也有不少的帮助，总之，深究的利益是很大的。

反对：不见得吧！如果国语深究有这样伟大的效能，那么学校只须规定国语一科，其余可以不教了。我总觉得儿童对于课本作者的立意未能透彻了解；对于文章的作法，未能明白究竟，实在谈不到深究。即使妄论作品的价值，也不过养成他们有胡乱批判的态度，对于生活上是有弊无利的。

赞成：1. 儿童年龄虽小，批判的眼光早就有了。他们看到一件东西，能够分别出美丑好恶，就是批判的本领。我们使儿童深研课文内容，绝不是令儿童随意胡说。

2. 照普通的情形说来，批评可分三个阶段：

（1）印象的批评

目的在使儿童体味课文的美妙，使儿童读了该课课文，能够发生共感共鸣的倾向。

（2）鉴赏的批评

用公正的眼光，批评该课的优点何在、看点何在，使儿童有鉴别读物的能力，同时可以影响于作文能力的改进。

（3）潜意的批评

使儿童了解潜伏于该课课文背后的生命是什么，借以探得事物的真理，获得读书的真正兴趣。

以上三种批评，对于年级高低，虽略有分别，但可以错综采用，斟酌轻重实施的。

反对：批评文章也在深究范围之内，深究的任务，不太繁重吗？

赞成：1. 我们只看深究的重要不重要，不必顾虑到该项活动的繁重不繁重。

2. 深究不但包括批评，而且包括文章结构的研究。一篇文章应分若干段落，如何分成段落，在新式白话文里并无一定的形式（旧时的八股文，才有呆板的规定）。文章结构和段落大意，好像并不需要注重到那些。可是指导儿童思路的清晰、写作的清楚，确有极大的帮助。

3. 不过以往对于结构的深究，都以为是综合的作用，放在末后做的。现在新的读法教学，配合"先综后分"的原则，应该放在前面讨论了。好比我们参观一所学校，一进门必先看看学校大概，再看某某教室、某某办公处，最后才注意于布置是否合适，座位是否相宜。

反对：一课国语，旧式的教学，注意读书、讲书、背书、默书——四个"书"字——认为不合；现在只重一个深究，是否相宜？我虽不敢贸然判断，却不能不有这样的怀疑。

赞成：1. 一篇文章的精读，就要在深究上花些功夫——精读的意义，并不专精于朗读——一篇文章的深究，非但要从思想方面的探讨，从写作方面的探讨，对于字句方面探讨，也包括在内呢。

2. 所谓字句的探讨，可分以下各种：

(1) 整个研究——如深究某课内容大概怎样——或写纲要，或列简表。

(2) 文体研究——如深究某篇文章，属于哪种文体？

(3) 篇章研究——如深究某段文字属于"叙述、引证、对话"中的哪一方式。

(4) 句法研究——如深究"你记着，不要把门开！"一句是什么口气。

(5) 词性研究——如深究"小"和"很小"、"最小"的分别。

(6) 语的用法——如深究"虽然……但是……"的用法。

(7) 词的用法——如深究"只觉得"三字的用法。

(8) 字的用法——如深究"却"字的用法。

反对：全文的主旨，在概览之后早已经说明了，何必在深究时再提出来讨论？

赞成：主旨虽在前面说明过了，可是因为文章是整篇的。一篇文章里的一段、一节、一句、一词，都与整篇有关。所以深究字词用法、语句用法、篇章组织等，要随时将主旨提醒。

反对：现在我才明白新法国语教学与旧法的不同,又明白精读与略读的不同,更明白深究的意义和方法了。我可以武断地说一句:"国语教师的优良与否,可视深究的是否合宜为断。"从此,我不再反对深究了。

【总结】　精读的要点,在乎深究,应该特别注重。

问题二十一 "表演"赞成用吗？

赞成：我们从教材的历史方面看起来，好像可分三个时期：

1. 第一个时期，注重质的精选，好像吃菜的注重滋养一样。民国元年（1912年）以前的教材虽然不以儿童为本位，但至少在精选方面曾经花过功夫的。

2. 第二个时期，不但注重质的精选，再注意于教材的趣味化。从民国元年以后直到目前为止，各科教材大都注重故事化和游戏化，好像吃菜的不但讲究滋养，而且还注意于鲜味，确比民国元年以前进步了。

3. 第三个时期，也可以说未来的时期。教材的编制，不但注重质的精选、形式的趣味化，更综合各种优点，用动的方法表演出来，好像吃菜的讲究色、香、味了。戏剧读本，在外国已经印行，在我国正需竭力提倡。此刻尚未采用戏剧读本前，至少对于表演一项，应该加以提倡。

反对：表演有价值是毋庸质疑的。不过在狭小的教室里，在短促的时间中，在经济支出的目前似无提倡的必要。

赞成：我所说的表演，并不是规模宏大的开游艺会、开恳亲会，也不是职业团体的演话剧。我所提倡的正需要在狭小的教室里，在短促的时间中，在不花钱的条件下指导儿童表演。

反对：这种草草不恭的表演，简直等于胡闹，在教育上看来有什么价值呢？

赞成：表演在教育上的价值，细细说来，可编一本很厚很厚的书。现在只能约略说一说：

1. 功课方面

各种科目，直接间接都与表演有关。儿童极爱表演，就以表演为中心，可使各种科目都活跃起来。例如：表演要用布景、道具，布景、道具就在劳作、美术科里分工合作，劳作和美术的学习就富于兴趣了。表演要有插曲、插舞，这插曲、插舞，就在音乐、体育科内教，这时音乐和体育的学习进步一定非常快。表演要讲标准语，还需注意姿态表情，说话的训练，不消说是必然成功的。其他剧情的研究，有关于常识的学习；剧文的诵读，有关于国语的学习；道具的购买与计算，有关于算术的学习。小学中无论哪一科直接间接都与表演有关。

2. 训导方面

儿童对于读书，往往认为应付考查罢了，并不出于内心的需要；儿童对于说话，认为只须表达自己的意见，并不顾到对方能否激动感情。对于表演，一面须充分表达剧本的情节，一面更须注意能否与观众合为一体。这种德性训练，比任何方法都有效。

反对：你说，表演可以陶冶品性，我却以为足以捣乱教室秩序。

赞成：1. 你所说的秩序，不知道指哪一种情境而言。如果指呆坐、静默、面部毫无表情以为是守秩序，那么做人太无意味了；或者你以为活泼、快乐、情绪紧张为不守秩序，那么世界就会变成死的世界了。

2. 再退一步说，我们希望儿童遵守秩序，必须在不寻常的环境中训练出来，才是一个确确实实的守秩序者；否则，生长在死气沉沉的空气里，一旦脱离束缚变成一匹脱缰的野马，更加容易不守秩序。

3. 表演是有目的的活动，富于兴趣的学习。教师只要规定几条重要的办法——如某人有意胡闹须受共同制裁，要请他退出教室。儿童为了爱好表演，自会遵守秩序的。

反对：秩序问题虽可解决，时间问题却不能不估计一下。如果读一课国语只来一次表演，费些时间还算值得；倘须每课表演似可不必。

赞成：1. 你顾虑时间的经济，我绝对赞成。在国语科中，普通因为教法陈旧，可省的时间很多。如反复讲解、无限朗读、逐个背书、全课默写等尽可取消。取消了即省不少时间。

2. 表演是一种综合的艺术，费些时间学习还是经济的。况且把别方面不需费的时间节省下来，移作指导表演，已经绰绰有余了。

3. 至于表演的种类很多，希望每课国语都有表演。表演成功了，讲解可以废除，朗读可以减少，背书默书也不必多费时间。表演的类别，依繁简而论，可分以下四种：

(1) 表情诵读

例如：读一首"春风"诗：

春风轻轻吹，吹到草根里，草被春风吹醒了，草儿青青快长起。

（表演方法：①春风轻轻吹——声音轻而低，上身伛偻作下视状。②吹到草根里——两手平展，表示风吹草动。③草被春风吹醒了——声音渐高，两手指尖向上，表示草儿长起。④草儿青青快长起——上身渐渐还原，同时两手亦渐渐抬高，表示长得很快。

这种表演，不需化妆，不需用道具，仅在表情达意，等于音乐科内的歌表演，希望国语科中多多利用。

（2）对话演读

例如：读一课：

小妹妹，小弟弟，穿衣服，不容易：种棉花，先耕地，除草、用肥要留意。到了秋天收棉花，纺纱织布做成衣。

表演时，将儿童分为甲、乙两队，甲队读课文，乙队表演，经过几次后，更互相更调。

（3）白描表演

例如：读一课《稻草人》——摘自华光《暑期作业课本》：

小麻雀看见田里的稻草人，在风中摇摆不定，吓得不敢和它接近。老乌鸦看见田里的稻草人，在雨中点头，也吓得不敢和它接近。风息了，雨止了，太阳出来了，那稻草人被风雨吹打得倒在田里。麻雀飞近它，惊奇地说："原来是这个假东西。"

乌鸦走近它，高声大叫地说："假的人，我们怕它做什么！"

表演本文，可令一人扮麻雀，一人扮乌鸦，一人扮稻草人。其余的人照课文读下去。表演者只挂一张物名片子在胸前，别的都不需要，所以叫做白描表演。

表演的情节，可取课文大意，加以渲染；表演的语句，只要不失课文原意，尽可以多多敷畅。

（4）化妆公演

① 如果读到长的剧本，好的故事，可以郑重其事地公开表演一次：表演时常视学校财力如何，才决定化妆的程度和制备道具的多少。

②公开表演的导演,比较要仔细些。第一注意说话要明快易懂,念词要夸张变化,不能用背书的腔调。第二注意服装要色彩浓艳鲜明,动作要清晰明朗,不能走纯粹写实的路子。

③所有背景、道具、衣着,尽量由全体儿童自作。可能联络各科的,尽量与各科联络。

④表演后的鉴赏批评非常重要。批评的次序,先是各个批评,再各幕批评,末后注意全剧的批评。批评的标准分为:声调;化装;态度;情节。批评的方法分为三步:第一,演者自陈,把自己表演的长处和短处,忠实地报告出来;第二,同学批评,批评的态度,当注意诚恳、和气,多提积极意见,少用谩骂口吻;第三,教师批评,汇集各人意见,加以整理判断。再说几句鼓励的话,唤起儿童学习的兴趣,使他们以后更肯努力向上。

反对:照你这样说来,我非但不反对国语有表演,而且我也愿意提倡表演了。不过,万事有利必有弊。我们应该处处注意到趋利防弊的方法,才能普遍地施行于各小学中。

【总结】 表演极合儿童心理且可辅助课文的了解,应该多多利用。

问题二十二 "背书"赞成用吗？

赞成：读了书，背得出，可以证明课文已经读熟了。如果废除了背书，儿童就不肯用功读书了。

反对：课文无须读熟，读熟了毫无用处。社会上没有一种职业是靠背熟课文的。

赞成：背了书固然不可以赚钱，但是背熟了课文，记得佳句，可使文笔流畅，用处也不小。

反对：文笔的流畅不流畅，第一，在于思想的敏速不敏速；第二，在于说话的流利不流利；对于读熟课文，虽不能说全无关系，但至少可以说关系不多。因为现在改用白话文了，作文与口语的相关多，与读书的相关少，课文不能背出，作文上并没有多大的影响。

赞成：作文与背书虽不能得到正相关，但读熟了，至少可以帮助一下；如果今后书不读熟，废止背书，将来的作文，不是越作越不行了吗？

反对：课文读来顺口流利是必须的，一定要儿童把全课背出来是不必的。一个儿童能够把国语文课课读得顺口流利，对于作文的帮助已经很多了。

赞成：既然认定读课文必须读到顺口流利，那么再进一步能够背诵，有什么不妥呢？况且所谓顺口流利漫无标准，假定以背诵为顺口流利的标准，不是很好吗？

反对：读得顺口不顺口，只须读来像说话一样的爽利就认为及格了。一定要使儿童读到背诵为止，不但变成死读书而且浪费时间，损伤脑力，实在所得不偿所失。光绪二十八年（1902年）间，政府为改良私塾，也有过一个规定："凡教授之法，以讲解为要，诵读次之，至背诵则择紧要处试验。若偏重背诵，必伤脑筋，所当切戒。"那时对于私塾读文言，尚且不希望多背，现在读白话文，为什么反要背呢？

赞成：课文中有精警的句子，有重要的成语，有新颖的词汇，背熟了不但对于说话可以提高程度，而且对于作文可以生色不少；背书实在是值得提倡的。

反对：1. 成语、警句、炼词，要记熟并不反对，在国语练习里应该把它们练熟，至于背诵全文大可不必。小学课程标准不是明白载着："文字的记忆，应当用卡片反复练习；或用视写、耳写、默写等各种方法，不得多责儿童背诵课文。"

2. 从前用的文言课文较短,打起调子唱起来,唱熟了也还容易背出;现在改了白话,课文长了,不容易读熟了。即使勉强要他们读熟,也不过属于一时的强记,不久就要忘记的。强记最是乏味,最易伤神,对于未成熟的儿童极不相宜。

3. 再则,要令儿童背书,必先令儿童多次诵读;背时还须逐个考查,在学习法上看来似乎太枯燥乏味了。

赞成: 1. 读文言文打文言的调子,读白话文用谈话的语气,对于读熟课文的效率上是相仿的。我们指导儿童读长篇的剧本,非但课文还要长,而且句句是口头语,演员也会把它读得很熟。背书虽不免有些强记,但是记忆的能力可以从多次背书中训练出来。

2. 背书的方法很多,如:指名背、抽签背、轮背、分组背、交互背、表情背等,错综变化,儿童一定不觉得乏味的。

反对: 1. 教育上有个原则,要使儿童养成什么习惯必先考虑这种习惯养成了对他本人有什么用处,对于社会上有什么用处。现在背书的目的,只在帮助说话和作文,尽可以不必提倡背书——用现代的话,写现代的文,给现代人看,确乎不必小题大做,多费宝贵的光阴。

2. 至于讲到记忆的训练,背书用机械的记忆,恐怕记忆没有训好,脑已断丧,以后要记也记不牢了。

赞成: 背书并非全无用处,其利有三:

1. 令儿童背诵课文可使儿童多次练习;练习多了,可以记熟文句。上作文课时,不会这也写不出,那也写不出;话没说几句,错字却占了一半。

2. 令儿童背诵课文,可得读书上音调之美,养成他们爱好读书的习惯。

3. 像诗歌等令儿童读熟了,可以随时吟唱,作为消遣,也是休闲教育之一。

反对: 三点理由,可以逐一答复:

1. 记熟字句,可用闪片抄写等练习方法,不必背熟课文。

2. 读书习惯,应从多读中训练。背诵只会养成读书缓慢的坏习惯,对于能力训练上非徒无益而且有害的。

3. 背出了诗歌,以便随时吟唱作为消遣,却有些道理,这点值得保留。好在诗歌简短的多,读了几遍,很容易背诵,而且有音韵之美,读时觉得津津有味,不会伤脑的。

赞成: 诗歌容易读熟,也容易背诵,古人所说的:"熟读唐诗三百首,不会吟诗也会吟。"可见得背书与作文有直接关系的。

反对: 1. 在从前文言时代,所读的书完全跟口语不同。那时要想用文字发表几句说话,非将文言字句讲得烂熟,把文言的话变成自己口头上的话,无法写述的。现在文体已经解放,读的书就是说的话,你要发表什么意思,尽可以拿嘴上说的一言一语记录起来便是。说话在于平时的练习,无须特殊记忆。所以背书到现在时代是没有地位了。

2. 在从前把作文看得是一件了不得的事,以为一个人作文好了,什么都变好了,非但他的各种学问都会比人高一等,并且认为他的道德修养,也比人不同,这是大大的错误。以往在科举时代,统治者想笼络人心,就用考试来欺蒙一切,于是一般文人,专在试帖中钻研,个个变成作文的奴隶。他们作起文来,又有固定的格式,那种格式非把它读熟不可,于是读者背书认为绝对的需要了。现在运用白话作文的时代,根本就无须依从何种格式。你要怎么说,就怎么说;各人的个性不同、思想不同,记录在纸上当然也各各不同。把别人作的文字,看看则可以,读熟是根本用不到。既然不需要读熟,"背"当然没有用处了。

3. 俗语所说:"熟读唐诗三百首,不会吟诗也会吟。"这好像能背书对于作文上有许多好处,实在是错误的。果然,读熟唐诗三百首,会作诗的一定也有;但读熟三百首仍旧不会作诗的必然很多;否则人人把唐诗读熟后,人人有资格做诗人了,我想绝没有这样容易。反过来说,有人从未读过唐诗的也许能作几首——在唐诗以前的诗人,不就没有读过唐诗而能作诗吗?一般人不去证明这句话的错误,反而移殖到国语科上来,好像劝告大家说:"熟读国语几百课,不会作文也会作。"他们的教育理想是记忆,不是理解,害了不少的人上它的当。现在要救救小朋友,应该废除背书了。

4. 现在的白话文,字数要比文言文长,有时背起来很不容易。教师强迫儿童一定要背,非常伤脑的。伤了脑,记忆许多有用的东西倒还值得;伤了脑,记忆那些一生一世用不到的东西,真是何苦呢(长大起来,从没有人把一课课文背出来可以换饭吃的。我也编过国语教科书,可是没有一课能够背出来的。背书实在没有什么用处)。

赞成:背书也是一种成绩。一课书读到能够背出,可以说在成绩上告一段落了。书读到未能背出,似乎责任还未卸去,当教师的觉得还不放心。

反对:背书没有用处,根本不能算是一种成绩。即使一般人认为重要的成绩,也不过是一种死成绩,而不是我们所要提倡的活成绩。大家把背书当作买卖的发票根本看错了。

赞成:背书的问题,赞成与反对两派,各有各的理由,一直辩论下去,实在是无穷无尽的。归结一句,课文必须读到顺口为止。未到顺口,已能背出,应该听其自然,不必禁止。到了顺口,还不能背出,也不必勉强。如果有的学校专以背书为目的,儿童背不出书,必须加以辱骂责打,似乎有违教育正道,大可不必。

反对:你承认一部分可背,不是绝对废除背书,那么我也不反对了。

【总结】 诗歌可以背,散文不必勉强令儿童背。

问题二十三 "默书"赞成用吗？

赞成：规定了默书，使儿童平时读书不致疏忽，而且默一遍可以胜过朗读几十遍，效果非常大的。

反对：读书的疏忽不疏忽可用默读法考查，不一定要默书。至于效果的大不大，那是各人的眼光不同了。

赞成：默书也是默读考查法之一，这种方法比较简单，人人可行，每校可行，随时可行的。

反对：1. 默书虽是默读方法之一，但太呆板，方法仅有一种，难免要使儿童日久生厌。而且每次要默书，必须使儿童读熟课文、背诵课文，实在无谓之至。

2. 默一课不知要费去多少练习的时间，如果把这些宝贵的光阴移作别用，那不是更好吗？

赞成：默读的考查对于全文的了解与否颇可用，对于字和词的错用与否不是顶简捷的方法。现在各校情形相仿，儿童作文时有很多极普通的字都写不出来，一篇文章不满百字，而错字却有几十个。默书对于预防儿童写错字确是对症下药的办法。

反对：1. 在国字没有废止以前，标准的写法必须统一，不得稍有歧异。错字、别字应得加以研究，最好是防患于未然。现在先把错的情形说一说：

第一类　多写笔画的错误：

多一笔的——如"步"作"步"，"武"作"武"，"預"作"預"，"福"作"福"等。

多两笔的——如"從"作"從"，"坐"作"垄"，"旁"作"旁"等。

多三笔的——如"咐"作"啢"，"場"作"瑒"等。

多三笔以上的——如"應"作"應"，"蝶"作"蝶"，"裝"作"裝"等。

第二类　少写笔画的错误：

少一笔的——如"是"作"是"，"見"作"見"，"汽"作"汽"，"書"作"書"等。

少两笔的——如"窩"作"窩"，"邊"作"邊"，"旗"作"旗"等。

少三笔的——如"貓"作"猫"，"饒"作"饒"，"隱"作"隱"等。

少三笔以上的——如"雞"作"雞"，"嬰"作"婴"，"盡"作"盡"等。

第三类　笔画变形的错误：

伸长笔画的——如"更"作"更"，"苗"作"苗"等。

缩短笔画的——如"有"作"冇","虎"作"虎"等。

接错笔画的——如"麵"作"麵","希"作"希"等。

改变笔画的——如"商"作"商","射",作"射","節"作"節"等。

第四类　字形的组织的错误：

左右反写的——如"頭"作"䪼","站"作"䇦"等。

位置杂乱的——如"獸"作"獸","智"作"智"等。

第五类　字形相似的错误：

形相似的——如"强"作"强","弔"作"吊","廷"作"廷","面"作"面"等。

形略同的——如"綱"作"網","蜜"作"宻","熟"作"熟","毋"作"母"等。

第六类　字音相似的错误：

音相同的——如"鐘"作"鍾","藍"作"籃","抵"作"底","揚"作"楊"等。

音相似的——如"爲"作"會","有"作"由","只"作"這","聞"作"問"等。

第七类　字义相似的错误：

义可通的——如"應"作"尤","升"作"昇","息"作"歇"等，有时可通假。

义不通的——如"皇"作"王","功"作"工","孔"作"空","少"作"稍"等。

义似误用——如"在"和"从"的错用：

（1）鸟"从"空中飞。

（2）鸟"在"空中飞往林中。

语法误用——如"吗"和"呢"的错用：

（3）门上有人"呢"？

（4）门上有没有人"吗"？

2. 错字的花样很多，虽然有人研究过了，调查过了，要知道一个比较笔画多的字，错的机会很多，实在查不胜查。一字的组织属于几部分合成的，好比一部机器用许多零件配成的一样，儿童容易把甲的零件配到乙的机器上去，就变成错字了。例如：我们常见的一个"旧"字，可有以下各种错误：

（1）头部配错　舊　舊　舊　舊。

（2）胸部配错　舊　舊　舊　舊。

（3）腹部配错　舊　舊　舊　舊。

其余头、胸两部配错，胸、腹两部配错或者头、腹两部配错，甚至于头、胸、腹三部全错的，真是形形色色，无奇不有。

3. 据我个人想来，与其调查错字的数量，不如研究它的原因。明白了原因

所在,再作进一步的指导功夫,那才有用呢。下列几种情形,或可提供参考:

(1) 观察不仔细　认生字观察不仔细,没有明确的观念留在脑里,应用时就容易错误。

(2) 订正不认真　儿童抄书抄错了或者默字默错了,订正一忽略,很容易一犯再犯,或者永远写成错字。

(3) 记忆的互缠　普通写"戈我哉成……",都有一撇,于是想到近于"戈"字的也加一撇,写"式"、"武"等就成为错字。

(4) 不明白字组　字的笔画无论怎样繁复,都由几个部首字并合起来的。儿童不明白字的结构,就容易发现张冠李戴,以讹传讹了。

(5) 贪懒不耐烦　有许多字的笔画本来不连属的,他看见写草体能把许多笔画连成一笔;于是他写起正楷来,也将不连接的笔画连起来了。

(6) 复习机会少　一个字只见过两三次,无论笔画怎样简单,终不易记忆;何况繁复的笔画,多时不温习,怎么可以希望他们不写错呢!

(7) 偶然想不起　我们成人也有这种情形,每在写作的时候,因为精神的疲倦,忽然对于某字想不起了;无法之法,只有用形似的字或音近的字来代替一下。

(8) 辨音不正确　在初次认字的时候,对于读音的正确与否就该特别注意;尤其对于音近的字更须分别清楚。

(9) 解义不切实　儿童读书认字的时候常有不求甚解的弊病;或者有许多字,在单独用时可以通假,作复词时不能通假。更有一种复合词,两个意义完全相近,但仔细辨别起来,却有不同之处,这点更须注意。

(10) 受模仿影响　教师或父母在无意中写了错字,儿童看见了,也容易写错字。

(11) 受外来刺激　有时儿童正在写字时,或受朋友搅扰或受外界刺激,注意分散后也容易写成错字。

(12) 教师不注意　儿童写错字的机会很多,订正的机会却不多,一时疏忽便会影响永久。

4. 儿童写错字的原因明白了,进一步就应该讨论指导的方法。现在把我平时常用的写几条在下面,作为参考:

(1) 采作写字教材　把容易写错的字编成有意义的句子或短文作写字教材,每次调换一种。

(2) 采作作文教材　把容易错的字作基本练习的材料。

（3）簿上特别订正　不论作文簿、日记簿、笔记簿上，发现错字、错词，由教师写个正确的字在篇末或眉头。

（4）儿童自己订正　教师只在簿上做个记号，将簿子发还儿童，令儿童自己订正。使儿童多一次学习的机会，对于正确的印象更加深进一层。

（5）儿童相互订正　如抄书、默字等成绩，可由同组儿童相互订正。因为竞争心的关系，很喜欢多找别人的错字。错字找出来了，还要写出一个正确的字矫正它，一个工作可得两次学习，也是订正错字的好办法。

（6）板上共同订正　把儿童常错的字收集起来，先令错者板书。再由全体儿童共同订正。

（7）举行错字竞赛　事前由教师选出若干常错的字，揭示在教室内，隔了一个时间，做一次默字比赛，看谁错得顶少，就是用功的学生，或口头奖励，或公布姓名，以增学习的兴趣。

（8）举行默字测验　默字测验与默字竞赛情形差不多，不过一种应用测验的方式编制，如校对测验、认字测验、正误测验、默字测验等，可予儿童矫正错字上很大的助力。

（9）采用卡片练习　将儿童屡次写错的字写在小卡片上，交给错字多的儿童，叫他常常练习，待纯熟后收回。

（10）采用闪片练习　将错字写在大卡片上，举行团体的烁闪练习。

（11）错字重复抄写　儿童错字直接订正后，很容易养成儿童贪懒的心思，以为写错字无关重要的，有教师代他订正，写不出来的字，尽可以随意乱写。这样订正，反而有害无益，不如不订正为宜。所以最好的办法，每见一个错字，令儿童重复抄写五次或十次。一则可使错字写熟，一则可令儿童减除贪懒的习气。

（12）责令自己查书　看到儿童写错字，对他说：这个字写错了，你自己想想看，在什么书上哪一课里读过的，自己翻开来查，查出了自己改正。

（13）比较字形异同　把相似的字比较一下，令儿童自己指出不同之点在哪里——字形仅有些微不同而字音、字义却大不相同；或字音虽近而字形、字义又迥然不同；或字义虽相似而字形、字音又大相悬殊的都该分别清楚。

（14）略讲字体来历　前面已经说过，我国的国字根据六书（象形、形声、会意、指事、转注、假借）造成，每逢巧的机会，提几个字出来，同儿童谈谈造字的方法，帮助他们的记忆。如"冷"字从"令"得声，故右旁该作"令"字；旧字从"臼"得声，故下文该作"臼"字；凡衣服类的字，都从"衣"旁；金属类的字多用"金"旁等。

(15) 指导检查字典　三年级以上应指导儿童检查字典,训练到一检即得为止。以后遇到疑惑不解的字或者形体难分的字,随时令儿童自己检查字典或词典。

5. 总之,防止错字方法很多,不必单靠默书。

赞成:防止错字的方法固然很多,但废止了默书,他们不注意复习,就没有记忆的机会了。俗语说的"字到用时方恨少",我却可以套一句"字到用时方知错",不用不会发现错误,自己也想不到会有错误的。如果用了默书,默了发现错误,然后叫他把错误的字改正,以后就不会发现错误了。

反对:1. 一课课文中的生字、难句并不多,为了少数的生字、难句要默写,费去不少的时间反复练习已经熟习的字句,实在有些得不偿失。

2. 要默全课,非背一句默一句不可。一面背,一面默,精神非常紧张。尤其对于能力差的人,课文背不出,勉强要他默,简直等于活受罪——小学中儿童为了默书而逃学的,我们听得多了。

3. 因为默全文,纸也费得多,时间也费得多,教师的批阅功夫也费得多,实在是不上算的笨办法。

赞成:儿童顶怕作文,其中原因虽多,写不出字也是一大因素。有了默书,可使儿童多多注意于字的写法,间接就可以作文发表。

反对:1. 学习国字,多加练习,我很赞成;唯有默写全文似可不必。因为默写全文,在社会上的用处简直可得一个零数。如果单默几个字、几个词或者几句成语、几句炼句,那也无所谓。

2. 选默的办法,在你也许认为就是默书,在我却以为不是默书而是默读练习或者单说它是生字练习也好。

赞成:好了,我等的意见、方法虽有不同,目的却相等。以后只要把默书改为默词就没有问题了。

反对:这样我也不反对了。

【总结】　默语句可用,默全文不必。

问题二十四 "练习"赞成用吗？

赞成：1. 练习的目的在于得到一种知识技能或习惯。常常练习可以养成一种直接的结合，将来应付新环境时，能够自然地反应，不必多花无谓的心力。所以说练习非常重要的。

2. 练习大概可分四种：

（1）符号的记忆练习　如国字的写法，从小学会了，一生受用不浅。

（2）技能的反复练习　如运笔的技能、抄写的技能，学会了可供眼前应用，可备将来需要。

（3）方法的变化练习　如朗读法、默读法、吟唱法、表演法等，各个方法熟练后，临时随地可以应用。

（4）习惯的强固练习　如爱好读书的习惯、读书时的卫生习惯等，养成了良好的习惯，一生方便不少。

反对：旧时教法，太重练习。儿童到校，天天只是读书、读书、读书。一个活活泼泼的儿童，读了几年书，练习多了，变成一个呆头呆脑的笨家伙了。现在提倡新的教育，特别注意儿童健康，还要来一套练习的花样吗？

赞成：旧教育用机械的练习，沉闷的反复，确乎不合儿童心理，我也反对。不过，采用新方法后，一反旧观，绝不注意练习个人认为同样的错误。现在把练习的方法，依新旧观点的不同，分别说明如下：

1. 目的　旧时练习，儿童没有明白目的，所以费时多而成功少。现在的练习，必先使儿童明白练习的目的，然后能发生学习的兴趣。

2. 计划　旧时的练习，以教师为本位，如何练法，儿童无权过问的。现在的练习，应使儿童明白练习目的，同时使他们自己计划练习的方法。

3. 实行　旧时的练习，只作死功夫，实行时毫无兴趣的。现在练习，低年级应多游戏，中年级应多竞赛，高年级才注意于自学。

4. 判断　旧时的教法只顾练习，方法的对不对，效果的好不好是不问的。所以一次一次的练习，儿童总不容易得到一个秘诀；现在的练习，必使儿童反省练习的经过，拟定将来改进的方法。使儿童练习一回，得到一次经验，增加一份努力的勇气。

反对：我不是全部反对练习，我反对特定了时间专门从事练习。因为国语教学中顶重概览和深究两项。概览是欣赏的练习,深究是思考的练习,一课国语练习的机会已经很多了,何必再定时间练习。

赞成:教学上各个阶段各有重心。概览属于欣赏,不能算是练习;深究属于思考,也不能算是练习。真正的练习,像认字练习、抄书练习、默写练习、诵读练习、默读练习、应用练习等。练习虽不必特定时间,却也不能含糊其事。

反对:根据你的说法,分别答复一下:

1. 认字练习　现在小学里采用的基本国字,字数至多两三千字。以六年工夫学习两三千字,何必大惊小怪,日常注意练习呢?

2. 抄书练习　前面说过,抄书可以兼习造句,儿童不知练习,常用的字自会练习成熟。

3. 默写练习　现在所编的书,竭力注意于字句的反复练习。儿童对于常用的字接触机会多了,自会认识,自会默写,何必杞人忧天!

4. 诵读练习　读白话文只要用平常的语调,一篇浅易的课文,读不上几遍已经能够读得顺口了。现在既然废止了默写全课,何必多用朗读呢?

5. 默读练习　默读国语教科书上的课文,训练的效能极薄的;最好的训练,应在泛读中得来;泛读不宜于课内练习。

6. 应用练习　相等于作文的基本指导,这种练习,我主张归入作文科中去指导,比较亲切而容易收效。

总而言之,我不是反对练习,我是反对特定时间练习。

赞成:1. 你的说法确有一部分的理由。不过学习一课课文,如果随便滑过,绝不会得到良好的结果。你以不练习为练习,重在自然的习得,在学习心理上说起来很不经济。练习的要素,应注意三点:

(1) 值得练习的,应多练习。儿童所读的字,虽已采用常用字汇,但编书的未必能处处顾到,我们就该选择合于儿童需要、合于环境需要的,多加练习。

(2) 比较困难的,应多练习。无论认字、读书、应用,发见儿童容易错误的应多练习。西洋常用默读诊断测验,目的就在于此。

(3) 质量欠妥的,应多练习。我们考查儿童,发现理解未能透彻,记忆未能清楚,速率未能适度,都应该加以充分的练习。

2. 刚才你所说的自然练习,等于没有练习,等于废止练习,我始终认为太时髦了。

反对:你还以为必须单独划出时间练习吗?单独练习很容易犯沉闷、过量和不合实际的需要。

赞成：对于你所提出的三个缺点，逐条答复如下：

1. 对付沉闷的办法，尽量多用变化的练习，同时注意时间的缩短。所谓变化，并不是瞬息万变之意，希望在一次练习中有三四种自然的演变。——关于国语的变化练习，优良的国语教授书中都有记载。

2. 对于过量的办法，常用默写测验、默读测验等考查儿童需要学习的是哪些。其余毫无错误不必练习的，当然绝不多费时间。

3. 对于不合实际的办法，可从改良教法上入手。我们常用儿童本位的教法，练习的目的和方法，都可由儿童决定。儿童既然决定了要练习，这练习就合于实际需要了。例如表演需要读熟剧本等。

反对：我们辩论多时。此刻可以告一段落了。

【总结】 练习必须用的，但时间不宜过长，且须加以变化。

问题二十五 "考查"赞成用吗?

赞成:儿童读了教科书是否懂得内容,是否认识字句,快慢是否适合,兴趣是否浓厚,都需从考查中得来。而且有了考查,还可以得到意外的收获:

1. 根据考查结果可以改良教材。教材过深、过浅,都足以影响儿童学习的进步。单教,不考查,不能明白底细;考查越精密,越能分析教材是否适合。

2. 根据考查结果可以改进教法。教材跟教法,是指导儿童学习一件事的两方面。考查成绩发现某项缺点,以后就可以特别注重于某项的指导。

3. 根据考查结果可以发展个性。平常用惯了班级教学,往往不能发现个性的差异,经过几次考查,便知各个人能力的高低,从而注意于个别的指导。

4. 根据考查结果可知教师程度。教师努力与否影响于儿童的学业很大。如果各年级用统一的方法考查,无须偏劳于教导主任和校长的监督,各人自会努力求进步。

5. 根据考查结果可知行政效能。如果联络若干学校举行统一考查,可知各校国语教学的成绩如何。这种客观的测量比了主观的批评,不知要高明得多少倍数。

此外优点还有,即此五点已经可以证明考查必须采用了。

反对:教学好比种树。树种在土里,是否活着可从叶子上查得出来,不必连根拔起。儿童阅读国语,调查他们了解的程度如何,可从朗读上、抄书上、背书上、默书上、作文上查得出来,不必另行考查。

赞成:1. 背书、默书就是考查。这种考查太陈旧了,不合于儿童学习的心理,因此现在要改用一种新式的考查法。

2. 新式的国语考查,可分(1)认字考查,(2)读音考查,(3)默字考查,(4)字义考查,(5)阅读考查,(6)速率考查,(7)鉴赏考查等。这种考查方法,比较地正确而便于记分。

反对:我也看过几本成绩考查一类的书,对于常用的几种考查法,不过玩玩花样而已,在学习心理上看来是极不相宜的。例如:

1. 认字考查:

第一类 圈出正字 写单字四个,一正三误,令儿童圈出一个正的:

牛　生　生　尘　　旂　旗　旗　旗

第二类　圈出误字　写单字四个,三正一误,令儿童圈出一个误字:

書　畫　畫　盡　　辨　辦　辯　辯

第三类　字形辨别　每一语句,嵌入两个形似的字,令儿童划去不合的字:

今令天天氣很好　　走路要靠左右邊

第四类　误字改正　将儿童易错的字,汇编成句,令儿童改正。

筆　墨　紙　硯　　猜　誄　遊　戲

2. 读句考查:

第一类　删去冗字　看一句,删去一个不要的字。

公雞會早啼　　大家同上到學校

第二类　删去冗句　把不要的句子划去。

(1) 有一個小孩子,孩子是小的,名叫司馬光。

(2) 爸爸种菜,弟弟来帮,弟弟也来种菜。

3. 字义考查:

第一类　留用正字　词句中夹着音同义不同的字,令儿童划去不合的字:

(1) 我一定(及)(竭)(极)力帮忙。

(2) 他(才)(再)(在)也不愿意参加了。

第二类　留用正词　词句中夹着一个意义相近的词,令儿童划去一个不合的词。

(1) 他(虽然)(然而)看了很多的书,可是记得的很少。

(2) 他(心思)(意思)很灵巧,做来实在有趣。

4. 阅读考查:

第一类　是非笔答　设正误问题若干,令儿童笔答。

(1) 老鼠捉猫,猫吓得就逃。……(　　)

(2) 老鼠听得脚步的声音,立刻就逃。……(　　)

第二类　圈出答案　印发一篇短文,后附若干选择题,令儿童将正的答案圈出。

短文为"天上有一个月亮,山上有一棵大树,树上有一只老鹰,树下有一口古井。"

求答:树下有①一口古井②一棵大树③一个月亮④一只老鹰。

以上各例,差不多都是正误混合编制,使儿童辨出一个正的,划去误的。在心理学上不是明白说过吗？要使儿童学习一个正的,不应该把误的给儿童看见。我们成人也常有这种现象,在两个相似的字中往往辨不出哪个是正的,哪个是误的。正误并列,也许越辨越加糊涂。这种考查,我认为非但无益,反而有害的。

赞成：1. 你所提出的几种考查方法,不无有些研究余地。可是考查的方法很多,不一定全是正误混用的。例如：

(1) 认字考查：

第一类　看图选字　一词附有四图,将合用的图划出。

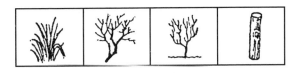

树枝

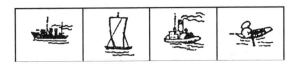

帆船

第二类　看图填字　画一个图,令儿童填一个适当的字。

第三类　默写字词　教师口述难字或难词,令儿童默出。

1. 骑竹马的"骑"字。　2. 每天晚上要睡觉的"睡觉"两字。

(2) 填句考查：

第一类　填充字词　将课文中重要的语句,摘出一句来,空着几个字,令儿童填充。

① 小羊要吃(　　)。弟弟说："你要吃(　　)。我来(　　)你去吃。"

② 牛要吃(　　),(　　)吃不到,只好去吃(　　)。

第二类　看图填句　画一个简单的图,令儿童在图下写一句话。

母鸡同两只小鸡,在场上玩。

母鸡在窝里生蛋。

(3) 阅书考查：

第一类　标点课文　印发一篇没有标点的课文,令儿童逐句加以标点。

第二类　摘述大意　将已熟的课文,令儿童笔述大意。

第三类　比赛速率　印发一篇课文,令全体儿童同时起读,在规定时间内同时停止,做一记号,看各人能读多少字数。

第四类　推究考查　印发一篇短文,末附若干问题,令儿童作答。答语不在文内找得,须由自己推究出来。

2. 关于读书考查,默读测验的方式很多,可以看几本专门的书。以上所举各例,都不是正误混合的方法,谁说不能用呢？

反对：你说的几种考查方法,果然缺点可免,可是当小学教师的都很忙碌,谁有工夫来编配、来绘写、来印刷呢？

赞成：1. 你所说的是时间和经济的问题,并不是考查的本身问题。在外国的读本中,有现成的各种考查方法附印在儿童读本中。儿童每读完一课,自己考查一下,就可以知道自己的成绩。

2. 我国一时虽不能仿行,但至少应该竭力提倡。现在再补说几句话,就是编制国语考查材料,不是随便写的,至少应注意下列各原则。否则,方法虽好,用法错误,还是得不偿失。编题要点：

(1) 材料要选重要的,不要琐屑的。

(2) 题目不可太少,应顾及计分的便利。

(3) 排列应由易到难,项目应分清。

(4) 字句要简明,不能有双关的字义。

(5) 答案要显明而确定,使计分容易正确。

反对：以后看有机会,当照着试行一下。

【**总结**】　考查应该采取新的方法,不宜单重背书和默书。

问题二十六 "泛读"赞成用吗?

赞成: 1. 一个学期只读一本国语教科书,无论如何,国语的程度绝不会进步得快的。要希望儿童国语进步快,非注意于泛读不可。泛读是广泛地看书,并不像教科书一样的精读。

2. 现在因为印刷的便利,出版物的众多。即以儿童读物而论,据最近的估计也有一万册以上。要想在短时间内看多量的书,非用泛读法不可。

反对: 儿童能力薄弱,读一本教科书尚感不能胜任,哪有余力再读别的书呢?

赞成: 你说,儿童没有能力读课外书吗?绝不是经验之谈。儿童对于课外读物的欢喜,差不多要胜过读教科书万倍。儿童的求知欲不弱于成人,他会不怕艰难地自动学习,甚至于废寝忘食呢。

反对: 1. 读书常以精读为贵。现在国语的教法,应先整个而后分析,这好比反刍动物的吃草一样。先是在短时间内把要吃的草尽量地咬,吞到瘤胃里,移到蜂窠胃里。等一下,有了空闲的工夫,再从蜂窠胃里呕出,回到嘴里细嚼,嚼烂了再咽到重瓣胃和皱胃,进肠而消化。

2. 读一课国语,先是概览等于初步吞食;再用深究,从事细细推敲,等于细嚼缓咽。教一课国语,前后要花不少时间,哪里可以分出时间来读别的书呢?

赞成: 1. 精读国语,用反刍来比喻,再好也没有了。精读又等于精选某一种菜,吃了固然可以补益身体;但多吃几种花色不同的菜,多中取利,未尝不是滋养身体的好办法。

2. 一个人食量的有限,多吃固然要消化不良,有碍健康。但一个人饮食不足,常在饥饿状态中,也不是卫生之道。我们既然知道个个儿童喜欢看书,而且看了爱不忍释,那么为什么不顺应这种需要加以指导呢?

反对: 方才所说的时间不够,尤其对于年级高的更觉得难于支配。读一课书开始要摘生字、查字典费去不少时间;第二步是讲解诵读又需费去不少时间;第三步是深究推敲,也需费去不少时间;第四步是练习应用,连笔记的工作也不能在课内完成,哪里可以分出时间来读别的书呢?

赞成：1. 课内精读,可省的时间应尽量节省。如检查无用的字典,空洞的讲解,无谓的朗读,泛泛的问答,无用的笔记等;可省的一律废除或缩短时间,那就可以腾出许多工夫来看别的补充读物了。

2. 补充读物又称课外读物,有许多学校,把它列在课外指导的——有的每天在课前或课后排定一节看书,有的规定为家庭自修之一——只要我们认清泛读的重要,时间支配可以想法的。

反对：你说课外阅读吗?他们课后已经忙碌得不可开交了。你想,每天要有日记,历史、地理、自然也需预习、复习,劳作、美术更需花大量的时间工作。还有儿童自治要办公,童子军训练要做各种活动,哪有空闲的时间来看书。

赞成：1. 儿童在课外很忙,固然是事实。但看书的重要,绝不亚于其他各种活动。你为什么轻视看书而重视别种活动呢?

2. 多看课外书,有许多利益:

(1) 使儿童获得自动阅书的基本技能。

(2) 使儿童在阅书中找寻丰富的知识。

(3) 使儿童养成阅书的正当态度和习惯。

(4) 使儿童善于利用休闲时间。

反对：课内读书,有教师指导,儿童尚且感到困难;现在叫他们在课外看书,那不是变成白费时间吗?我会看到街头书摊上有许多儿童在看书,细细一查,其中真能看书的简直百不得一。大多数的看书法可得以下几种情形:

1. 是望书的 走过书摊,向书架上大略地望了一望就走开了。他们无力看书,也没有兴趣看书,更不懂得怎么样看书。这样的提倡课外看书,还不如不提倡的好。

2. 是翻书的 拿起一本书来,只是一页一页地翻下去,翻到有图的地方稍稍停一下。书没有看懂,本子已经破了。泛读变成了翻读,有什么提倡的价值呢?

3. 是照书的 拿到了书,只用两只眼睛一行一行地看下去。对于书的内容如何,毫不注意,好像照相似的,只照到物体的外形。这样看书,仍旧没有把书看到脑子里去,有什么用呢?

我们希望一个儿童成为理想的看书者,能够摘出大纲,说出要点,而且会把书中旨趣,辨得明明白白,有什么办法可以做到呢?

赞成：办法是有的,只要努力指导,多方训练。下列各点,可供参考:

1. 要有良好的阅书习惯:

(1) 选定适当位置——地点安静,光线合宜,座位舒服。

(2) 顾及姿势正直——不偏倚,不支颐,不横卧。

(3) 保持执书距离——眼与书的距离为直角的一半,45°。

不正确的姿势　　　　　　不正确的姿势　　　　　　正确的姿势

(4) 留意眼睛卫生——不在太强或太弱的光线下看书。阅书时间不过长。

(5) 注意默读习惯——喉头不发声,嘴唇不掀动,眼步距离大,眼停次数少,回视、扫视不错误。

(6) 养成定时读书——如能每天划出一定时间读书更好。

2. 要有良好的阅书方法:

(1) 用脑多于用眼　一面看,一面想;看得快,想得快;遇有疑难的地方,不妨再行复阅一下。万一自力无法解决,就问同学、家长或教师。

(2) 要义重于细事。细节小目,能记即记,不记也不妨。对于书中大意,必须扼要记得。

(3) 求进胜于量多。多看书,过后即忘,不如对于速率上、理解上、记忆上都有进步的好。

(4) 理解急于速率。阅书求得敏速固然重要,但快而不能理解不如先求理解,再求敏速。

3. 要有良好的阅书环境:

(1) 供给优良书报。书有好坏,教师应先剔选。优良的书买到了,或用口头报告,或用文字介绍,或用揭示法介绍,以引起儿童阅书的兴趣。

(2) 供给工具书物。如字典、词典、图表、地图、画片、照片等,可备阅书时检查的,应尽量多备。

(3) 供给发表机会。单看书而没有考查,不能使儿童长期持续下去;注重考查而不注意发表,会使儿童减少兴味而养成怕读书的习惯。顶好的办法,在低年级可用故事演讲会、在高年级中可用读书报告会寓个别考查于集团活动中。

反对:讨论了好久,根本的问题还没有解决。我们要奖励儿童泛读,书从哪里来呢？现在物价高涨，买一本书就要花许多的钱；即使有了钱，书也无从购得。叫我如何提倡、如何指导？

赞成：1. 经费的短绌、书的出版少，是一时的现象，不久就会好转的。我们除了想法捐款、借贷、募集或联合几校办流通图书馆外，顶好的办法，由儿童自己编。

2. 平时作文科内练习写作，除测验考查或应付实际需要外，将大部分作文时间，都用来编书。每次作文，共同设计一个题目，等于规划一本书名。各人的写作，等于分节的叙述。末后附图说明，等于书中的插画。一次作文完毕，等于编成一本书——一本自己编的书。

3. 编成的书，汇订成册，放在本教室内给大家轮流观摩；并可送到下一级去，备他们作课外读物；更可以送到别个学校去，彼此相互调换，书就编不完、看不完了。

4. 作文以编书为目的，写作既高兴，成绩一定好，愿大家多多提倡。

反对：从泛读的提倡，讨论到泛读的补救办法，说来很充畅了。今后当注意这个问题，有机会再试行试行看。

【总结】 泛读应比精读重要，至少是相等。

结 论

小学各科各有特点，但无论推到往古，或者远及他国，差不多全认国语科为最重要。查小学课程标准上国语所占的时间几达全部教学时间三分之一。再从担课方面说，全国国民教师，担任国语的又是绝对的最大多数。看了以上几种情形，理应对于国语教学有很快的进步了，哪里知道事实上却不然。考其原因，大概不外乎下列三点：

1. 有人以为小学国语非常浅易，谁都会教，无须加以研究。

2. 有人以为国语就是国文，国文就是读书。既然同样属于读书，何必翻寻新的花样。

3. 有人以为国语是文字、语句和章节所组织，教学时只须注意字句认识、课文讲解、内容和形式的深究或应用，已经很够应付了，何分方法的新旧。

因此，国语教学直到现在还是陈旧的一套，丝毫没有进步。我们为了国语的重要，为了方法足以影响教育的重要，不能不有个彻底的改造。彻底改造的要点是什么，说穿了，只有"先综合后分析"的一句话。这种教学，为使大家容易记忆计，可以替它取个浑名，叫做"反刍式的国语教法"。

本书内容全依这个中心思想写出。方法平常，并不复杂。全国各地无论城市或乡村，无论单式或复式，无论低年级或高年级均可采用。愿各地国民教育同志都来试行一下。

沈百英著《小学教育漫谈》，商务印书馆 1950 年版的扉页

小學教師學習叢書 小學教育漫談

(39744·7)

著作者　沈百英
發行者　商務印書館　上海河南中路二一一號
印刷者　商務印書館
發行所　商務印書館　上海及各地

★版權所有★

1949年12月第1版
1950年11月第3版

基價4.5元

序

百英兄寄来这书的清样，我忙里偷闲略读了一遍。真有趣呀！我把近日来的忙统统忘掉了。仿佛同百英兄在岳坟快乐园中烫了半斤绍酒，点了一碟醉土蚨，买了三块豆腐干，一包花生米，坐在长櫈上小酌。一面尝素火腿的美味，一面谈着彼此工作的甘苦，真有趣呀！

大家都拿书本当做精神食粮，那么读书就好比吃东西了。说到吃，有好多种方式。大排宴席，座上有了陌生的贵宾，拘拘束束地听着主人"请请请"的命令，从冷盆起，经过热炒、大菜、点心到一品锅饭菜终局，好像在训练班受训。尽多山珍海味，吃来如同嚼蜡。读高深严正的名著，很像这种宴会。读完全书，掩卷时竟会惘然。

有些书像老朋友聚餐。全是熟人，不拘礼节，拣爱吃的菜点。菜到开动，眼光像闪电，筷子像雨点，牙齿像夹剪。狼吞虎咽，几分钟后，菜碗中连汤滴都被肃清。一面是高谈阔论有说有笑，即使没有醉倒，大家都吃得醺醺欲睡。这种书不多见；只有几本有名的小说，读后可能发生这种快感。

寒酸的小学教师，在生活难的现在，充其量只够在领到薪津时，上小酒店喝半斤起码绍酒过过瘾。白天里嘴巴忙，夜晚又是手忙。忙里偷闲想进修，还是看些小品文来得轻快有趣。我们不能每天吃素火腿下酒，那么每天在课余时间读一、二段小品文吧。所以我特地把百英兄这本书当做岳坟的快乐园介绍给各位同道兄。

民国三七年三月三日(1948年3月3日)俞子夷在浙大平等观楼上

目 录

一　教师的修养　226
二　漫话"福"字　228
三　教师乐　230
四　教书匠　231
五　严格训练　232
六　教室管理的"三快"——眼快、手快、脚快　233
七　满地字纸的处理法　234
八　论顽皮儿童　235
九　教法上的学店　237
十　教学手段　238
十一　玩的教育　239
十二　论成绩　241
十三　举行竞赛怎样可免妒忌？　242
十四　常识教学的正当目标　243
十五　敞开智慧之窗　244
十六　切不可用假动机　245
十七　相信鞋样的笑话　246
十八　忘记也是教育　247
十九　写别字　248
二十　读别字　250
二十一　土音和俗字　251
二十二　用土话写文章　253
二十三　错用成语　254
二十四　毛笔和钢笔　255
二十五　算术成绩究竟坏不坏？　256
二十六　成人班的算术　266
二十七　劳作成绩　268

二十八	论废物利用	270
二十九	不会黑板画是谁之咎？	272
三十	小学音乐教师不容易当的	273
三十一	略谈有体无育	274
三十二	教学演示的过去、现在和未来	275
三十三	儿童的精神食粮	278
三十四	A字消毒牛奶	279
三十五	儿童读物的昨、今、明	280
三十六	儿童自编的读物	283

一　教师的修养

有好多的人，好多的书，都谈到教师修养的问题；有的提出几个原则，有的举出几个例子，各说各的，各有充分的理由。实际归纳起来，并不繁复，只要把自己的右手举起来看一看，一切可以包括无余了。

第一，看到那只大拇指，在"大"字上想一想。当个教师，应有伟大的志愿，远大的眼光。怀有"先天下之忧而忧，后天下之乐而乐"的性情，才能仰不愧于天，俯不怍于人。

第二，看到那只指指①，就在"指"字上想一想。当教师的应具指导的信念，应有指导的方法。对学习，是指引大家运用巧妙的方法，入自动学习的门径。对训练，是指引大家遵守共同的秩序，到自助助人的境域。

第三，看到那只中指，就在"中"字上想一想。当教师的应有中心的思想。看了甲种书，以为甲的主张对；看了乙种书，又以为乙的主张对；听了甲的言论，以为甲派是合理，其余都要不得；反过来说，听了乙的言论，又以为乙派是正宗，其余都是邪说。教育没有中心思想，打不起一个造就人才的图样，怎么可以谈建设国家呢！

第四，看到那只无名指，就在"无名"两字上想一想。当教师的担负建国的责任，专做基层的工作。一面又受到微薄的报酬，很少有人注意到这种职务的伟大。当了一世的小学教师，等于做一位无名的英雄。这虽是社会待人的不合理，但我们当教师的，就应该以无名英雄为己任，以无名英雄的作风为作风，那才见得教师精神的伟大。

第五，看到那只小指，就在"小"字上想一想。当教师的应有小小的技能。例如教材应该怎样编著，应该怎样活用；教具应该怎样创制，应该怎样运用；说话应该怎样入情入理，态度应该怎样不卑不亢。凡属小学教师应具的小小技能，都应该学习一些。

五个指头分别说过了，我们再把它合成一个手掌，在"手"字上说一说。当教师的虽有多方面的修养，但归纳起来，只要注意"着手成春"一句话。因为教师等于医师，医师偏重于肉体的医治，教师偏重于精神的医治。凡百毛病，只要

---

① 指指，即食指。——编校者

能够做到"着手成春"四个字,于心就安了。

以上说了许多话,也许有人以为太抽象,不切实际,那么我们还可以伸一只左手来说一说：

第一,看到小指,很容易想到它的小巧玲珑,暗暗地指示我们对于行动要灵活,对于思想也要灵活,无论对人对事,都要有玲珑乖巧的应付,才能胜任而愉快。

第二,看到无名指,很容易想到它的艺术身份(因为戴戒指的,往往把戒指的重任请它担负。戴戒指含有装饰的作用,装饰就是艺术)。我们看到这只指头,就该想起教学应含艺术的意味。教态要富艺术,说话要具艺术,应付要合艺术,一位神乎其神的老教师,就等于一位艺术家。

第三,看到中指,很容易想到它的特别加长,暗暗地指示我们必须有个特长。无论你担任什么年级、什么科目,除通常应该知道的学识外,更需要对于其种爱好的科目,有个特长,然后才有新的进步,才有教学的兴趣。

第四,看到指指,很容易想到它的职务繁重,暗暗地指示我们进修必须多方面注意。无论办理校务、管理儿童、解决疑难、批订课卷,在在都要具备起码的常识。

第五,看到大拇指,很容易想到它的壮健硕大,暗暗地指示我们身体必须十分健康。因为教师的工作,非常繁重,没有健全的身心,无法担任这种职务的。

我们看到右手,从大拇指看到小指,表明应从大处着眼;再看到左手,从小指看到大拇指,表明应从小处着眼。两手看过了,各方面都做到了,就是很完善的修养方法。

二　漫话"福"字

俗语说得好:"大难不死,必有后福。"小教同仁,经过这些大难,躲过炸弹、避过惨杀、熬过饥饿,总算获得一个不死的身体,我想大家必须都有后福。

不过,我们想想,过去有什么福呢?以前在抗战期间,穿的是破衣,吃的是糙米,住的是着地①,这三句韵语,很够为我们小教同仁写照了,究竟福在那里呢?我们再就"福"字来讲,更会使大家哭笑不得。你看,"福"字的左边不是一个"衣"字吗?这件衣服粗看远像个样,细细一查,却少了一个纽襻,十足的形容大家穿的是破衣。再看"福"字的右上半,不是"一口"两个字吗?这意思分明是说薪水所入,只能糊过一口;而且这个口字中间,空空如也,一点吃的东西也没有,很够形容吃不饱的现象。末了看到那个"田"字。"田"就是田地,可以当作住的代表。说起我们住的又很可怜。那个"田"字直起来看,不是像扇窗吗?那扇窗上只有四个窟窿,连一方玻璃也没有,你想住得舒服吗?当小学教师的衣也破,食也苦,住也无,所谓大难不死之福,究竟福在哪里呢?

大家不必急,且听下面分解:在抗战期间,我们小教同仁为国家民族而牺牲,生活苦些是应该的。那些场面阔绰、衣食丰足、生活超过理想标准的是不应该的。我们担任小学教师的应该有个正确的思想,就是不能以小我的物质享受为福,而以大我的共同享受为福,那才是"福"字的正当看法。过去,我们在物质上虽然苦些,在精神上却有一种报酬;一个人能够领受这种报酬,心上就有不小的安慰;有了安慰,就有超等的洪福。

我们担任小学教师的,不论校内外,儿童看见了,总是向我们深深地一鞠躬。就是儿童在小学里毕了业,升入中学或大学了,有的在社会上服务了,老师不认识学生(学生年龄渐长,容貌改变很多,当老师的不容易认识他们。反过来,因为老师年龄大、变化少,所以学生很容易认识老师)。学生看见了老师还是恭恭敬敬地向你打招呼,这种光荣的报酬,不是比了穿一件华丽的衣服更威风吗?

还有一点,当教师的同时也是社会上的领导者。现在国家正待建设,建设必须造就人才;人才的培养,不能逃过小学教育的一个阶段。我们担任基本的

---

① 着地,原文如此,不详。——编校者

文化工作者,现在苦心指导,将来人才造成,国家建成,回想到现在之苦,一定觉得津津有甜味。那种苦后回甘的精神报酬,不是比吃了鱼翅海参更有滋味吗?

我们为国家培养人才,干些神圣的事业,既不负于人,又不愧于心。白天虽是劳苦些,晚来必能安安稳稳地睡一觉。一个人能够天天安稳睡觉,不是比住洋房、做恶梦的好得多吗?

我不是有意向大家打趣,也不是学着《伊索寓言》的话,说什么葡萄吃不着是酸的。我们站在做人的立场上,站在小学教师的立场上是应该这样想的。至于大家生活的清苦,苦到水平线以下,那是战时的特殊现象。不久的将来,必然会得改善。不过到了改善的时候,我们仍旧不能认为物质的享受就是福。因为物质的享受,有时反会惹祸,有时反要受害;即使无祸也无害,至多不过得到一种俗福,绝不能认为真正的幸福。真正的福是什么?是一个人能够得到精神上的安慰!

三　教师乐

旧式的社会里，说起教师就会联想到是一种坐"冷板凳"的职业。这"冷板凳"三个字，充分地说明了教师过的是清苦的生活。这种情形，直到现在还有许许多多的人这样想着。但实际上不能这样想。

因为无论什么话应该从两面看看。当教师的是不是只有苦没有乐？我并非作阿Q想法，事实上，当教师的确也有乐的。你看，一般天真烂漫的孩子，有病的不到校里来了，到校的个个笑容可掬，活泼可爱的小天使，你善意地同他们接近、接近，能使你返老还童，能使你却病延年，世界上有哪一种职业可以同它媲美呢？

至于学校中的生活常常随着时代的变化而变化，差不多天天在新鲜的空气中呼吸，只觉得新奇而不会厌倦。我们眼看这般"英雄有为"、"后生可畏"的孩子们，天天在发育，天天在长进，得天下英才而教育之，哪得不乐呢！

孩子们在校毕业后，或升高级学校，或在社会服务，在路上碰见时总是深深地一鞠躬，并且清脆地叫一声某老师。这种精神上的报酬，也是出了钱买不到的。谁说当老师的不乐呢！

当老师的虽属苦事但应在苦中求乐，好比种田的、做工的不能不在苦中求乐一样。唯有能在苦中求乐，才合于心理卫生的条件，才能享受真正的幸福。

四　教书匠

社会上有一种职业，是做匠人的，像铜匠、铁匠、泥水匠等，他们靠了技术生活，并不推究什么原理；换句话说，就是只知其然而不知其所以然的。如果一个匠人而能兼懂原理和技术，就不称为匠人而称为工程师了。

我们担任教育工作的人，如果单单依书教书，有字识字，只有技术上的传授而没有原理作根据，那么也只配称为教书匠，而不能称为教师。反过来说，如果一位教师不仅能够传授知识；并且能够明了为什么要这样教导，那才可以配称为教师，而不称为教书匠。

更有进者，当一个教师，不但是教书的问题，而且是教导的问题。例如一个孩子来校时很粗鲁的，教师要养成他各种优良的习惯。换句话说，当教师的不但要有知识的传授，更要有精神的感召。并且教师与儿童的关系，不仅在短短的几年授业时间，应该顾到儿童的终身利益。

所以同样称为一个师。工程师、医师、律师等和小学教师也不同的。建筑制造要请工程师，工程师的对象是物件，在某种物件工作完成时，工程师的责任就告结束。生病服药要请医师，医师与病人发生的关系，也只限于病期为止。辩护案件，要请律师，律师和当事人的关系，也只限于案结为止。惟有教师与儿童的关系，是全面的，而且是整个的。所以"万世师表"中的"师"，不是工程师，不是医师，也不是律师，而是担任教育工作的教师。

五　严格训练

新生招考的那天，一位家长请问校长先生："贵校的办学方针如何？"校长先生很爽快地回答说："敝校注重严格训练。"

新生入学后，坐在狭窄的教室里，近百个人只有小小的一个窗口，那窗口里流通的不是新鲜空气，而是烟灰煤气。坐的桌椅，既不合适又不牢固。小小一块破黑板，又装在耀光的地方。一群活泼泼的孩子，处在这种环境里，自然要感觉不舒服，发生吵闹的情形了。那时，校长先生就不管三七二十一，来一顿大大的训斥，骂得淋漓尽致、狗血喷头。这就是校长先生的第一种法宝，叫做"严格的训"。

一次一次训得多了，孩子们听得麻痹起来反而越闹越厉害。校长先生就把第二件法宝拿出来，捉几个可怜的孩子痛打一顿，这叫做"严格的练"。

那位校长先生只知道训是训斥，不知道训有指导的意思，有积极的意思。他也不知道"练"字跟千锤百炼的"炼"字不同，炼铁成钢非打不可；训练孩子绝不是打的。那位校长先生如果用老法子训斥下去、锻炼下去，许多小性命也许都要被他送掉了。

六　教室管理的"三快"——眼快、手快、脚快

一个有经验的教师踏进教室，会很敏捷地扫堂一看。当他的眼光在每个儿童脸上溜过的时候，无声地给儿童们一个警告："我来上课了，大家赶快注意！"

第一是眼快。根据生理上的自然趋势，每次上课时，开始几分钟注意未能集中，教学效果一定不好；过了十五分钟，学习达到最高峰，此后就要逐渐下降了。机警的教师，必须在这个紧要关头，设法把这个下降的趋势，重新引到高峰上去。这引渡的方法，就靠教师技巧的高明了。

有些儿童上课时两眼注视两旁，或者两眼呆着不动，有经验的教师就知道他们心不在焉，赶快插用一两个问题提醒他们。

其次是手快。所谓手快，并不是迅速地伸出手去打人。一种是把秩序不好的某组或某排，赶快在黑板上打个记号；那被打记号的一组当然立即遵守秩序；就是别组别排，自然也会机警地遵守秩序了。

另一种手快的办法是对付高年级儿童的。他们不希罕教师在黑板上打什么记号，教师就可以用秩序记录簿把某组某排不守秩序的人记录起来。

再次为脚快。所谓脚快并不是教师跟儿童赌气，跑出教室去；是叫你劳动两腿，赶快跑到不守秩序的某儿童旁边去。说也奇怪，无论是哪一个会吵的儿童，经你一跑过去，会立刻安静下来，简直话也不必多说一句。

以上所说的眼快、手快、脚快，在运用上应有前后的次序。先用眼快，向儿童打个招呼；其次用手快，把团体的秩序记录起来；最后不得已时，才用脚快的方法。

这三种方法在年级高低上也有一个分别。在低年级里，希望多用眼快方法就能见效；到了中年级里，才参用手快的方法；到了高年级里，才偶或采用脚快的方法。

至于以上三种方法，同时用尽，无法维持秩序时，最后可用的法宝，只有一个装聋作哑的不响办法。教师不开口、不上课，也不走开，呆看他们吵到如何程度，吵到什么时间。必须等全体寂静了，才说几句不应该胡闹的话。等他们有上课的要求后，才开始上课。这种无声的惩罚效率也很大。

七　满地字纸的处理法

"整洁"虽是一个形式，但是最容易使人注意。我们参观一个学校，对于该校办理得好不好，一时不容易看出来；但是一见满地字纸，那就留着一个不好的印象了。

满地字纸，非但参观人看了不满意，办学的人也不会满意的。可是虽用三令五申、谆谆告诫，儿童们还是阳奉阴违，说归说做归做。教师不许儿童抛字纸，结果还是字纸满地。

实际上，我们要谋学校整洁，不许儿童把字纸随地抛弃，不是一件简单的事，更不是说几句话可以奏效的。

第一步，我们先要调查字纸的来源：看那些字纸中顶多的是什么东西？其次是什么东西？如果调查的结果是算术草稿，那么就应该叮嘱儿童算术起草要用草稿簿，每页记着页码，不许随意扯下。来源断绝了，地上自然会整洁起来。

第二步，我们要调查抛弃字纸的地点，看什么地方抛弃字纸顶多，就在那地方放置一个字纸笼。起初为了养成整洁观念计，必须多备几个纸笼，到后来习惯已经养成了，慢慢地把纸笼减少，减到无可再减为止——因为多设字纸笼，等于多设垃圾箱、多造茅厕一样，绝不是好办法。

第三步，我们要调查哪一个儿童最喜欢抛弃字纸（或从字纸上考查，或从无意中留意）。发现了某某儿童，先是警告他；他不改，再罚他专拾字纸几天，这样他就不致再偷懒了。

要养成一个良好的习惯，虽然要花费一些金钱，花费一些精神，可是在校誉上，在儿童教育上是值得干的。况且一种优良习惯养成以后，就可以长期享受幸福，忙碌一时也是值得的。

八　论顽皮儿童

当教师的碰得巧就可以教到几个顽皮儿童。

顽皮儿童大概可分两种：一种是受着家长的委屈，心理上非常痛苦，一时无法反抗，只能把一肚子的委屈，向同学身上发泄，逢人便打骂起来。这种儿童，如果加以责罚，就使他心理上越觉得受委屈，他越是受委屈，越要向同学发泄气愤。这种儿童，几经训导，无法矫正，我们与其称他为顽皮儿童，不如称他为委屈儿童或者竟称为问题儿童。

顽皮儿童中另一种情形，完全跟上一种儿童不同。他喜欢用幽默的说话、滑稽的态度或机巧的动作来诱骗人家、作弄人家，使人家上他的当、受他的欺、引得大家狂笑一场。这种儿童，在行动上虽然要触犯校规，要伤同学感情，但动机是纯正的，并不是恶的。本题所说的顽皮儿童，就是指这一种。

顽皮儿童，有充沛的精力、有灵敏的头脑、有活泼的行动。因为四周的环境，不能发展他的才能，于是只能做出顽皮的行径了。有时装一个可怕的鬼脸，有时使一个滑稽的眼色，有时说一句俏皮的说话，有时喊一声惊人的吼叫，颇有"独乐乐，不若与众"的气慨。

顽皮儿童虽不同于顽劣儿童，但在学校内、在教室内，往往要妨碍群众、扰乱秩序，使教师觉得头痛，使同学觉得可恨，应该想什么方法处置呢？

如果采高压的手段，用消极的惩罚，结果虽能使顽皮的沉默寡言，呆若木鸡，但是把一个灵敏的人变为迟钝，把一个机智的人变为懦怯，也不是教育上应该走的道路。

现在有个困难问题了：让顽皮儿童自由发展吧，会使管理上发生问题；如果管束得太严吧，会埋没儿童的天性。那么可有什么方法，能够两全其美，确是一个值得研究的问题。

大概顽皮的儿童多数是聪明的（虽然聪明的不一定都顽皮）。聪明的儿童，应该用聪明的方法处置他。你说顽皮儿童会装鬼脸使眼色吗，你就用演戏的方法，使他有所发泄；你说顽皮儿童会说俏皮话吗？你就可以叫他创造笑话；你以为顽皮儿童会做滑稽的动作吗？你就可以利用团体游戏叫他出场表演。总之，我们要使顽皮儿童皮而不顽，只要顺应他的需要，发泄他的蕴藏好了。

再有一点，真正属于顽皮的儿童——并不是顽劣的儿童，的确多数是聪明的。聪明的人对于功课一学就会,明白后就无心再学了,于是顽皮的行径不绝地发生。我们要诱导顽皮儿童入于正轨,别的办法不易做到时,增加顽皮儿童工作的一点,不妨切实试行。不过,加重工作并不是令儿童死读书,因为死读书会伤脑筋,非徒无益,反而把聪明的儿童变为愚笨,不可不审慎!

更因为顽皮儿童多数是聪明的,会创造、会计划、会处理事务克服困难,我们就可以利用这个优点,叫他做领袖。一面发展顽皮儿童的天才,一面使群众蒙其益而不受其害。

总之,顽皮儿童在体育上是健康的,在知育上是聪明的,在德育上是机警的,这种儿童就是天才儿童。世界的改造,国家的建设,社会的繁荣、家庭的振兴,全靠这般天才儿童。我们应该重视天才儿童,优待天才儿童;对于真正的顽皮儿童,切莫当他是顽劣儿童而等闲视之。不过必须特别注意,真正的顽劣儿童,也不能当他天才儿童。真伪之分,全靠聪明的教师来鉴别。

九　教法上的学店

前些时候，大家对于私立校长收了巨额学费，并不嘉惠于儿童与教师，认为这种举动近于商人开店，题个浑名叫做"学店"。

谈到学店，大家都切齿痛恨，以为万万要不得；哪里知道，自己不满于校长开学店的，本人却在教室里开起学店来了。

什么叫做教法上的学店呢？要说明这个教法学店的情形，先得说明开店的情形。

好比有人开了一家杂货铺，甲的顾客要买一把双十牌牙刷，老板就把双十牌的牙刷拿给他，同时跟他讲明牙刷的价钱。另外有个乙的顾客要买一块三角牌的毛巾，老板就把三角牌的毛巾拿给他，同时跟他讲明毛巾的价钱。买牙刷的跟买毛巾的两个人，需要不同，老板无须介绍他们互相商酌，这是开店的通常情形，大家并不见怪的。

现在把这情形搬到教法上来，那就错了。我们常常看见甲儿举手问一个问题，教师就直接回答甲儿，并不把这个问题介绍给全体儿童。等一会儿，乙儿举手发问了，教师也同样地处理，直接回答乙儿，并不介绍于全体。好像知识的传授，全以教师为中心，等于商店中出卖货物一样。

现在因事实的困难，不能废除班级制，那就应该尽量发展班级制的优点。这种学店式的教法，必须早早取消；对社会化的学习法，要多多加以研究和实施。

十　教学手段

以往只听得"教学方法"一个名词,从没有听到过"教学手段"的话。现在时势变了,差不多变成"教学手段"是正宗,"教学方法"反而退避三舍,默默无闻了。

方法与手段有什么分别呢？方法是一面根据儿童心理,一面对准教育目标,用种种合理的步骤进行的。手段是不顾儿童心理,不顾教育目标只逞一己的好恶而用的。

例如跨进教室上课,必使儿童寂静方才教学。只懂教学手段的人,或用敲打威吓,使儿童怕受体罚而勉强静一静；或用糖果奖品,使儿童贪得利益而勉强静一静；这些都是一种不光明的手段。

明白教学法的人就不同了,他用沉默的态度,先向全体严密地察看一回,然后用有力的问题,巧妙地说几句话,使儿童自然而然地寂静,自然而然地把注意集中起来。

以上两种方法,虽然同样地能使儿童寂静,可是用手段是卑劣的,不能持久的；用方法是高明的,有永久价值的。我们希望以后人人都用教学的方法,而绝对不取教学的手段。

十一　玩的教育

儿童的生活，只有"吃""睡"和"玩"三大工作。儿童的好玩，等于吃东西、等于睡觉，无法灭除它的。可是我们考查历来的教育，往往反乎人性，不肯让"玩"字露一露头角。

没有兴办学校教育以前，姑且勿论。单就废科举兴学校以后，大家以"业精于勤，荒于嬉"为广告的。因此家长送子女入学，只希望读死书，不希望玩。如果某校让儿童玩了一次，就会遭到严厉的批评，连连苛责教师；有时竟被家长反对，不许子女继续入学。

可是"玩"，终究是顺乎人性的。一个儿童在小学六年中，是他心理与生理发展最快的时期，而"玩"就在这个时期里构成儿童生活的全部（睡，要在晚上，吃，所占的时间很少，因此敢说这一句话）。所以"玩"的一道，自然会被先知先觉者提倡，自然会慢慢地插足到教育上来。

"玩"初次插进校门的办法，是分别上课和退课（从前私塾里没有上课和退课的）。规定上课时应该专心于学业，下课时才得玩几分钟。同时，因为玩的初步开放，定的规则很严，定的时间很短。

现过一个时期，对于玩的价值，认识得更加清楚，知道玩是一种活泼而自然的活动。它不但有助于儿童身体的发展，并且对于儿童的兴趣、思想和行动各方面，都能在玩中表现。一面玩，一面能在不知不觉中体会到权利和义务的分野，明白自治和合作的需要，并懂得"克己复礼"的重要，于是把玩的趣味搬到课内来了。

最初渗进的科目是体育。原来上体育课时也是一板一眼，不许儿童自由活动，不许儿童笑的。到后来才划分三分之一的体育时间，准许儿童玩，指导儿童玩了。其次被渗入的科目是音乐。起初也是教师唱，儿童听；或者儿童唱，教师听；只有严正的学习，绝无玩的意味；到后来才有歌唱表演的花样采纳施行。当初，社会的文化程度尚属幼稚，对于玩的意义，还不能确切了解，所以对于体育、音乐的教师，大家怀着轻视的心情，比不上别科教师容易被人尊敬。

再隔一个时期，社会的文化渐高，教育的理论渐新，对于儿童的认识逐渐进步，对于玩的好处，更加清楚了。有人竟把儿童的宇宙是玩的宇宙看待。无论外界的刺激、内部的冲动有多大，如果含有玩的性质的，便能唤起儿童的爱好，适应儿童的需要。反过来说,无论哪种活动中,去了玩的成分,便成枯燥乏味,与儿童格格不相入。

有了这样的认识以后,非但把"玩"放进课内,而且渗透到各科中去。上国语科,有识字游戏,有简单表演;上常识科,有实验观察,有生活表演;上算术科,有练习游戏,有买卖表演;上美术、劳作科,也有特备游戏应用的出品;上音乐、体育科,有更多自由游戏的时间。玩的教育,从此大放光明,不再被人轻视了。

我们看了教学的演进,把玩的成分逐渐踏进教育的圈子里面来,依此推测,很可以断定将来一定要实施以玩为中心的教育。姑且举个例来说说看,好比聚儿童于一堂,经多数决定要表演一出台湾人的生活,就以戏剧为中心,达到演出为目的。一切教材教法,不分课内和课外,不划分某科和某科,浑然一体,全以生活为中心。一出戏演完了,或者再来一次野外参观;参观完了,再来一次制造应用物件。总之,玩就是教育,教育就是玩,玩和教育打成了一片。教育上如果真能做到这一步,才可以真正叫做"实施儿童本位的教育"!

十二　论成绩

一个小学教师,每天除了上课以外,花费时间顶多的是批改成绩。一个校长,要考核教师的能力,需看教师批改的成绩如何。行政当局要评定学校的良莠,需看儿童成绩的好坏。差不多不办教育则已,要办教育,非注重成绩不可。

固然,成绩是重要的。但必须认清什么样的成绩,才是好成绩。例如一幅图画,由教师画好了,令儿童照样模仿的,尽管儿童画得怎样好,我们认为毫无价值。因为这种成绩,只能算是教师的成绩,不是儿童的成绩。

又如一课国语,由教师教过了,令儿童读熟背出,甚至于全课默得一字无误。这种成绩,也认为毫无价值。因为现在读口语体的白话文,无须读熟,无须背诵,更无须默出全课课文了。现在某儿能背能默,不过是一种死的成绩,我们也不取。

又如一篇作文,由教师出了题目,令儿童写述,写好了交给教师批改。其间学习的方式,只有一个儿童对于一个教师的关系。反过来说,教师指导的方法,也只有个人而不是团体。这种成绩,我也认为没有什么大价值。因为新教学法中,一切的学习应该兼顾团体性的;所得的成绩,也该含有团体的价值。这种私的成绩,我们也不取。

总结一句话,我们不要"师"的成绩,也不要"死"的成绩,更不要"私"的成绩;我们需要的,是团体的、活的、儿童本位的成绩。

十三　举行竞赛怎样可免妒忌？

为了鼓励儿童的学习,我们常常采用竞赛的方法。但是为了竞赛,儿童间彼此往往发生妒忌。竞赛是好的,妒忌是不好的。我们应该为了竞赛不顾妒忌呢,还是为了防止妒忌不举行竞赛;或者更有其他的好办法,能够一面竞赛一面不发生妒忌。

据个人的意见看来,竞赛是值得提倡的,而且必须提倡的。妒忌的缺点或有办法可以避免。例如下列三项,可供大家参考一下：

(一)竞赛应多分组

比赛的方法应有变化:有时全体,有时分组;有时以男女分别,有时依年龄分别;更有依功课的内容而加以分组比赛,如爱写大字的分为一组,爱写中字的分为一组,爱写小字的分为一组。因竞赛的组别多了,优胜的人就多。大家都有了优胜的机会,怀有妒忌心的人就少了。

(二)竞赛应重团体

其次要注意:竞赛的胜败,不以个人为本位,而以团体为本位。同一年级里可以分了几组比赛;同一学校里可以举行级际比赛;同一地方可以举行校际比赛。大家为团体而努力,优胜的力量并不专属于一人,其骄傲心就可以减低,一方面也就不会对于某某几个人发生妒忌了。

(三)竞赛应注意客观

因竞赛而发生妒忌,大多以为评判的不公。如果对于竞赛的材料和竞赛的方法有客观的标准可依据,妒忌心自然不会发生了。

十四　常识教学的正当目标

常识科怎样教？据经验告诉我，多数是把课本讲一遍、读一遍，希望孩子们把课文装进脑子去；到了第二天，再令孩子们背一遍、默一遍，希望把昨天吃进去的吐出来，看看消化了多少。

这种常识教学，等于把棉花从外国买来或者从本国收来的棉花，整包整包地、原封不动地寄存在堆栈里一样。下次出货时，也是整包整包地、原封不动地取出来。这样的教学，把知识当作固定的物质，把人脑当作空洞的栈房，真正太无常识了。

我们希望的常识教学，不是把货物落栈，而是将原料进厂。整包的棉花，进了厂门，经过工人的拣选，经过机器的弹纺，再经过人工的染烘，经过机器的织造，送出厂门的不是棉花而是棉布了。两种物质，虽然形式不同，但已经将不能用的原料，变成能用的东西了。这是常识科的目的，也就是常识教学的主要方法。

所以常识教学的改良决不是枝枝节节的更改，而是根本观念的彻底改造。如果这种旧观念不加改造，常识科是无法改良的。

我们希望各校的常识教学，非但不做囫囵吞枣、原物搬出的把戏；而要做成精明的工厂，有严格管理的工厂。一种原料进门后，应该检验物质是否纯粹，有没有伪品掺杂其间；经过人工的手续时，要调查各项工人曾否受过训练，已否达到熟练境地；将要经过机器时，要注意机件有无损坏，油污是否去净？各部门、各场所都有合理的管理，才会使出品精良，到处受人欢迎。

举个实例来说，好比我们要研究棉的生长。第一步要注意观察精细；第二步要注意研究周到；末了注意试验正确。然后对于棉的生态、习性、应用都能彻底了解，才能使认识正确、记忆强固、应用便利，成为活的知识，成为有用的知识。

常识教学，看来虽很平常，似乎无须多加研究；但因目标不合，往往误入歧途，使教后等于不教，而且比不教还不好。担任常识科的教师们，请细细地研究一下。

十五　敞开智慧之窗

有人造间屋子,四周没有一扇窗,满室变成漆黑一团,使几个活泼可爱的孩子生活其间,既无新鲜的空气,又无明朗的阳光,试问:这些孩子还能活下去吗?

同样的情形,如果一个小孩只给他吃、给他穿,而不给他一些文化,把一切能够吸收智慧的窗户一齐闭塞起来,试问:那个小孩能够快快活活地活下去吗?

房屋上的窗子,对于身体的健康关系很大;智慧上的窗子,对于精神的健康实际也毫无二致。所以新式的建筑,特别对于窗子大大地注意。恨不得把所有的壁面全部变为窗子。新的教育对于孩子也是一样,恨不得叫孩子生活在大自然中,敞开智慧之窗,尽量使孩子呼吸文化的空气,沐浴教育的阳光。

智慧的窗子是什么?就是五官——视官、听官、嗅官、味官和触官。五官中尤其对于视、听两官更为重要。我们应该鼓励孩子保护那两个器官,勿使染尘、勿使损坏,等于窗子的不使蒙灰、不使击破一样。同时还要使许多智慧之窗尽量地利用,好好地利用,使获得的知识正确,得到的经验亲切。

现在的学校教育简直等于塞住了窗口,在暗室里大谈其空气、阳光的重要。讲的人舌敝唇焦,听的人仍漠不关心。各科中尤其对于常识一科更易作为例子。我们叫孩子学习常识,原想使孩子接触自然,获得真切的知识;不料谁作的主张,一定要用教科书,而且一定要死读教科书,那就糟了。

常识科顶好的学习法须注重观察,观察就是敞开智慧之窗。凡是可以看的一定要让孩子亲眼去看;凡是可以听的一定要让孩子亲耳去听,其他可嗅、可尝、可触的,都该让孩子亲自体验。这样,才是真正的常识教学,才是适合孩子生活的教育。

十六　切不可用假动机

见到暑期课本中,有"研究军用动物"的一课。教师指导时特别地道,先来一个引起动机。

问:这几天你们吃过蟹吗?蟹有几只脚?前面的两只脚像什么?是真的刀还是假的刀?古代人打仗用的刀,你们见过吗?在什么地方见过?用刀打仗有什么缺点?后来发明些什么?弓箭的优点在哪里?现在打仗还用弓箭吗?现在用什么了?除了死的东西还用活的东西帮助打仗吗?除了人以外,还用别的动物吗?

说了一大堆的话,才转到题目上来,这样算是引起动机吗?不!决不!这样的引起动机只能认为说废话。教育上采用的引起动机,必须从旧的经验上,可以唤起学习需要的;说一句话有一句话的作用;发一个问题有一个问题的价值,绝不是随便说说,就算合法的教学。例如本课研究军用动物,不妨就从军用品入手,或从战争故事入手,不必悬空八只脚从蟹的谈话出发。我们不要以为地道的教学必须引起动机;引起动机的方法,必从远处慢慢地引来。引起动机的话,有时只需三言两语便能达到目的,甚至于说了一句有力的话也行。

教学的方法在于活用。有时儿童已经有了很好的学习动机,我们不必画蛇添足,多说废话;有时动机已由前课埋伏了,本课中不说一句话也不妨。总之,假动机切不可用,切不可用!

十七　相信鞋样的笑话

有个自以为聪明的人,到鞋店里去买一双新鞋。样子拣中了,价钱讲明了,正想摸出钞票时,忽然说:"糟了！糟了！我的鞋样没有带出来。"

店伙问他:"你买的鞋是自己穿的呢,还是代别人买的?"聪明人说:"那当然是我自己穿的。"店伙笑着说:"既然是你自己穿的,不妨把你的旧鞋脱下来,再把新鞋穿上去试一试就行了。"聪明人说:"因为我有精确的鞋样,我一向相信这鞋样,非拿来量一量不可。"店伙无法说服他,只得让他回去。

这虽是一个笑话,可是我们在教室里上课,难免没有这样的聪明人。好比把日常应用的计算材料放弃不用,反把那种无用的习题,一个一个闷闷地做下去。有时把社会上的实事实物,不去细细地看看,反把那种死板板的教科书一课一课地读下去。放弃活的鸡呀、猫呀不看,捧住死的鸡图、猫图胡讲,这不是和买鞋相信鞋样,不相信自己的脚一样吗?

现在有人提倡活教育,什么叫做活教育,就是必须相信你的脚,不要相信你的鞋样。

十八　忘记也是教育

"孩子啊！那课常识书还不能背出吗？短短的一课书，只须读了十多遍就该背出来了，你怎么笨到这样地步，读了大半天，还是拖泥带水地背不出来？今天的那课书背不出，那么昨天背出的一课书还记得吗？"我们常听得家长很殷勤地问她的孩子。

"妈！我因为那课常识书太没有滋味，读了几十遍还是读不熟；昨天背出来的那课书，也因为当时勉强记得，到今天又忘了。"孩子这样地回答他的母亲。

大家都以为教育的作用，在使人记得记得；好像记得越多，就是学得越好；哪里知道忘记也是教育。一种毫无滋味的常识课文，读了不如不读，记得不如不记得。如果一定要把这种无用的课文读熟、背出，那完全是浪费儿童的时间，消耗儿童的脑力，简直是得不偿失的。

我们可以查查常识教学的原则：一切知识，应从实际经验中获得，决不能单从教科书中读来。老实说，死书读得越多，读得越熟，真正常识的获得一定反而越少。一个人固然要把值得记忆的多多记牢；但是那些不值得记牢的，应该快快忘记。有了忘记，才能把应该记牢的记得越牢。因此，这里敢大胆地说："忘记也是教育。"

十九　写别字

当一个教师,对于手头常用的字,不能写错。例如"低年级"不能写作"底年级";"成绩"绝不能写作"成积"。文字有共通性的,你写什么字,必须使大家认得才能发生作用,否则只能备自己一时作参考,绝不能公开使用。

不过,所谓别字不别字,也有严和宽两种不同的看法。例如一个"切"字,严格说起来,必须写成从七从刀,绝对不能写作从土从刀。但宽一点说,也不把那从土从刀的写法,认为别字了。更如一个"成"字,照例应该从戊从丁(戊是斧头,丁就是钉子,用斧头敲钉子,敲牢就成功了)。现在有的字典中收入六画内而不入于七画,好像这个字已经变为当官的别字了。

还有很多的字,几经变迁,把原意失去了。例如一个"恖"字,上像脑门,下为心形,"恖"字应该写成这样的;但现在通用这个"思"字,而不写这个"恖"字;如果有人仍写这个"恖"字,也许要认为写别字了。

还有一种说明声音的字,只求记音正确,用字尽可随便。例如形容钟摆的声音,可以写作"的得的得",也可以写作"滴滴滴滴",还可以写作"滴答滴答",只求音近字正,随便取用一个,大家并不认为写别字的。

更有一派人,最喜欢写普通不常见的字,表示他的博古通今。例如一般人喜欢把"悬"字写作"県"字(古时首字写作"眢","県"字就是"眢"字的倒写,断首倒悬就是悬的本意),故意使人看了不懂。在经验少而没有学过文字学的人看来,很容易认为写别字,其实并不是别字。同时反证批评的人学养未丰,尚须多多加以进修。

最近,盛行了广告字后,对于"国"字的写法,更多奇奇怪怪的花样。有时一个极普通的字,写来会使人莫名其妙。写的人站在图案的立场上,以为非如此写法不可,并不认为写别字的。

自从注音符号通行后,有人主张用注音符号代替国字,把中国字改为拼音文字。从此,大家对于文字的学习看得更淡了。

社会上有许多名小说家、名教育家,他们写起稿子来,写起信来,往往用同音的字代替正确的字,他们不过为了省力,并没有别字的观念存乎其间。

总之,我们在没有废除国字以前,别字不别字还须注意研究。正确可靠的国字,应该怎样规定？古来的各种字体,为便于儿童教育应用,应否加以限止？在何种场合得写广告字、破体字和简笔字？我们要防止写别字,对于这几个问题不能不先行决定。

二十　读别字

写别字和读别字,同样地认为误人子弟、为害匪浅。但是希望一个教师不读别字,跟希望教师不写别字,同样的困难,同样的不简单,理由是:

第一,国字中有一部分是形声的组织,好比:

1. "河"字从水取可声——一形一声。
2. "盧"字从皿取卤与虎声——一形二声。
3. "碧"字从玉从石取白声——二形一声。
4. "竊"字从穴中取米,取卨与廿得声——二形二声。
5. "寶"字从宀从玉从贝,取缶声——三形一声。
6. "考"字,从"老"字省形,取丂得声。因为难字多形声字,于是看到陌生的字就用形声法来推算,不期然而就会变成读别字了。例如:

1. "滑稽"应读如"古几",看了字形,容易读如"划几"。
2. "忠告"应读如"中古",看了字形,容易读如"中高"。
3. "公帑"应读如"公倘",看了字形,容易读如"公奴"。

第二,现在的国字读音,应以最近所改正的《国音常用字汇》为准。某字字典中注某音的,就应该读某音,否则就是读别字。但是现在读起书来,是否都用国音? 用国音是否都依《常用字汇》? 好比一个"和"字,因用法的不同,有好几种读音,对于国音没有研究的,很容易变成读别字。

第三,一个字一个字的读音,有《常用字汇》作标准。但联合许多字组成的词或短语,有时读音就有变化了。例如:花篮儿三字,来本注成"ㄏㄨㄚ　ㄉㄧㄢ　ㄦ",连起来可读"ㄏㄨㄚ　ㄉㄚㄦ"。我们不懂得词调的变化,仅依字面教教,又误认为读别字了。

要避免教师读别字,顶好的办法,在教师用的指引书里采用注音国字的办法。每字旁边注出正确的读音,使教师依符号求声音,依声音读字音,然后可以防止读别字。

二十一　土音和俗字

有位教成人班的教师,发生一个问题,来同我商量。他说:"我的班上有几个学生曾经在旧式的私塾里读过书,有几个曾在新式的小学里读过书,因为荒废已久,再来补习一下。第一天,就来作难我,要我告诉他们写'掼'东西的掼字,做'掮'客的掮字,怂恿别人做坏事的'撺掇'两字的方法。我教了一个再来一个;他们起劲起来,接二连三地要我教这一类的字,那时我有些受窘了。我想,继续教他们吧,非但时间不允许,而且有许多字,写也写不出;如果不教吧,也许他们目的在于掂掂我的斤两,这真使我为难了。"

我对他说:"这种情境,在过去旧式私塾里,或乡间小学里,常常会碰到的。据动机方面看,他们是求知,倒不是一件坏事。如果借此作难教师、轻视教师,那就错了。唯一的办法,在第一次发生这种情形时,就跟大家说明下面几点:

第一,所有的字不能代表一切的说话,有许多声音,口上说得出,字写不出的,尤其是各地的方言土语,并没有人发明许许多多方言字、土语字来记载它。

第二,因为所有的话不能全部用国字写出来,于是就有人提倡单用符号记载声音的办法。现在有一种注音符号,学会了就可以标注一切的音。

第三,国字既不能代表一切的语音,注音符号又不懂,那么需用这一类的字时有什么办法呢?唯一的办法,只有用意义相同的字来代替了。例如'掼'字写不出,可写一个'摔'字;'掮'字写不出,可写一个'扛'字。

第四,如果连同意义的字也写不出,那唯有采用字典注解的办法,把许多说话一齐写出来。例如不会写'掼东西'三字,可写'丢掷东西'。只要写来使人能够看懂,就算达到目的。

第五,我国的字,历来逐渐增加,在汉初有三千多字,唐时有两万六千多字,宋时有三万三千多字,清朝编的一部《康熙字典》有四万七千零三十五个字;现在离《康熙字典》时代已经很久,新出的字一定不少,总计约在五万字以上。我们在短短的时间中,绝不能把所有的字一起学完;即使学完了,因为日常不需要它,也没有什么用处。所以我们不必单在识字上用功夫,只求记得常用的字,便于手头应用就够了。

第六,手头常用字,究竟有多少,各人的研究不很相同。大致少在一千多至三千,已经足够了。我们希望个个人能记得三千个常用字,而且常常使用它们,生活上已经很方便了。不识得几个俗字,不会写几个有音无形的字,老实说,没有什么了不得。

第七,我们不会写俗字,不是教师的本领低。反过来说,会写俗字,也不见得就是教师的本领高。

讲过上面几句话后,想来可使民众折服了。不过话得说回来,我们也该先做几桩研究的工作:

(一)希望有个研究机关,好好地编一部《俗字典》或《通俗词典》,以备随时翻检。

(二)调查民众常用的字,看已否完全收纳在民众课本里。有缺,应该设法补充。

(三)考察当地的土音土语,补充些口头常用的词。例如:北京人说'瞧',广东人说'睇',宁波人说'相',无锡人说'瞟',苏州人说'张',常州人说'望',山东人说'瞅',各地把常用的字,随时教导,作为标准常用字外的地方补充字,这也是一个补救的办法。"

二十二　用土话写文章

一国的语文应该把它统一起来，这是毋庸置疑的。可是在现在语文尚未完全统一时，应否在目前有宽容的余地，似乎值得研究一下。

第一，对于儿童的作文，认为可以解放。我们常常碰到儿童对于某个意思想到了，不会用标准的语词，只会用土话说出来；那时，我们该用什么态度对付他？应该让他用土话写呢，还是应该先问明了教师才准许写上去。据作者想来，作文的目的在于发表情意。我们只求用意适切，思想正确，就是用几句土语土词也不妨。好比本地人说惯的"揩台子"，北方人应该说"抹桌子"或"擦桌子"。儿童写了"揩台子"一定认为不合，作者以为大可不必。

第二，对于成人的作文，也认为可以解放。因为在非国语区域里，成人的读书，只求其能识几个常用字，能写几句常说话，已经心满意足了。我们不必管他写的是国语，还是土语。而且民众互相传达情意的，都是同道中人，大多数又是同乡亲戚，用了方言土语写出来，也许更能传神，更觉得亲切有味；如果一定要强迫他们写标准语，或者反使看的人弄得不明不白。

二十三　错用成语

我们为了说话的简练，为了文章的美丽，常常要采用一种成语。例如：说明一个人发怒的情状，与其用许多语词，用许多曲折来表达，不如用一句"怒发冲冠"的成语。非但彼此都能明白，而且大家觉得亲切有味。

因此，在小学里到了五、六年级，读的国语课文就该加进许多常用的成语；在作文课里，也希望儿童能写几句成语。

但是讲到采用成语，问题就来了。我们常常看到儿童的作文成绩，有许多成语用来似是而非，使阅卷的人无法着笔修改。下面举一个旧的故事，虽然形容过分，但也不能不引以为戒：

在昔军阀时代，有一个军长，被人请去演说。他开口便说："我今天见到渺小的诸位，想来诸位一定很荣幸。诸位费了宝贵的光线，来听我隆重的演说，我心中真是十二万分之一的感激！我的话虽属寥寥（他读"谬谬"）几句，诸位浅薄的耳朵听了，或许要笑脱下巴吧！"只看上面短短的几句话，简直没有一句可通的话。

大家把五、六年级儿童的成绩翻一翻，一定可以找到不少的例证。我们对于这种情形，应该想什么方法处置？个人以为必须注意两点：

一、在教学国语课文时，每逢成语，必须把成语的原意或成语的故事讲个明白，使儿童不致误用。

二、在作文的基本指导时，使儿童举例练习，看他们真的会用了，才准许他们写到文章中去。

二十四　毛笔和钢笔

我国向来用惯毛笔的,新近才用铅笔和钢笔。这三种笔中,以自来水钢笔为最进步,最合于现代的需要。可是在小学里,还是墨守旧法,不肯舍弃毛笔而用钢笔。即使用铅笔做算术,用钢笔打草稿,总认为是不正式的写作。这是一个传统的观念,至今还不能打破。

要知道从前的人不肯用铅笔写、用钢笔写,为的是铅笔和钢笔都是舶来品。我们为提倡国货计,不能不忍痛牺牲利器不用,仍用这种呆笨、麻烦而且容易染污的毛笔。现在铅笔和钢笔,都有国产出品了,这点旧观念应该从速打破。

有人以为用毛笔写字,可以保持永久;用铅笔或钢笔,都不能达到这个目的。要知道小学生写的东西,写过便算,无须乎把它保存起来,这点,我们不必顾虑。

照新教育的眼光看来,文字是一种工具,这种工具应该使它简单化和大众化,才能使全民都来应用。你看,要用毛笔写字,必须注水、磨墨、蘸笔、费一大套麻烦的手续;而且在夏天墨干了,必须再做一套注水磨墨的功夫;到了冬天,墨冻了,更须额外添出一套呵冻温墨的手续;一节课应写的字并不多,玩一套麻烦的手续,倒费了不少时间,怎么可以养成现代化的人,适应现代的社会生活呢!

现在社会上人事日繁,写作渐多,应用的东西越简便越好。放眼看看各商店、各公司,能用毛笔写字的有多少？我们学校里还在专门练习毛笔字,将来怎么可以适应社会生活呢？

毛笔字固然也有它的长处,我们并不想取消毛笔,以后永远不用毛笔字。我们的希望,只想使大家多用些硬笔字——铅笔或钢笔。

或者有人要说,钢笔固然比毛笔写得快,可是毛笔便宜钢笔贵,买一支钢笔起码要抵几十支毛笔。这话不错。不过,你得通盘打算一下,一支便宜的毛笔,能用多少时候？用几支毛笔的钱来买一支钢笔是否合算？还有一点,我们花钱令子女到校受教育,是希望少花钱而得到用处少的本领呢,还是希望多花一些钱而能得到更多的用处？这些问题都是值得考虑的。

二十五　算术成绩究竟坏不坏？

一

星期日上午，有五位小学教师到舍间谈天。他们大都是新教师，对于教学方法颇感兴趣；见有新出刊物很喜欢阅读；有时发生教学上的困难问题就喜欢向人问。这种前进的少年教师，真是可爱之至！

那天，他们谈起算术的教法，起初总以为很容易教的，到后来，越教越觉得困难重重；现在非但教得儿童怕学，连教师也怕教了。其中最大的原因就是儿童的成绩太坏。

不错，成绩坏是要不得的。我们教导儿童的目的，就在想法帮助儿童的成绩好。不过，我们要研究这个问题，必须把这个问题剖析开来，细细地查一查，究竟儿童的成绩坏到怎样地步？

第一位教师报告说："我教儿童学算式题练习，并无什么困难，只有教到难题就没有办法了。我在指导时，一步一步解释给儿童听，问他们懂不懂，他们都点头表示懂；我再问他们可有什么地方不明白，他们一个也不举手，显然是完全明白了。可是我用相类的题目给他们算算，就会发生莫明其妙的错误。这样教下去，简直令人头痛！"

"究竟是哪一种难题呢？"我好奇地问他。

"我教的是六年级，为了预备升学起见，特定在教科书外，再加以补充练习。我出的题目是：鸡和兔养在一只笼里，数数它们的头有一百个，数数它们的脚，鸡比兔多三十八只，问：鸡和兔各几只？这类题目，简直普通极了，儿童们见了竟会瞠目结舌，无所措手。试问以后再教些深的题目，叫他们怎样挨过日子呢！"

"哈哈！你错了。"我不禁爽然地说，"你先该知道这类题目是不是算术题目？试问：鸡和兔会养在一只笼里吗？谁看见过能养一百只鸡和兔的笼子吗？鸡和兔怎么样数法？是否数了头还要数脚？头脚数过了，是否还不能分清鸡有多少只，兔有多少只？数的人是近视眼吗？是瞎子吗？是呆子吗？近视眼和瞎子一定可以分清鸡和兔的不同，不必请教别人计算；如果是呆子，他数过了头和脚，还要请人计算鸡兔各几只，那么我们不必上呆子的当，跟他去啰嗦——这虽是说说笑话。可是一切难题，都是不合实用的。既然不合实用，何必计算呢！

此刻,我可以郑重地对你说,儿童不会做不合实用的难题,不能算成绩坏。"

二

第二位教师说:"我所说的成绩坏,除了难题不会做有同样的情形外,还有不会排式子的问题。平常我教儿童学算,总是先讲例题,再讲式子,等他们对于式子明白了,然后把草稿练习一遍。现在个个儿童犯同样的毛病,一题到手,没有把字句看得清楚,就动手瞎做。聪明的还会证验一下,看结果合不合,再费工夫重做;愚笨的简直不问错和不错了。

排式子非常重要,不会排式子就等于不会计算。反过来说,式子会排了,就是草稿中略有错误,也可以原谅他们。要知道,我们学校里教算术,不仅是教他们学得怎么样加怎么样减,最重要的是教他们怎么样看了一个事题,会依了次序一步一步地想。对于曲折多的事题能够求出整个的关系。算术是训练思考的,练习排式子,就是最好的训练思考法,你想重要不重要!"

"哈哈!你又错了。"我仍旧用先前的态度对付他,"原来,我们在小学里教算术,目的在于训练思考呢,还是养成他们有计算的能力? 请你查一查课程标准,再谈下去。课程标准上第一条就写着:指导儿童了解日常生活中关于数的意义培养他们数的观念,并没有说到训练思考的话。并且在教学方法第四项中又规定着:解决问题的计算法,应当从儿童的经验以及常识来证验,不必多用论理的分析。式子的排不排,有什么关系呢?"

计算是解决日常生活的问题,试问日常生活中需要计算的时候,有哪些机会要排式子? 买萝卜青菜要排式子吗? 买肥皂草纸要排式子吗? 上大公司去买日常用品,伙计们除开一张发票以外,要排式子吗? 银行钱庄里,进进出出全是些钱的计算,他们需要排式子吗?

社会上用不到排式子,学校里偏要教排式子,这教育究竟是什么教育呢? 你爱护儿童吗? 儿童并不需要那些劳什子。你顾到社会吗? 社会上也不需要那些装饰品。你为训练思考吗? 他们将来究竟会不会思考不得而知,现在被你搅昏了脑子,却是千真万确的事实。你愿牺牲排式子呢,还是愿意为了排式子牺牲儿童?

退一步想,你或者要说:排式子并不是一个人的主见,也不是新近的发明,早在几百年前,欧美各国已经注重排式子了。自从笔算到了我国以后,向例是注重排式子的。现在走遍全世界,除非不用笔算,除非在小学校不教事题;要教笔算事题，无有不教排式子的。难道我们教了排式子教错了吗？

历来注重排式子，欧美人已经觉得不合了，现在他们教儿童练习算术，只注重计算的正确与否，至于式子的排不排，并不认为一件重要的事。即使练习一下，并不是在低年级里，就需学习；也不是在容易的习题中，需要练习；更不是每题必须排式子。他们认定排式子，不过在许多计算技能中占一个极小的位置。我国模仿欧美，采用笔算，他们由觉悟而改良了，我们为什么不改呢？

再退一步想，就说排式子有相当用处，可以训练儿童的思考。但是必须在逐步试算后，才能排列起来，编成一行有组织的式子。通常除非是一种算法简单的题目，无须打草稿，就能排出式子来；其余手续较难的，都须先打草稿后再排式子。现在说儿童不会排式子，也只有一半缺点，怎能说是全部成绩坏呢！

此刻总结一句话，对于不会排式子，绝不能称他成绩坏。

三

第三位教师说："我所说的成绩坏不是不会做难题，也不是不会排式子，却是背不出公式。学习复名数，对于十寸是一尺，十升是一斗，十六两是一斤，六十分钟是一小时，度量衡时等的进位率，必须熟记明白，才能计算事题，才能应用于社会。这些不像难题的不合实用，也不像排式子的可省手续，却是计算中无可避免的必要条件。现在儿童们竟有背不出，或背错的。成绩真是坏到透顶了！

不但这样，在练习欧美复名数时，更加纠缠不清了。要他们记熟：1 呏是 2 码，1 码是 3 呎，1 呎是 12 吋。再记熟 1 加仑是 4 夸脱，1 夸脱是 2 品脱，1 品脱是 4 及而，1 及而是 5 安士……儿童个个弄得头晕眼花，连一种单位也记不清了。

此外，还有计算百分，有百分的公式；计算利息，有利息的公式；计算面积，有面积的公式；儿童记不熟初步的公式，将来怎么样可以记熟代数、几何等数千百个公式呢？"

"这一点，你又错了。"我带着似真似假的口气对他说，"公式是从事实中归纳出来的，并不是先有公式后有事实。那些十寸等于一尺，十升等于一斗、十六两等于一斤等，应该从实际的量、实际的盛、实际的秤中学习，使儿童经过多次反复，自然而然地记熟；绝不能只教儿童记熟公式，不去实际地量、实际地盛、实际地秤，就教儿童计算事题；如果不明白这道理，那就无怪儿童记不熟了。

至于外国度量衡并不是必须学习的。你查课程标准教学要点第五项，明明说着：'外国度量衡单位以及外国货币的认识跟计算，各地方如果需要，可酌量增加。'换句话说，就是各地方不需要，可以不增加。什么地方需用英美制的，可以教些英美制；什么地方需用苏俄制的，可以教些苏俄制。倘有需要，当地的儿童，对于该国制度，一定常有接触；接触多了，自然不难记熟它的进位率了。

如果那地方并不需用外国度量衡，你也把各国的度量衡教他们，环境不合，生活不宜，难怪儿童记不熟了。即使你花苦功教儿童记熟，试问：记熟了有何用处？无用的东西记熟后，在教育立场看来有何价值！

至于百分的公式，也只有'母数×成数＝子数'的公式顶合实际应用。为使儿童了解这个公式计，可用买东西打折扣的事实向儿童说明。就是不记得公式也没有什么关系。其余求成数、求母数等，只可以在算法上当作翻翻花样，实际是毫无用处的。利息的公式，也是一样，只有'本银×利率×期间＝利息'一个公式顶有用处，其余都是没用的。要记熟等这公式可用儿童储蓄来练习几次一试，就明白清楚，以后永远可以不忘记了。

讲到求积的公式，什么正方形的面积为一边自乘，三角形的面积为底边乘高折半，圆形的面积为半径平方乘圆周率等，这些材料，在小学里不过略得一些常识，不能看作重要的知能。儿童能懂更好，不懂也无妨大体。因为学得这些简易的几何常识，绝不能应用于量田量地。换句话说，你如果真要实地测量，只知那些常识也无用处的；如果你不要测量，学来竟毫无用处。只要你放远一些眼光看看，开通一些想想，对于公式的记熟不记熟不必看作天经地义，以为非记熟就认为成绩坏了。

总括说来，我国的度量衡，只要从多用中求得纯熟，不怕不记得。外国的度量衡，可以不教的就不教；必须教的，也和本国度量衡教法一样，从多用中求得纯熟。至于百分、利息等公式，只依社会需要，学得第一种公式。这一个公式从事实中加以证明就能懂得，并非一件难事；其余附带的几个公式，简直可以不记。

万一你以为这些公式都与计算有关，对于练习上都有很大的用处，那也可以分列几张表，备随时检查之用。好像打电话时，检查亲友的电话号码一样；何必花费不少时间，硬硼硼地把它记熟呢！

所以此刻又可以得到一个小结论：儿童记不得公式不能认为成绩坏。"

四

第四位教师说:"以前几位先生的话,因为都属于教师方面的主观,算不得儿童的错误。我可以报告一个实情,全属于儿童方面的缺点,你总无可袒护他们的不是了。

实情是算法的错误,形式有好几种:

一种是公式记错。应该先乘除后加减的,他们记不得这条定例,算错了。

一种是进位记错。有的多记,有的少记,结果都不能求得正确的答案。

一种是出于疏忽。或者把6字当作9字,把0字当作6字,把加号认作乘号,把÷号误作+号等。

算术以正确为主,错误的总不能不认为成绩不好吧!"

"对于这一点,并不是我喜欢唱别调,实在也不能真正认为儿童的成绩坏。"我带着俏皮的口气对他说,"因为错误是人生常有的事,只要问这些错误是否常常发现。如果常常错误,而每次错的情形又相同,那的确是成绩坏;否则,偶然发现一些错误,或者每次错误的情形各不相同,那是可以原谅的,可以设法矫正的,不能断定他是成绩坏。

对于常常错误的人,认为头脑不清,能力不够;严格地说,就不能插入这班程度中与其他儿童同时学习。所以与其说他成绩不好,不如说他程度不合。与其说他的成绩太坏,不如说学校的编制不合理。

对于常有错误而情形相同的人,应该查出错误的原因何在,设法加以个别的订正,不应该听他常常错误,而只说他成绩不好。

对于偶有错误而每次情形不相同的,那是出于一时疏忽,只须在细心从事上加以训导,经多方面注意,多次规劝,不难把这些缺点改掉,不必认为真正的成绩坏。

要考查算术成绩的好不好,应该放大些眼光看,绝不能因为偶有错误,就认为了不得的大事。好比一个善于作文的人,偶然写错了几个字,不能就批评他成绩坏。一个善于写字的人,偶然写了几个帖体字,也不能就批评他成绩坏。

因此,我又得到一个小结论,关于算法上偶有(偶有两字须特别注意)错误,不能算是成绩坏。"

五

第五位教师说:"我认为成绩坏的情形,不是偶然的疏忽,却是日常的缺点。

这缺点也许不仅敝校如此,一般儿童都有这样情形。就是看儿童的练习簿,不是添注涂改就是模糊不清;不是杂乱无章就是前后脱节。总之,看到这种簿子,一定会使你发生草率、难看、无秩序、有难以下笔批订之感。——这些应该算是成绩坏了吧!"

"这或许有些够得上说成绩坏了,但……"

"你又想唱别调了,请你站起来呼吸一下,清清脑子再说话。"那第五位教师有些不服气地预先表明他的态度。

"但是我也有我的意见,"我仍然不怕他们反对,把我的理由继续发表下去。"我以为这是表面成绩的不好,并不是骨子里的毛病。普通一般人很容易把表面成绩认为真成绩,并不追究这种成绩到底有没有价值。好比看到儿童画的图,不问他是否出于创作,或者出于临摹,只依画面批评,断定说是某张画得好,某张画得不好,你能佩服吗?算术成绩的好坏也是一样。

我们当然希望儿童的算术簿子,本本是清清楚楚,写来处处有秩序。一个等号,写来上下两线同样长,同样阔。一个草式,写来个位对准个位,十位对准十位。用铅笔,不浓不淡。排次序,不疏不密,一看就觉得清楚、悦目、合格式,有发生形式优美之感。可是,事实上不见得这样容易,所以即使有些不整洁,也只能认为小事,不能认为全部成绩不好。

因为,算术科有算术科的目的,儿童能够计算正确,而且敏速,那么这些簿子不整洁的毛病,只好认为一个小问题,不必大惊小怪,一概抹煞,把它当作坏成绩看待。

而且,簿子不整洁的毛病,绝不是单在算术科内细心指导可以获得成功,必须在其他各方面同时注意,才能改良这种习惯。看到一个算术簿子不整洁的人,必然对于读书笔记、常识笔记也不整洁,对于自己的抽屉书包也不整洁,甚至于对他的衣食住等一切生活,也不会顾及整洁。习惯已成自然,更改很不容易,我们必须费大力、耐时间,方能渐渐地把它养成一种好习惯。因此,算术簿子的不整洁,是儿童品性的不好,不能单说是算术成绩不好。

此刻,又可以得到一个结论,对于簿子不整洁的情形,不能认为全部的成绩坏。"

六

这五位教师听我发表这些话后,大家不约而同地说:"不会做难题,不算成绩坏;不会排式子,不算成绩坏;不记得公式,不算成绩坏;甚至于方法算错了,也不算成绩坏;簿子欠整洁,又不算成绩坏。我们认为成绩的各方面都不好,你却一概不以为然;试问:怎么样的成绩,才算好成绩呢?反过来说,你以为在哪一种情形之下,才算真正的坏成绩?"

"据我看来,儿童的数量经验不正确,是成绩坏;儿童的思考方法不清楚,是成绩坏;儿童的计算速率不饱和,是成绩坏。"

"什么叫做数量经验不正确?"一位教师好奇地问了。

"那是说不尽说,只能略举几个例子。"我趣味地说:"好比讲到长度,你问他们一尺有几寸?竟可以不加思索地回答你,一尺当然是十寸咯。你如果考查考查他们对于尺的经验是否正确,那就会知道他们的经验实在靠不住。我来告诉你一件事实:有一次,在二年级里讲到尺的时候,我也问儿童一尺有几寸?几寸合一尺?儿童个个含有骄傲的态度,好像漫不经心的样子。后来我把报纸裁成狭条,每人分发一条,叫他们把一尺的长度扯下来。在扯的时候,居然也颇费斟酌,有的嫌别人太长,有的嫌别人太短,大家都以为自己的经验顶正确。我把各人的纸尺收集起来,蘸了水排成一行贴起来,儿童看着也会好笑起来。怎么同样的一尺,长的比短的相差有三倍多呢?——从此儿童对于尺的经验,被我拆穿了。

这是一个例子。同样的情形,我们试过好几回,儿童对于算法虽学过不少,但对于基本的数量经验,实在太差了。他们看了一方地不知有多少亩;看了一棵树,不知有多高;看了一条鱼,不知有多重;抄一本书,不能估计应费多少时间;做一只纸匣,不能估计能容多少谷。诸如此类,处处可以表现儿童的数量经验太差。

数量经验是算术的基本,基本没有打好,谈什么难题不难题呢!所以,此刻可以得一结论,说:儿童没有正确的数量经验,才是成绩坏。"

七

"什么叫做思考方法不清楚?"又一位教师问我了。

"思考,就是俗语说的转念头。思考不清楚,就是不会转念头,或者说是念头转得不得法。我们时常见到儿童计算事实题时,许多人举手问:这题目用加法还是减法?用乘法对吗?用除法对吗?好了,算术上只有加减乘除四法,如果我告诉了他们,他们简直不必计算。不告诉他们吧,他们简直不会算,这是一种真实的情形。

还有,他们看见了题目,不问怎样算法,总是拿起笔来在草稿上胡乱地涂:先试试用加法,觉得加法不对,再用减法;看看减法也不对,就用乘法或除法。总之,他们不明白这个题目应该用什么方法计算,只是盲目地乱撞。偶或被他们撞通了,只能说是机会凑巧,不能作为思考正确。我所说的成绩不好,这也是一种情形。

还有,他们看见了题目,依了次序做去,实际上并无什么错误。不过为了起草时有些小错误,或因草稿模糊而弄错,以致答数凑不正确,证验无法证验。自己因为思考不清,判断不正,认为方才算错了,反三复四地重做,结果仍旧做不出来,这也是一种情形。

总之,儿童思考不清楚,才是成绩坏。"

八

"什么叫做计算速率不饱和呢?"又一位教师怀疑地问我。

"那又要谈到课程标准的话了,"我爽直地说,"课程标准目标第三项上说:养成儿童计算正确迅速的习惯。计算的正确和迅速是同样的重要,已经规定得很清楚了。

计算应该正确,大家都已明白,而且无论哪位教师都看得很重。惟有对于计算速率方面,很容易忽略。以为计算只须求其正确,不必顾到迅速,实在是不对的。我们在社会上做事,无论在哪一方面对于数量的计算,必须顾到迅速。买卖东西要迅速,结算账目要迅速,在银行钱庄上服务,要注意计算迅速;在大小公司里服务,要注意计算迅速;现在学校里教算术,只注意正确,不顾到迅速,必然变成闭门造车,出不合辙。

讲到迅速,各人不同的。有人能在一分钟内做完二十题,有人在一分钟内只能做完十题。如果能力上只做十题的,无论如何,不能做到二十题,这十题就是已经达到饱和状态了。我们指导儿童学算,在速率方面,必须使各人达到饱和的程度。好比能做二十题的,现在只做了十八题或十九题,还没达到饱和程度,应该继续练习,务须达到二十题的标准。对于能力上只能做到十题的,他已做到十题了,我们就不必再花无谓的时间,教儿童继续练习。

现在学校中,往往只认教科书为唯一的教材。上课时除教科书外,不加别的补充教材。教师为敷衍时间起见,就想出抄题目、起草稿、排式子、写答案,或者再费一番誊清的工夫,实在是无聊之至。而且,照这样教下去,非但不会把儿童教好,反而要把儿童教坏了——养成儿童迟慢和敷衍的坏习惯。

总之,计算速率不饱和是真正的成绩坏。"

九

我说了以上的话,五位教师听了,不再辩证了。我乘此机会,又发表一些意见:"要说现在小学里算术成绩坏,是无可讳言的事。但是坏在哪一方面,各人的见解不同。诸位以会不会做难题,不会排式子,不记得公式,算法偶有错误,簿子欠整洁,当作坏的成绩。我却以为数量经验不正确,思考方法不清楚,计算速率不饱和为坏成绩。各人观点不同,教法就有差别了。

诸位试从社会应用方面看,有了正确的数量观念,有了清楚的思考方法,有了敏速的算法,是不是比了会做难题,会排式子,会记公式有用处?偶有错误,簿子不整洁,是不是可以原谅?反过来说,基本没有打好,单学些形式,对于人生有什么用呢?

还有一点,数量的常识,可用注入的方法在短时间内说明的。对于数量的经验,非令儿童自己体验不可,非有长期的继续训练不可。对于事题的算法,该用分数算或利息算,可以一说就明白的。惟有思考的方法,能令儿童一看见题目,立刻想定用什么方法做,依哪几个步骤进行,非由儿童自己磨练不可,非有长期的继续训练不可。对于计算的正确方面,可用实物教具图表等辅助的。要使儿童计算迅速,非由儿童自己熟练不可,非有长期的继续训练不可。惟其训练不易,所以可贵。因此,我敢说正确的观念、清楚的思考、迅速的计算,比了难题、式子、公式、小错误、簿子不洁等为重要。我们要评判成绩的好不好,就该从这些分别上确定。"

"据你这样说,我们并没有不好的成绩,以往所教的都不错了吗?"五位教师好像讥讽,又像打趣地说。

"那也不能这样说吧!你们认为坏的事实上并不坏;你们没有注意到的,只要回想一下:数量观念是否个个人正确?思考方法是否个个人清楚?计算方法是否个个人迅速?你能答个是,就是成绩好,否则就是坏。"

"经你反复一说,此刻明白了。你以为坏的,我们教过的儿童,的确都有这样坏成绩;你不以为坏的,我们早就认为坏了。儿童有双重的坏,真是坏到透顶了。"

"那也不能这样说。总之,我不以为坏的,你们也不必当作坏成绩看;我以为坏的,大家应该把这弊病去掉。切实做去,自然有好的成绩产生。"

"要去掉坏成绩,得到好成绩,可有什么方法可供参考?今天时光不早,拟改日再来领教!"

"大家是同道中人,彼此不必客气。诸位如果不嫌小弟浅陋,不妨随时枉顾赐教!"

"再会!"

"再会!"

二十六　成人班的算术

有一位朋友新近担任了成人班的主任，同我谈起成人班的算术问题。成人的算术应该教些什么，只有教育部颁行的一个简略课程，并没有一本学生适用的书或教师适用的参考书。我们为一般教师着想，的确困难极了。

不过，据我看来，这种无规定的办法倒是一种好现象。只怕规定了不切实用，使我们教也不好，不教也不好。现在既无规定，尽可以大胆试验一下，看民众究竟需要哪一种算术？他们的计算能力究竟怎么样？我们应该采取哪一种材料，才能适合他们的胃口？一切的一切，都可以从调查试验中产生合用的教材和合用的方法。据个人的意见，以为：

一、民众需要的是一种实用的计算。如数字认法、写法、用法，在现代的社会上，处处用得到，天天用得到的。数目字已经不称为阿拉伯数字，称为国际数字了。做一个现代的人，处处跟国际有关，那几个起码的国际数字，无论如何必须学会它。

二、民众需要的是一种简易的算法。凡习题中可用心算的就用心算，不必搭什么空架子，做一套排列算式、打草稿、写答数等等麻烦的手续。总之，教成人算术，只求答案无误，不必注重形式。如果专重形式，而不注意实用，必使民众怕学而退学。

三、凡习题中用心算困难的，可用珠算解答。珠算就等于心算的辅助。

四、如简易的加、减、乘、除，日常需用的，数目并不大，内容并不繁，可用心算的就用心算，不必借助于笔算或珠算。

五、如十进的复名数和小数，能用心算的也尽量用心算。心算的方法，可以根据各人的习惯加以分析研究，作为指导的参考。

六、如非十进的复名数，像里丈计算、时刻计算，因不大合于生活需要，以少算为是。

七、如艰深的四则习题，不合社会需要的应绝对不用。

八、民众需要的是一种自身问题的解答。我们与其叫民众计算年龄的多少，不如叫民众计算一家的开支、一天的开支。与其叫民众计算两里等于几丈，不如叫民众计算一件衣服的成本要多少。

教课的人不知道民众自身需要的是什么，可以向民众调查，大家就根据他的报告而加以计算。

　　各地能把民众的算术切实做去,等相当时间以后,再汇集拢来,加以整理,那时才能产生一本优良的民众算术。要问这本算术是谁编的,爽爽快快可称为民众自编的。

二十七　劳作成绩

从教学法的历史看来，开始只有先生讲学生听的"教"。隔了许多时候，才有人研究改良，从注入式改为启发式，再改为自学辅导式，慢慢地进步到注意"学"了。最近根据学习心理及各方面的研究，证明单有教与学，绝不能完成教学的使命，必须加上了"做"，才能得到教学的真意义。

要达到"做"的目的，当然各科中都有，不过成分顶多的，恐怕要算劳作了。劳作一科，虽然也有欣赏，也有研究，也有其他的活动，但手的活动，却占着顶大的部分。

现在各地中小学校都有劳作一科，不比以往的学校，把手工当作是随意科，教也好，不教也好。可是细细地一考究，现在各校的劳作科仍旧等于有若无。

我们随便到哪个学校去参观一下，各教室里一点设备也没有。上劳作科时，虽然各人都有一双手，都有一双万能的手，可是仅仅只有一双手，没有好的设备，没有好的工具，没有好的材料，叫一双万能的手，变成一能也不能。这种情形，我们绝不责怪教师不懂得教法；我们应该用集体的力量，从速建设现代化的学校工场，才能达到劳作教育的目的。

不过，我们对于教学方法上，也有些不满意的地方，就是大多数的教师，往往先做了个模样，叫儿童依样葫芦地仿作一下。这样的教法，简直是"徒劳无功"。儿童的成绩做得好，至多跟教师做的一样；做得不好，还白白地糟蹋了材料；这样教法，对于手技的训练上、心智的训练上、品格的陶冶上，可说全无好处。再说得透彻一点，简直是"人""材"两糟蹋。

偶然在展览会中看看各校的出品，非但教师工作的成份多于学生的成份；有的简直完全由教师两手包办（做的时候，不是一手而是两手，所以大胆地把这句成语改一改）。其中少数的少数，更不是教师包办，而从工人手中买来，或从商人店中借来。这种成绩，表面上看来，也许可以骗骗一般不识不知的人；但终究瞒不过有经验的明眼人。他们这样地假造成绩，徒然使教师劳命（特地为民改命）、使学校伤财、使儿童费时、使教师失业（正课不上，专赶出品）。真是要不得，真是要不得！

外国注重物质文明（我们在物质上比不过人，只得推说我们有精神的文明了。其实精神上究有多少可供人家参考的地方？因涉及题外，恕不多说）。每种货物，都是一年进步一年，年年有新型的出品上市。他们学校里的工作，也能跟着时代的进步，年年有新成绩发现。讲到我国，名为改良，实则把良的逐渐改去。试看任何一种商品，都是初次出货，力求精良，以便抢得一个市场；等到牌子销出了，就想法偷工减料，逐渐地把"良"改去。讲到学校里的劳作，也是一般无二。以前我们在求学时代，做起竹工来，竹管要自己锯，竹片要自己劈，竹上的花纹要自己描，一切的一切，都要自己动手。那时的教法虽然不很高明，可是就"劳动工作"的意义而论，却还说得过去；现在不然了，教师规定了要做什么工，只要多花一些钱，就可以买到一副现现成成的材料。不但材料的大小长短厚薄粗细一起配好，连应绘什么图样，也准备齐全，儿童可以不劳而获。这种办法，或许有人要说是进步，我却以为把"良"改去了，实在可惜之至。

再者，我们要做现代的人，要做强国的人，必须认清时代的需要，迎头赶上去。所谓迎头赶上的"头"在那里呢？说来好笑，却在脚踏实地的"脚"字上。我们希望每个学校都有很好的设备，都有很好的工具，都有很好的材料，而且很好的教法，切切实实认真做去，才能独立于世界上，才能跟人家较量较量。

我们更应该明白，劳作的训练不仅是手指的训练，而是身心各方面配合起来的训练。那些没有教育意味的假造成绩、仿制成绩，出品虽多，等于摆一个杂货摊头，不配称什么劳作成绩的。

二十八　论废物利用

讲到现在的劳作实在可怜,非但没有良好的设备,没有完善的工具,简直连起码的材料也没有,个个教师都变成了巧妇。想不到巧妇之中,竟会产生穷通的人,在无米为炊时,想出些有米的办法来。这办法是什么?就是废物利用。

利用废物的出品很多,如用蚕茧做不倒翁,用蛋壳做小白兔,用废纸做小玩具等等,花色繁多,简直说不尽说。这种苦干、穷干、硬干的精神,实在令人钦佩!

但是,我们要想一想,国家办教育是不是应该从大处落墨,有个通盘的计划?

我们叫儿童利用废物是一种病态,不是正常的好办法。因为学校经费不足,才想出利用废物的方法。如果学校经费相当,就该多多利用不废的材料,造成实用的东西,然后可以配合生产教育的设施,救济人民和国家的穷困。

试看现在学校里的劳作科,怎样教儿童利用废物?例如,教师要叫儿童用空火柴匣做成一只写字台。儿童一时找不到许多空火柴匣,只能花了一笔本钱,买新的火柴匣来,把火柴抽去后利用它。这样,把不废的物造成废物,试问:对于生产教育,有何裨益?对于国家建设,有何帮助?

次看废物利用的制成品如何?不是一些能看不能玩的玩具,便是一些毫无用处的小摆设,除了骗骗孩子以外,简直毫无用处。废物造成的东西仍旧变成废物,徒然把人力和物力白白地糟蹋。在教育的作用上看来,非但无益,而且有害呢!

再看废物利用的教法怎样?现在盛行班级教学,教的方法千篇一律。好比这一次用蛋壳做白兔,那么全级的人个个都用蛋壳做白兔,不管儿童家里有没有蛋壳可利用,总用统一的方法来教。做的时候,又不使儿童留一些创造余地,只是呆呆板板的照教师规定的格式仿造一下。这样教学,非但把废物造成废物,连人也训练成废物了。

诸位想一想,现在的世界是什么样的世界?手工业的时代已经过去了,蒸汽机的时代也过去了,连电气化的时代也快过去,目前就临到原子能的时代了。我们列为强国之一,想在强国的伙伴里混混,对于劳作一科,还能靠小玩意、小摆设立足于地球上吗?要知道用废物造成废物,至多糟蹋些材料,为害尚不过大；用废法造成废人，那实在可怕；如今用废的思想造成废的社会，真是可怕到极点啊！

回头看看中国究竟穷不穷呢？全国各处，到处是货弃于地，无人开发，真是个取之无穷用之不竭的富国。我们要想开发富源，绝不能从利用废物着手。国家要想立国于大地，要想永保强国之一，就应该准备一笔很大的款子，充实各校设备，添制各样工具，购买各种材料。在备有机器的教室内，认真上课，各人自出心裁，各创不同的成绩。那么，毕业以后，才能领导社会改良工业；至少也能跟现在的工厂或工场衔接起来。

爱惜物力固然是美德，可是不能专在废物上着想。现在竟有人主张谁多利用废物便是劳作圣手。这种思想实在贻害不浅。要知道物力固然须爱惜，人力却更不能不爱惜；并且为了爱惜物力，怎么可以不爱惜国力呢？国力、人力和物力三样比较起来，谁都知道国力重于人力，人力重于物力，我们何必牺牲国力、人力迁就物力呢！

还有一点，一般乡村学校，不知废物利用的原意是什么，只是望文生义，看见废物就想利用。说也可怜，乡间简直找不到城市中所称的废物。什么破木箱也没有，废铁罐也没有，旧瓶子也没有，连用过的香烟匣也没有一只，废报纸也没有一张。只有树上的叶子和地上的泥土；他们就把这些东西做成许多出品。试问，这种出品对于手的训练有何补？对于人的训练有何补？对于建设新国家上更有何补？

我们是穷的国家——骨子里并不穷——可以认为废物的并不多。不像外国那样，他们认为废物的，在我们看来都不是废物。他们有这样多的东西可利用，尚且不多在废物上转念头，我们为什么不在整个教育上想想方法，独在废物利用上打圈子呢？

废物利用本来不是坏事，也不是绝对不能用。作者的意见，以为只能少用，只能为了现在一时的救穷而用，绝不能当它是劳作的正道。目前，全国正在注意建设。小学教育也应该配合国策，重视建设的工作。谈到建设，绝不是仅靠利用废物能够成功的。提倡利用废物的教师们，请你们放远一些眼光做去吧！

二十九　不会黑板画是谁之咎？

当教师的都有这样的感想，希望能在上课时，有一部分材料需要用图表明的，立刻在黑板上画出来；可是大半的教师，都不能如愿以偿。我想，当时的情境一定非常苦闷的。

当教师的为什么大半都不会画图呢？据作者看来，绝不是各人的性情不近，也不是各人的无此天才，而是各人的才能在小学时代被你的老师窒息了。

你自己回想一下，在小学时代，你的老师怎样教你画图的？不是先在黑板上画一个图样，叫大家依样葫芦地临摹一下吗？也不是指定一种临摹本，叫大家翻版一样照画一下吗？这种教育简直是残酷的教育、斫丧性灵的教育！

临画，在当时看看，好像成绩尚属优良；哪里知道你所得到的是死成绩，反把你的活智慧斩决了。因为日常临惯以后，养成一种依赖的性情，以后要想发表一个意象，非找一种图样不可；脱离了图样，就一样也不会画。

反过来想想，如果那时教你的老师采用创造的画法，不用范画，不用临摹本，一切材料全依各人的能力而发表。虽然画的成绩并不高明，可是画的方法、画的能力和画的魄力，一定可以获得最高的成功。到现在在黑板上发表几笔，必然会匠心独运，绝不至于发生什么困难。

你现在不会画黑板图，知道被你的老师贻误了。那么，你一定要怀着"己所不欲，勿施于人"的志愿，立志对于下一代的孩子，不再用临摹画，绝对废止临摹画。

临摹画的相对称法，另有一个名字叫做自由画。自由两字虽比临摹好听，但往往因为被人误解，变成不加指导纯由孩子乱涂的意义；乱涂是同样的得不到好结果的。

现在我们需要提倡的是创造画。关于画的题材，由全体共同计划；画的内容由各人自由设计；画的技巧由各人个别创造；一次一次加以指导，一次一次加以改进，使各人运用自己的智慧，获得切实的经验。这一班孩子长大起来，如果有人讲他去当教师，我可以很肯定的说，必然会画黑板画，而且画得很好。诸位不信，不妨试一试！

三十　小学音乐教师不容易当的

谁说音乐教师不容易当？会弹了一手好琴，会唱了几首名歌，教几个小小童蒙，哪有不好当的理由。并且课前无须准备，课后无须阅卷；上一课，弹奏几曲，吟唱几遍，其余一切没有事了。谁说音乐教师不容易当！

但是你得静静地想想，细细地看看；更需要到几个著名的小学里去参观参观，那就可以证明小学里的音乐教师，的确不容易当的。

第一，必须有音乐的天才。音乐虽属各学科中的一科，但是学习起来必须有相当的天才；没有天才便没有兴趣，没有兴趣就永远学不成。音乐，在现在社会上，也许认为是一种小艺，其实这艺并不小啊！

第二，必须有纯熟的技能。因为教儿童的关系，教师一面弹琴，一面还须兼顾管理。弹琴的技术不熟，就不能应付。即使勉强弹奏，如果不能达到熟能生巧的地步，还是美中不足，仍会发生困难。要使每首音乐唱得优良，奏得熟能生巧真是谈何容易！

第三，必须有儿童文学的修养。现在幼稚园跟小学里所用的音乐教材，大部分是采取儿童文学的风格。其趣味，其理想，非对于儿童生活能仔细观察、对于儿童文学有实际研究的人，不容易教来使儿童亲切有味的。

第四，必须有教学的技术。幼稚园和小学不比中学或大学，教学时必须有一种特殊的技术。什么引起动机啦、指导欣赏啦、维持秩序啦、讲述歌词啦。在小朋友面前，处处需要一种特殊的本领，这本领就是教学的技术。

第五，必须有导演的本领。教小乐队或合唱队，必须有导演乐队的本领。教歌、表演歌剧，必须有导演话剧的本领。现在的小学音乐教学，不比从前，指导表演更比歌唱重要了。

总之，担任小学音乐教师应有的修养，还不止以上五点，即以五点而论，已经不容易了。一般人所说的音乐教师容易做，实际不是真正的音乐教师，不过担任一个唱歌教师而已。真正的音乐教师，的确不容易当的啊！

三十一　略谈有体无育

体育一科跟其他各科比起来似乎有些不同。有些学校，或者因为没有操场，或者因为没有经费，请不起一个专门的体育教师，因此时间表上根本就不设这一个科目。还有些学校，虽然在时间表上载着斗大的"体育"两字，可是事实上并没有这一课。更有些学校，有这个科目，也有教师指导，可是教的不是体育而是训练。

我们对于没有科目，或者有科目而不教体育的，可以原谅他们为了经费关系，并不加以批评；独对于有体育而不依体育的正轨教的，应该说几句纠正的话。

上体育科，有立正、向右看齐等整队的动作；有开步走、向左转等走步的动作；且有严肃的口令，有划一的动作，很容易认作军人的操练；上体育科，等于上军事训练。喊了"立正"的口令，如果发现有人动作稍慢，就来一记巴掌；喊了"向右转"的口令，看见有人误为向左转了，立刻踢他一脚。以为非如此便不能称为体育，不能达到训练的目标。

比较好的教师，虽不采用军事的手段，也不过分威吓儿童。可是上课极端注意秩序，绝不许儿童发出一点声音。就是操练的节目，第一次示范过了，以后各次必须由儿童背出。上一次课，等于默一课国语，背一课常识，脑力要耗费得很多很多。

这种军队化的操练、记忆化的操练，只有身体的活动而没有养育的意味在内，只有斫丧身体而不能保健身体，我们无以名之，名之曰"有体无育"的体育。

教体育的目标，一查小学课程标准便可明白。

担任体育的，先需要明白体育的目的如何；次须明白被教的对象是儿童，儿童的身体发育如何，儿童的心理发育如何；末后需要考究教学的技巧，对健康的应该如何指导，对羸弱的应该如何指导，对活泼的如何使他不超越规范，对懦弱的如何使他不退缩畏避。此外更须注意如何可以养成儿童优良德性，如何可以陶冶儿童的正当习惯。"育"字应比"体"字重要，至少"育"与"体"是并重。

三十二　教学演示的过去、现在和未来

"教学演示"这个活动，以往到处风行着，报章杂志上也常常可以见到。大家认为要辅导教师进修、改进教学方法，非用教学演示不可。究竟教学演示的效果如何？值得加以研究一下。兹用历史的研究法，分过去、现在和未来三个时期说一说：

过去的教学演示

在从前无所谓教学演示，只有师范毕业生快要毕业时，在附小里实习试教。在试教之前，由教者长期参观原担任教师教学的方法和运用的步骤，然后自己编制教案来试验一下。试验纯熟了，再举行几次公开的批评试教。其顺序大概分为以下几步：

一、合拟教案

试教的人跟原担任教师共同商定教学的内容和方法，使试教的人较有把握。因此的作用，一面可以表出这次教学的重点，一面可以使参观人容易明了。

二、公开演示

教者一面依教案规定，挨次教下去；一面应付儿童反应，能使原定计划全部实行，时间也恰到好处，就认为满意的收获。

三、批评讨论

教学完毕，集许多参观的人共同商讨教学的优点和缺点。其顺序大概为：

（一）教者自陈。说明此次教学的要点，说明已经预备而未能做到的原因，或说明并未预备而临时处置的理由。

（二）轮流批评。批评教材是否可靠适当，教具是否充分准备，教时是否配得宜，教态是否自然活泼，教法是否有利无弊，无论教者一言一动，一颦一笑，都要仔仔细细地批评一下，而且批评的多数是在吹毛求疵。

（三）讨论问题。在批评时偶然发现了问题，就提到末后来讨论。因为一个问题，总有两方面的看法，甲派认为是的，乙派也许认为非；甲派认为合理的，乙派也许认为陈腐；仁者见仁，智者见智，各人见解不同，便发生不同的感想。这讨论一段的趣味最浓，也最有价值。

总结过去的教学演示，目的在于试验而不是示范。

现在教学演示

目前的教育情形,跟战前不同。为了赶快达到复兴建国的目的,各地尽速创办学校。同时又因师资缺乏,只要有人肯牺牲,肯为儿童服务的,一概欢迎加入教师的队伍里来。因此当教师的颇多没有受过专业训练,只能将他求学时代的方法一一搬演出来。于是不论教什么功课,总是玩着一套:先生讲,学生听;先生写,学生看;先生示范,学生模仿等的把戏。用一句术语说来,叫做"注入法"。

负有行政责任的人,为了辅导教师进修,改进教学方法计,就东也提倡教学演示,西也提倡教学演示。现在演示的情形跟过去略有不同,兹将不同的几点分述如下:

一、演示的人,选拔校内顶优良的教师,能说一口标准语,能具水准以上的教法,能有三五年以上的教学经验,跟师范生的试教实习完全不同。

二、演示的课,选一种比较富于活动的科目,使参观的人不至厌倦。更在多变的科目中,选择顶精彩的一幕,预备当众表演拿手好戏。

三、教学方法,为改进教学计,竭力避免采用注入法;于是不惜工本,专在方法上想花样。校内本来没有设备的,为了演示,往往特地花了一笔钱去买许多标本啦、实物啦、挂图啦,好像变戏法一样,变了一套再变一套,同时采用几种叠床架屋的重复说明。平时教学时不多问答讨论的,为了演示教学,特别准备一套大大小小的问题,使儿童答不胜答。平时教学的过程很简略的,演示时往往特别讨好,教完一节功课,只做到短短的一个步骤。本来演示的目的在于示范,却不料结果适得其反,使人看了发生心有余而力不足的感想,要模仿也无法模仿。

四、参观的人,个个是有经验的教师,但还想看些新鲜花样,学些乖巧,所以特别注意于教学的技术。到批评讨论时,轮到他发表了,总是摇摇头,含笑着说一句"我没有什么意见"坐下去了。演示教学的目的,在于改进参观人的教法;结果,参观完毕一切都完毕,各人仍旧我行我素,毫不更改。

总结现在的教学演示,似乎教法超过现实太多,以至于参观教学的只能等于看变戏法。

未来的教学演示

找到了现在的缺点,就可以谋未来的改进方法。现在的教学演示,为了弥补目前师资缺乏,先在教学技术上做一点表面功夫,在事实上似乎不能不这样干。如果将来再照这样干下去,势必变成仅有皮毛而不切实际;仅有躯壳而没

有灵魂,名为改进教育,实则改进不了多少。今后的教学演示,如须彻底改进,当全部加以革新,兹就管见所及,略陈一二如下:

一、演示的目的不是练习,也不是示范,而是实验。例如预先拟定了一种教学计划,集几个志同道合的人,共同商讨一种新的教法,相互推定一位经验丰富的人担任演示;如有爱好研究的人,不妨也列席参加。

二、教学的记录不是录教师的口供,也不是记教师的动态,而是观察儿童的反应。如果反应良好的,表明预定的计划合于理想;反应不佳的,表明非把预定计划更改不可,总之是研究重于批评。

三、演示的内容不是仅有精彩的一幕,不是限于某某科目,而是试验某种方法的整个过程,时间当然不止一次。演示者所用的预案,有教师的计划,有儿童的活动,更有变化的推测。整个教学经过,完全建筑在研究上。

四、讨论的目标不是批评教师,不是批评教法,而是研究预定计划是否可行。计划可行的,介绍于大家,希望大家都来实施;计划不好的,把计划重拟了,再来一次演示研究。

总之,未来的演示教学,有两句话可以概括:

一、将教师中心移到儿童中心;

二、将批评本位移到研究本位。

三十三　儿童的精神食粮

肚子饿了要吃东西，粥饭吃不到，吃些糕饼也好。饿得厉害时，连树皮草根也会当作宝贝。的确，人能够延长生命，全靠有食粮。

大人的耐饿程度高，一餐不吃毫不在乎；一天不吃也可以勉强过去；即使两天三天不吃，只要喝些开水，仍旧能够有气无力地活下去。孩子们就不同了。他们正在发育旺盛时期，一餐不吃就要哭哭啼啼，难过得不成样子；一天不吃就要害病了。

我们都知道儿童的食粮比成人重要，所以不等儿童挨饿，就要想法准备。但是物质食粮以外，还有一种精神食粮，大家容易忽略，容易看得很轻，使孩子们一饿再饿，饿到有了精神食粮，也不会吸收。

一般家长都知道牵送儿女上学，叫儿女读教科书。教科书虽然也是精神食粮，但只能当作粗点；真正上等的精神食粮是一般的儿童读物。因为教科书是被逼而读的；儿童读物是爱读而读的。儿童爱读的东西一定适合他们的胃口、适合他们的需要。好比配身的服装，一定根据于身体的发育；丰富的营养，一定根据于生理的需要一样。

不过，儿童的精神食粮比了物质食粮，比了成人的精神食粮更需要加以精选。因为儿童的消化力弱——就是辨别力差。吃了不良的精神食粮，很容易发生消化不良症。物质食粮，好吃的吃下肚去；不好吃的，丢了就算。精神食粮却不同，中了毒不容易发觉。所以，对于制造儿童精神食粮的机关，购买精神食粮的家长，直接吸取精神食粮的儿童，都要郑重考虑，不可马虎。

还有一点必须注意：物质食粮有时间性的。放久了，腐败的腐败、霉烂的霉烂，大家都知道不能吃。但不知精神食粮也有时间性的，除了极少数的不朽名作外，多数不能把过时的材料给儿童咀嚼。好比现在实行民主了，绝不能再把反民主的思想灌输给儿童。

三十四　Ａ字消毒牛奶

我的老师沈伯安先生,有一回看见我在写儿童故事,他含笑地对我说:"你是做先生的,'先'、'生'两字的头,不是都有些像'牛'字吗？你真是一头牛,自己吃着粗的稻草,拧出来的倒是孩子们的营养品。我很希望你的牛奶,是Ａ字消毒牛奶。因为同样一种牛奶,含有毒素的,吃了比不吃更坏。你看,现在的儿童读物,没有毒素的能有多少？写故事,老是崇拜专制皇帝,赞扬神权万能;写笑话,都是些刁猾、刻薄、欺诈等的低级趣味;写传记,很多讲到迷信神怪的奇谈。试问一个清清白白的孩子,受了这些毒物,长大起来还会成功一个完人吗？

你以后应该注意,应该十分地注意,你写的读物千万不要变成毒物,无论一篇长文也好,一篇短文也好,要尽你的力量,仔细考虑一下,使每篇都成为消毒的补品。

你为儿童写作,也为教育写作,同时更为民族前途而写作。你只要肯用消毒工夫,社会上自会同情于你的。你就是做一头老牛也值得做的。"

我听了老师一番教训,除全部接受以外,只说了下面几句话:"以后请老师当个牛医,看我有病时给我打针服药;看我的奶拧出后,给我拿去检验。以后愿将'Ａ字消毒牛奶'六个字,永远作为我的座右铭。"

三十五　儿童读物的昨、今、明

研究儿童读物的方法很多，本文仅就历史的演进方面说一说。

在未有新式的学校教育以前，孩子们只读些《三字经》、《千字文》、《百家姓》、《神童诗》之类的材料，这些根本不是儿童读物，以前的人当它们是儿童读物，实在是错误的。为什么错误？错误的主要因素是什么？因为不在本文讨论范围以内，只能略而不谈。现在仅就自有学校教育以来，对于儿童读物的情形怎么样，对于儿童读物的观点怎么样，约略加以叙述如下：

第一个时期：不许看儿童读物的时期。

前清时期废科举、兴学校，学校里只规定一种教科书。儿童上学读书，除了必须熟读教科书以外，简直不许阅览一些旁的书籍。教者的脑子里装满着传统的观念，把教科书当作圣经贤传看待；读书只许读教科书，不许读别的书，偶或有几个儿童带了几本《三国志》、《水浒》来（那时学校里的儿童年龄较长，又是读的文言，所以有能力看这一类的书）。教师就要把它们没收、充公，以为对于教育上有碍的，对于读书的正统思想有害的，无论如何，不肯放松一点。

再看那时的教法，老是捧了一本教科书一字一句地读，一字一句地讲，一字一句地教儿童念，一字一句地教儿童背和默，完全做那死读书的功夫。所以当时即使有几位贤明的教师，觉得儿童读物非常需要，也以为没有时间再令儿童阅览并不规定的儿童读物了。

这一个时期，我们可以称它"只读教科书，不许看儿童读物的时期"。

第二个时期：准许看儿童读物的时期。

在清末民初时，商务印书馆出版了几种《小人国》、《大人国》、《无猫国》、《大拇指》等童话，同时又出一本《教育杂志》，加以理论的鼓吹，于是有些新颖的学校，竟大胆地采用儿童读物了。不过，这种书只当它课外的补充读物，还不能在正课内占一席位置。

之后，有翻译西方的《安徒生童话》、《王尔德童话》、《伊索寓言》等，有改自我国民间故事的"呆女婿徐文长"一类的材料；儿童读物的种类加多，儿童读物的内容也刷新了。

可惜，当时注重的是道德方面和兴趣方面，不是妖魔鬼怪、神仙国王，便是善有善报恶有恶报的捏造故事；不是失之太严谨，便是失之太荒唐，在儿童读物本身看来,还不合于我们的理想。

当时对于看书的态度,虽然有书可看,也准许儿童看,但只认为是课外补充读物,规定在每天上课前或者每天下课后,作为消遣消遣的,仍旧不能显露儿童读物的真价值。我们常听得某某儿童在课内看了儿童读物,就被教师禁止、没收,甚至于把书撕毁的故事,真是怨哉枉也。

这一个时期,我们可以称它"儿童读物只许课外看,不许课内看的时期"。

第三个时期:提倡看儿童读物的时期。

到民国七八年间,一般研究教育者竭力提倡看儿童读物,一方面又因为外来的儿童读物普遍流传于各地,于是儿童读物的生气就活跃于全国了。

在新学制课程纲要颁行时,在各科中提倡儿童读物的有以下各条:

一、国语课程中有指导阅读浅易图书、指导儿童阅读儿童报和参考图书,毕业时能读儿童文学等书累至十二册以上。程度与《儿童世界》或《小朋友》相当。

二、卫生课程中有浅易补充读物的阅读,《卫生读本、卫生丛书》的诵习。

三、历史、地理课程中有"方法以阅书等为研究过程"。

在新学制课程中虽然订有阅读儿童读物的字样,但仍不能普遍采用。直到民国十七年(1928年)教育部召开小学课程标准会议,儿童读物才大大地抬头了。综计课程中有关儿童读物的条文有如下七条:

一、国语科应注重儿童读物的课外阅读。

二、各种浅易儿童图书的课内或课外阅览。

三、略读图书除课内指导外,应督励儿童课外阅读,并作读书报告。

四、课外阅读的读物,须与课内读书教材相应,并须同样考核成绩。

五、关于社会的儿童读物,如《名人传记》、《游记》、《事物发明史》等应充分利用。

六、应常常指导儿童练习看报。

七、自然一科,教学时不要呆板依照教科书,关于本科目的参考书须充分采用,过细地指导儿童阅读。

这时期的儿童读物,虽然也当零食杂食看待,但已经承认在正餐内当一道点心了。我们也可以称这时期为儿童读物的单独成立时期。

第四个时期:注重看儿童读物的时期。

民国十七年(1928年)里订的小学课程标准草案,经几次修正颁行,正想切实施行,不料抗战起来,把课程中规定的阅书部分,无形中就停顿起来。但因各

方面地热烈提倡,发生两种很好的现象:

第一是教科书的减少

在新学制初行时,差不多各科都有教科书,不但国语有教科书,社会有教科书,甚至于形象艺术、工用艺术都有教科书。现在不但劳作、美术不用教科书,连常识一科也不主张用教科书;教科书的种类大大地减少了。

第二是儿童读物的增加

各书局出版的儿童读物,不但各科都有、各级都有,而且各家都出了整套的文库;更有定期的杂志,定期的报章,儿童可看的书报可说应有尽有了。

我们再查看最近修订的小学课程标准,对于儿童读物的态度有如下几条:

一、在国语课程标准中说明:浅易的儿童图书注重课外阅读;各种儿童图书、儿童杂志、儿童报等注重课外阅读;略读的图书除课内指导外,应督励儿童课外阅读,并作读书报告;课外阅读的补充读物,要跟课内读书教材互相配合,藉此补充课内阅读的不足,并且要同样考核成绩。

二、在常识课程标准中说明:常识要另编补充读物,供给儿童课外阅读。

三、在社会课程标准中,说明儿童用的参考书的编制,比较同程度的国语课本略浅,地理最好用游记体,历史、公民最好用故事体。纪念节日的资料不必列入课本中,可以另编补充教材随时教学。

四、在自然课程标准中说明:补充读物或参考书应充分采用,指导儿童阅读。补充读物最好把各个问题分册编辑……

看了课程标准中所订各条,就可以证明现在是注重儿童读物的时期了。

第五个时期:完全看儿童读物的时期。

根据以往的情形,从不许看到准许看,再从准许看到提倡看;更从提倡看到注重看,一步一步地进展,直到现在为止,还停留在提倡看的一个步骤上。观过去以测将来,必然会进入"完全注重看儿童读物的时期"。课本的运用,反把它看得很轻,可能把它完全废除,纯粹以儿童读物为教学的主要材料。

同时,我们还可以推想到未来的小学教法,一定会进步到各种学习全以儿童生活作出发点。根据儿童的需要,参酌儿童所发的问题,给以相当而丰富的参考图书,由儿童自学自作自力去研究。

我们的教育,如果能从教师本位、课本本位,慢慢地进展到以儿童为本位、以参考书为本位,那就大大地有希望了。

三十六　儿童自编的读物

一本薄薄的课本要读半年，实在太糟蹋儿童的时间了。我们希望儿童的阅读能力提高，必须使他们多看书。如果一个儿童能在半年里看一百本跟课本一样的书，那国语的程度必然地会进步得很快。

在目前，一般学校里都没有这许多的钱来买儿童读物，即使少数学校有了钱，要到各书局去买书，事实上也买不到。我们有什么方法可使儿童多看书呢？唯一的办法只有请儿童们自己来编写。

譬如某年级儿童到了儿童节，在作文科内出一个题目《不幸的儿童》。由各人把见到的听到的各种不幸儿童的故事或事实记录下来集成一本书；书中加些自己画的插图，再用一个封面，题名就叫《不幸的儿童》。这一本自编的书，非但在本年级里可以观摩，还可以送到别一年级或别一学校去作为新颖的儿童读物。每一星期，每一年级，每一学校，大家都来编辑，我想不到一年就有不少的书可以看了。如果能在全国各地同时举行，互相交换，那比了死读课本不知要进步多少倍呢！

或许有人要怀疑儿童的能力太差，话也说不清楚，文也写不明白，怎么可以编书呢？不错，我们正因为儿童的能力差，话说得不好，文写得不好，就该想个法子，使他们有热烈的学习动机，有丰富的学习兴趣，使他们发表为文，产生出优良的成绩来。以前，也许现在还是这样，每逢上作文课时，儿童只依教师出的题目，说几句并不想说的话。学习的目的，好像为了代替教师说话，并不是为他自己发表。如果现在把作文的目的改为编辑儿童读物（当然，并不是所有的作文完全编书）。各人把自己写的东西，凑合了同年级的成绩，合成一本给别人看的书，目的既很清楚，用意也颇切实，他们自会努力求进步了。

再退一步说，即使儿童自己写的东西并不高明（全国各地，除非由教师代庖，所写的东西彼此差不多的。在差不多情形之下，绝不会说你的成绩怎么坏怎么坏）。也许在儿童看来，会比看成人的作品，更能适合他们的胃口，我们看到各书局成人编的儿童读物，往往犯着含意晦涩、文笔艰深的毛病，不能使儿童十分欢迎。将来能有真正儿童的作品，产生优良的创作后，或者会影响到成人的写作要取法于儿童而加以改良呢！

至于研究儿童自编的读物,怎么样指导、怎么样批改、怎么样使各校彼此交换、怎么样使编出来的书逐渐进步,那是必须经过多方研究和多次实验的。本文之作,仅在提倡儿童自编儿童读物,关于研究的话恕不多谈了。

沈百英著述一览表[①]

1. 教科书[②]：

书名	出版杜	出版地	出版时间	现存馆藏地	备注
《新学制算术教授书》	商务印书馆	上海	1925年	国家图书馆	沈百英编,骆师曾校,供初小使用,共8册,1926年再版
《职工补习学校国语教科书》	商务印书馆	上海	1929年	华东师大图书馆、国家图书馆	沈百英、沈承章编纂,上海特别市教育局职工补习教育研究委员会负责编写
《识字课本》	商务印书馆	上海	1929年8月到1934年出版	国家图书馆	沈百英著,共4册
《南洋华侨幼稚园读本》	商务印书馆	香港	1930年	不详	沈百英著,共4册
《基本国语教科书》	商务印书馆	上海	1932年5月—1932年11月)	华东师大图书馆、国家图书馆、北师大图书馆	沈百英编纂;蔡元培、吴研因校订,共8册,教育部审定,小学校初级用,依教育部颁布新课程标准编撰
《短期小学算术课本》	商务印书馆	上海	1932年	不详	沈百英等编,共1册,在沈百英、邱学华编的《小学算术课本编年书目》里有记载,但是现在已无法查到此书下落。

[①] 据沈百英手稿,他在商务印书馆35年,开始为编辑,后为编审,担任小学用书编辑部主任和海外华侨课本编辑部主任。手上所审的书多是小学课本、小学教学法,其次是儿童用书、小学教师用书,约略估计不下千余本。那么,他一生写过、编过的著作(包括文章)数目也很可观,多达几百册。只在编写《幼童文库》、《小学生文库》时写的小本就因数目太多,而他自己也记不清了。据估计,他所编的单本儿童读物约有350多本,刊登在期刊上面的还不计算在内。所以,这个附录不能包括他所有的著作,因为各种原因,无法收集到、统计出他所有的作品。编校者只能将现在各地图书馆内收藏的他的著作和他自己手稿中记载的著作进行了统计,以供读者在阅读本书时作为参考。表格中的作品是按照出版、发表的时间的先后顺序而排列的。

[②] 配合小学教科书,他还主编了小学教师丛书、小学行政丛书、幼稚教务丛书以及乡村教育丛书几套。

续表

书名	出版社	出版地	出版时间	现存馆藏地	备注
《新生活教科书国语》	大东书局	上海	1933年	国家图书馆、北师大图书馆	蒋息岑、沈百英、施颂椒编,供小学初年级用,共8册
《复兴自然教科书》	商务印书馆	上海	1933年5月—1933年10月	华东师大图书馆、国家图书馆、北师大图书馆	宗亮寰、沈百英、周建人编著,王云五、黄绍绪校订,共8册
《复兴国语教科书》	商务印书馆	上海	1933年5月	华东师大图书馆、南京师大图书馆、国家图书馆、北师大图书馆	沈百英、沈秉廉编著,共8册。1933年5月初版,7月经国民政府教育部审定,共8册,供初级小学四学年之用
《幼稚园的故事》	商务印书馆	上海	1933年	国家图书馆、北师大图书馆	沈百英著,张宗麟校
《新时代民众学校识字课本》	商务印书馆	上海	1933年	华东师大图书馆、国家图书馆	沈百英编
《复兴卫生课本》	商务印书馆	上海	1934年	国家图书馆、北师大图书馆	沈百英编,王云五校订,供初小用,共8册
《复兴常识课本》	商务印书馆	上海	1934年	华东师大图书馆、国家图书馆、北师大图书馆	马精武、孙慕坚、沈百英编
《复兴算术课本》	商务印书馆	上海	1934年	华东师大图书馆、国家图书馆、北师大图书馆	雷震清、沈百英编,供初小使用,共8册
《卫生教科书》	商务印书馆	上海	1934年	华东师大图书馆、北师大图书馆	沈百英编著
《复兴社会课本》	商务印书馆	上海	1935年	国家图书馆、北师大图书馆	王志成、沈百英编,供初小用,共8册
《珠算课本》	商务印书馆	上海	1935年	华东师大图书馆、北师大图书馆	宋文藻、沈百英编,共4册

续表

书名	出版社	出版地	出版时间	现存馆藏地	备注
《复兴算术课本》	商务印书馆	上海	1935年	华东师大图书馆、国家图书馆、北师大图书馆	卢冠六、王渐仁、沈百英编,供高小用,共4册
《复兴国语课本》	商务印书馆	上海	1935年	国家图书馆、北师大图书馆	沈百英、宗亮寰、丁毅音编校,供高小春季用,共4册
《幼稚园故事一百六十篇》	商务印书馆	上海	1935年	华东师大图书馆、南京师大图书馆、国家图书馆、北师大图书馆	沈百英编著,1950年再版
《幼稚园工作一百六十组》	商务印书馆	上海	1935年	华东师大图书馆、国家图书馆、北师大图书馆	沈百英编著
《幼稚园读本》①	商务印书馆	上海	1935年	国家图书馆、北师大图书馆	沈百英著
《幼稚园音乐游戏》	商务印书馆	上海	1935年	国家图书馆、北师大图书馆	沈百英、沈秉廉合写
《常识补充教材》	商务印书馆	上海	1935年	国家图书馆、北师大图书馆	实际是沈百英翻译的《两只熊》和《不容易》
《南洋华侨小学国语教科书》	商务印书馆	香港	1935年	国家图书馆、北师大图书馆	沈百英编,供初小使用,共8册
《南洋华侨小学算术教科书》	商务印书馆	香港	1935年	国家图书馆、北师大图书馆	沈百英编,供初小使用,共8册
《算术课本》	商务印书馆	上海	1936年	华东师大图书馆、国家图书馆、北师大图书馆	宋文藻、沈百英编,为一年制短期小学算术课本,共2册

---

① 据沈百英手稿,他编写的幼稚园读本,因为数量太多,而且离现在时间太久,没法一一考查到具体有多少,出版的时间也无从查清,除了表格中所列的,还有:《幼稚园儿歌画片画册》、《幼儿园故事编法及教法》、《幼稚园甜歌50首》(用孙艳秋名字)、《幼稚园国音课本》(用顾英明名字)、《五彩基本新字片》、《儿童彩图一百片》、《图画故事》(其内容有:《堆雪人》、《猫要尾巴》、《小狗吃饼》、《三只猪》、《小猪过桥》)。

续表

书名	出版社	出版地	出版时间	现存馆藏地	备注
《初级小学算术练习本》	商务印书馆	上海	1936年	华东师大图书馆、北师大图书馆	钱企湘、沈百英编
《作文练习本》	商务印书馆	上海	1936年	华东师大图书馆	俞焕斗、沈百英编
《复兴国语教科书》	商务印书馆	上海	1937年	华东师大图书馆、国家图书馆、北师大图书馆	沈百英、赵景源、沈秉廉编,供初小四学年之用,连首册共9册
《复兴算术教科书》	商务印书馆	上海	1937年	华东师大图书馆、国家图书馆、北师大图书馆	许用宾、沈百英编,供初小用,共8册
《复兴国语教科书》①	商务印书馆	上海	1937年	华东师大图书馆、国家图书馆、北师大图书馆	沈百英、赵景源、沈秉廉编,供高小用,共4册
《民众学校用算术课本》	商务印书馆	上海	1937年	不详	宋绍洵、沈百英编,初小高小各一册
《南洋华侨小学校高级复兴教科书》(国语)	商务印书馆	香港	1939年	国家图书馆、北师大图书馆	沈百英等著,共4册,以后又多次再版。
《复兴国语教科书》	商务印书馆	重庆	1940年	国家图书馆、北师大图书馆	沈百英、赵景源、沈秉廉编,供初小用,共8册
《南洋华侨小学校复兴教科书》②(国语)	商务印书馆	香港	1941年第11版	国家图书馆、北师大图书馆	赵景源、沈百英、韦壳编
《成人班、妇女班笔算课本》	商务印书馆	上海	1947年	国家图书馆	沈百英著
《幼儿园音乐一百六十首》	商务印书馆	上海	1948年	国家图书馆、南京师大图书馆、北师大图书馆	沈秉廉、沈百英合著

---

① 沈百英编写的小学教学用书除了表格中所列之外,还有些不知出版社和出版时间的教材用书,比如:《小学默读、算术、写字用书》《毛笔字写法》《写字练习本》《我们的图画》《算术练习簿》、《珠算练习簿》《战时常识》(小学补偿读本)两册、小学生分年补充读本六百册等。
② 新中国成立后,沈百英曾主编三套海外小学课本,为印度尼西亚、越南及马来西亚三地所用,他本人编写印度尼西亚及马来西亚国语初小部分及印度尼西亚算术初小部分。

续表

书名	出版社	出版地	出版时间	现存馆藏地	备注
《幼稚园游戏一百六十种》	商务印书馆	上海	1948年	国家图书馆、北师大图书馆	吴增芥、禅素英、黄勖哉、程淑珍、沈百英著
《幼稚园常识》	商务印书馆	上海	1948年	国家图书馆、北师大图书馆	孙艳秋、马映楣、沈百英著
《小学四年级珠算》	商务印书馆	上海	1949年	国家图书馆	沈百英编
《钟和表：小学中年级用》	商务印书馆	北京	1950年	不详	沈百英编

2. 著作①：

书名	出版社	出版地	出版时间	现存馆藏地	备注
《设计教学试验实况》	商务印书馆	上海	1922年	华东师大图书馆、南京师大图书馆、国家图书馆、北师大图书馆	沈百英编，1923再版。
《卫生故事和教学法》	商务印书馆	上海	1923年	国家图书馆	沈百英著
《养真幼稚园概况》	商务印书馆	上海	1926年	国家图书馆	沈百英著
《小学社会科教学法》	商务印书馆	上海	1929年	华东师大图书馆、南京师大图书馆、国家图书馆、北师大图书馆	沈百英著，1931年、1935年再版
《设计教学演讲集》	商务印书馆	上海	1931年	华东师大图书馆、南京师大图书馆、国家图书馆、北师大图书馆	沈百英编，1935年再版
《算术课本指导法》	商务印书馆	上海	1937年	华东师大图书馆、南京师大图书馆、国家图书馆、北师大图书馆	沈亦文、宋文藻、沈百英编
《小学社会科教材和教法》	商务印书馆	长沙	1939年	华东师大图书馆、国家图书馆、北师大图书馆	马静轩、沈百英编

---

① 他除了自己撰写外，还在1929年参加编写了《教育大辞书》，写了所有关于小学的条文。1948年与朱经农一起编写大型图书《国民教育文库》一套，自己撰写的《国民教育漫谈》收在其中；1981年，参加《中国大百科全书》的编写，这些都是系列性的大工程。

续表

书名	出版社	出版地	出版时间	现存馆藏地	备注
《幼稚园的工作》	商务印书馆	上海	1940年	华东师大图书馆、国家图书馆、北师大图书馆	沈建男、孙艳秋、沈百英编
《小学说话科教材和教法》	商务印书馆	上海	1948年	华东师大图书馆、南京师大图书馆、国家图书馆、北师大图书馆	沈百英编纂
《复式教学经验谈》	商务印书馆	上海	1948年	上海图书馆、北师大图书馆	姚虚谷、沈百英著
《论教育改革》	华华书店	上海	1948年	上海图书馆、北师大图书馆	董渭川、郭平、沈百英、白苹著
《国民教育漫谈》	商务印书馆	上海	1948年	华东师大图书馆、南京师大图书馆、国家图书馆、北师大图书馆	沈百英著
《小学国语教学讨论集》	商务印书馆	上海	1948年	华东师大图书馆、南京师大图书馆、国家图书馆、北师大图书馆	沈百英著
《小学教科书的改革》	商务印书馆	上海	1948年	华东师大图书馆、南京师大图书馆、国家图书馆、北师大图书馆	沈百英等著
《小学各科教具自制法》	商务印书馆	上海	1948年	华东师大图书馆	王国元编纂、朱经农、沈百英主编
《教室管理法》	商务印书馆	上海	1948年	华东师大图书馆、国家图书馆、北师大图书馆	沈百英著
《小学教育漫谈》	商务印书馆	上海	1949年	华东师大图书馆、国家图书馆、北师大图书馆	沈百英著
《小学算术课本编年书目》	华东师范大学教育系资料室	上海	1964年	华东师大图书馆	沈百英、邱学华编
《中国新旧珠算书目及珠算论文目录》	华东师范大学教育系资料室	上海	1965年	华东师大图书馆	沈百英编
《珠算常识与珠算教法》	商务印书馆、科学普及出版社	北京	1984年	华东师大图书馆、北师大图书馆	沈百英著
《小学数学教学法》	华东师范大学出版社	上海	1989年	华东师大图书馆、北师大图书馆、南京师大图书馆、国家图书馆	沈百英、梁镜清编著

3. 儿童文学①：

书名	出版社	出版地	出版时间	现存馆藏地	备注
《儿童文学读本》	商务印书馆	上海	1922年12月到1933年1月出版	国家图书馆	共8册,有图,32开,沈百英编了前5册。1928年8月审定
《蜜蜂》	商务印书馆	上海	1933年	上海图书馆	歌剧类,叶圣陶、沈百英等著
《小学生文库》②	商务印书馆	上海	1933年	国家图书馆	《小学生文库》由王云五、徐应昶主编,编辑有周建人、宗亮寰、沈百英、沈秉廉、黄绍绪、苏继顷、赵景源、殷佩斯
《幼童文库》③	商务印书馆	上海	1934年	国家图书馆	由徐应昶主编,编辑有沈百英、宗亮寰、赵景源,共200种
《狼来了》	商务印书馆	上海	1935年	上海图书馆	沈百英著
《歌表演》	商务印书馆	上海	1935年	不详	沈百英著
《小歌曲》	商务印书馆	上海	1935年	不详	沈百英著
《王元买东西》	商务印书馆	上海	1949年	不详	沈百英著
《这话不错》	商务印书馆	北京	1950年	不详	沈百英著
《骄傲的螃蟹》	上海少年儿童出版社	上海	1955年	上海少年儿童出版社	科学寓言,沈百英著

① 除了表格中所列之外,还有些查不到出版社和出版时间,在他的手稿中有记载:《我是一个新儿童》(用石英笔名)、《牧羊狗》(用童之友笔名)、《我养小牛》(用沈惠芳笔名)、《中年级故事集》(用沈惠芳、沈惠国笔名)、《这话不错》、《换了再换》、《灯的故事》(用石英笔名)、《真聪明啊》(用沈惠芳的笔名)、《原物回来了》、《一个蚂蚁》、《钓鱼》(用石英笔名)、《防野狼》(用童之友的笔名)、《蚊虫的生活》、《蚂蚁扛蜈蚣》(用童之友的笔名)、《苍蝇的生活》(用沈惠芳的笔名)、《老燕和小燕》、《扫落叶》等儿童用书一百四十多册及儿童彩图一百片。
② 文库分为社会类、政治类、经济类、国际类、法律类、历史类、传记类、语文类、算术类、天文类、地义类、地理类、动物类、植物类、生物类、物理类、化学类、矿物类、生理卫生类、音乐类、美术类、劳作类、小说类、故事类、诗歌类、剧本类、歌剧类、笑话类、游戏类、谚语类、谜语类、童话类、神话类、寓言类、图书馆学类、读书指导类、工业类、农业类、工程类、实业类等40类,共500种。为这套丛书作插图和封面画的主要画家是张令涛。张令涛是位西洋画作者,且画路广,各类题材都善于描绘。他的绘画造型生动,画风清新,为许多小读者所喜爱。其中《谁的生肖好》(连续故事)、《儿童诗歌选》等为沈百英撰写。
③ 是献给小学低幼年级小读者精神食粮的大工程,也按类似小百科丛书的内容分类编写,文字浅显,图画为主,32开本,每册均为18页,配插图十七幅左右,外加封面画。整套丛书计有3500余幅插图和封面画,且水平都相当高,用卡纸彩印。其中沈百英记载他写的有《好计策》、《狼来了》、《学本领》、《兔哥猫弟》、《小鸡学啼》、《三只熊》、《王元买东西》计7册。

续表

书名	出版社	出版地	出版时间	现存馆藏地	备注
《池边小故事》	浙江人民出版社	杭州	1957年	浙江人民出版社	童话,沈百英著
《十个小朋友》	上海少年儿童出版社	上海	1963年	上海少年儿童出版社	儿童故事,沈百英著,后被译成俄文版
《谁咬坏了苹果》	人民文学出版社	北京	1979年	人民文学出版社	沈百英著,最初版收在《幼童文库》里,后被朝鲜译成朝鲜文,再后来收在《建国三十年儿童文学选集》

4. 文章①:

文章名	刊物名称	发表时间	期别/卷号	备注
《江苏一师附小设计教学法实施报告》	《教育杂志》	1922年	第十四卷第一号	
《江苏一师附小设计教学法实施报告》	《教育杂志》	1922年	第十四卷第二号	
《江苏一师附小设计教学法实施报告》	《教育杂志》	1922年	第十四卷第三号	
《设计教学法实验报告》	《教育杂志》	1922年	第十四卷第六号	
《故事教育的弊病》	《教育杂志》	1923年	第十五卷第五号	
《参观南高附小杜威院维城院记略》	《教育杂志》	1923年	第十五卷第十一号	
《小学教学法概要》	《教育杂志》	1924年	第十六卷第一号	与吴研因合写
《小学校里的卫生》	《教育杂志》	1924年	第十六卷第一号	
《小学校衣的产生》	《教育杂志》	1924年	第十六卷第一号	
《试行道尔顿制之困难问题及其补救办法》	《教育杂志》	1924年	第十六卷第四号	与俞焕斗合写
《实施新教学法的几个注意点》	《教育杂志》	1924年	第十六卷第八号	
《设计教学法》	《教育杂志》	1924年	第十六卷第九号	
《小学自然研究指导法》	《教育杂志》	1925年	第十七卷第三号	

---

① 本表是先按照文章出处,再按照发表时间先后列出的。这些杂志都收藏在华东师大图书馆。

续表

文章名	刊物名称	发表时间	期别/卷号	备注
《小学低年级作文教学法》	《教育杂志》	1925 年	第十七卷第四号	
《小学算术教学法》	《教育杂志》	1925 年	第十七期第十号	
《低年级自然研究教学法》	《教育杂志》	1926 年	第十八卷第二号	
《开学与放学》	《教育杂志》	1926 年	第十八卷第二号	
《小学校行政一得》	《教育杂志》	1926 年	第十八卷第九号	
《幼稚生的工作研究》	《教育杂志》	1926 年	第十八卷第十号	
《组织早晨自修队的提议》	《教育杂志》	1926 年	第十八卷第十一号	
《小学校中之小娱乐会》	《教育杂志》	1926 年	第十八卷第十二号	
《开办幼稚班的具体计划》	《教育杂志》	1927 年	第十九卷第二号	
《谈谈幼稚教育》	《教育杂志》	1927 年	第十九卷第二号	
《设计教学的种类和方法》	《教育杂志》	1927 年	第十九卷第五号	
《小学行政的研究》	《教育杂志》	1927 年	第十九卷第七号	
《小学读文教学的新贡献》	《教育杂志》	1927 年	第十九卷第八号	
《小学教材的研究》	《教育杂志》	1928 年	第二十卷第二号	
《小学教材的研究》（续）	《教育杂志》	1928 年	第二十卷第四号	
《编辑幼稚园读物的研究》	《教育杂志》	1928 年	第二十卷第十号	
《小学低年级读文游戏法》	《教育杂志》	1928 年	第二十卷第十一号	
《小学实际问题》	《教育杂志》	1929 年	第二十一卷第二号	
《小学实际问题》（续）	《教育杂志》	1929 年	第二十一卷第三号	
《实验教育的初步工作》	《教育杂志》	1929 年	第二十一卷第五号	本卷是实验小学教育专号
《小学实际问题》（再续）	《教育杂志》	1929 年	第二十一卷第八号	
《小学实际问题》（三续）	《教育杂志》	1929 年	第二十一卷第九号	
《小学实际问题》（四续）	《教育杂志》	1929 年	第二十一卷第十一号	
《小学算术故事的研究》	《教育杂志》	1930 年	第二十二卷第八号	
《小学国语教科书采用反复故事的研究》	《教育杂志》	1931 年	第二十三卷第二号	
《加减乘除式题的教学法研究》	《教育杂志》	1931 年	第二十三卷第四号	
《指导儿童演讲故事的研究》	《教育杂志》	1931 年	第二十三卷第五号	

续表

文章名	刊物名称	发表时间	期别/卷号	备注
《心理学上狂性与狷性之研究》	《教育杂志》	1931年	第二十三卷第五号	
《国语科的初步教学法》	《教育杂志》	1947年	第三十二卷第三号	本卷是基本教育专号
《从统计上看国民教育的问题》	《教育杂志》	1947年	第三十二卷第六号	
《小学算术教学随谈录》	《教育杂志》	1948年	第三十三卷第三号	1947年7月复刊
《小学算术教学随谈录》（续前）	《教育杂志》	1948年	第三十三卷第四号	本卷为教育心理研究专辑
《教学演示杂谈》	《教育杂志》	1948年	第三十三卷第七号	
《民众学校成绩展览会观感》	《教育杂志》	1948年	第三十三卷第十一号	本卷为社会教育专辑
《国际教师宪章问题——本志座谈会记录》	《教育杂志》	1948年	第三十三卷第十二号	记录者还有常道直、周尚、萧承慎、邰爽秋、曾周忠、苏继顾、黄敬思、赵廷为、李季开
《对于周德之先生评〈识字课本〉的说明》	《教育与民众》	1931年3月	第二卷第七期	
《怎样指导儿童学习故事》	《新教育》	1923年	第六卷第三期	
《小学国语科的十个重要问题》	《新教育》	1925年	第十卷第三期	
《增设"朝事"课的提议》	《新教育》	1925年	第十卷第五期	
《参观美国小学一年级的情形》	《新教育》	1925年	第十一卷第三期	
《欣赏名画的一例》	《新教育》	1925年	第十一卷第三期	
《小学教材——谨慎小心十条》	《中华教育界》	1925年	第十四卷第十期	
《小学教育的实际研究》（一）	《中华教育界》	1925年	第十五卷第六期	与王鸿文合写
《现在幼稚园中亟应研究的问题》	《中华教育界》	1926年	第十五卷第六期	
《小学教育的实际研究》（二）	《中华教育界》	1926年	第十五卷第七期	与王鸿文合写

续表

文章名	刊物名称	发表时间	期别/卷号	备注
《小学教育的实际研究》(三)	《中华教育界》	1926年	第十五卷第八期	与王鸿文合写
《小学教育的实际研究》(四)	《中华教育界》	1926年	第十五卷第十期	与王鸿文合写
《小学教育的实际研究》(五)	《中华教育界》	1926年	第十五卷第十二期	与王鸿文合写
《假期作业应该怎样指导》	《中华教育界》	1927年	第十六卷第二期	与王鸿文合写
《小学校办事历格式研究》	《中华教育界》	1927年	第十六卷第二期	与王鸿文合写
《小学校的字帖应该怎样编著》	《中华教育界》	1927年	第十六卷第四期	与王鸿文合写
《小学招生新生有哪几种必要的手续》	《中华教育界》	1927年	第十六卷第四期	与王鸿文合写
《教授术》	《中华教育界》	1927年	第十六卷第十一期	
《小学教师应用的三爱》	《中华教育界》	1947年	第二十六卷(复刊第一卷)第二期	
《论废物利用》	《中华教育界》	1947年	第二十六卷(复刊第一卷第)九期	
《小学算术科的几个小问题》	《中华教育界》	1948年	第二十七卷(复刊第二卷)第四期	
《常识教学的要点》	《中华教育界》	1948年	第二十七卷(复刊第二卷)第七期	
《创作儿童读物的实例》	《中华教育界》	1948年	第二十七卷(复刊第二卷)第十一期	
《对于随机教算说几句话》	《中华教育界》	1949年	第二十八卷(复刊第三卷)第一期	
《我国小学课本的变迁》	《中华教育界》	1949年	第二十八卷(复刊第三卷)第四期	
《新修小学国语课程标准的特点》	《中华教育界》	1949年	第二十八卷(复刊第三卷)第五期	
《小学国语教学上值得注意的几个问题》	《中华教育界》	1949年	第二十八卷(复刊第三卷)第十期	
《故事:1.太阳和月亮哪个好？2.跛子与驼子的互助》	《儿童教育》	1929年	第二卷第二期	
《幼童唱歌应多用儿歌的商榷》	《儿童教育》	1930年	第二卷第四期	
《编辑低年级读物的方法》	《儿童教育》	1930年	第二卷第五期	

续表

文章名	刊物名称	发表时间	期别/卷号	备注
《新学校的功课表》	《儿童教育》	1930年	第二卷第六期	编译自Rugg和Shumaker之《儿童中心学校》第六章
《木偶奇遇记之优点及其教学法》	《儿童教育》	1931年	第三卷	第157页①
《算术的个别教学》	《儿童教育》	1931年	第三卷	第259页
《文纳特卡制之目的和方法》	《儿童教育》	1931年	第三卷	与王志成合写，第295页
《儿童教育社上海分社社员读书会会务概况》	《儿童教育》	1931年	第三卷	第463页
《介绍两种新式的课文》	《儿童教育》	1931年	第四卷第四期	
《介绍给做父母的几本重要参考书》	《儿童教育》	1933年	第五卷第一期	
《算学进位的话》	《儿童教育》	1933年	第五卷第八期	
《数字的话》	《儿童教育》	1933年	第五卷第九期	
《小学算术事实题的研究》	《儿童教育》	1934年	第六卷第一期	
《关于写字大小的问题》	《儿童教育》	1934年	第六卷第二期	
《中华儿童教育社上海社友读书会》	《儿童教育》	1934年	第六卷第三期	
《赴日参观一得》	《儿童教育》	1934年	第六卷第四期	
《日本的小学教师》	《儿童教育》	1934年	第六卷第四期	
《小学实际问题》	《小学教育月刊》	1925年	第一卷第六期	江苏小学教育月刊社印行，与尚公学校同事孙慕坚、杨鼎鸿合写
《小学实际问题》（续）	《小学教育月刊》	1926年	第一卷第八期	与尚公学校同事孙慕坚、杨鼎鸿合写
《小学实际问题》（再续）	《小学教育月刊》	1926年	第一卷第十期	与尚公学校同事孙慕坚、杨鼎鸿合写
《小学实际问题》（再续）	《小学教育月刊》	1926年	第二卷第二期	与尚公学校同事孙慕坚、杨鼎鸿合写

① 因第三卷华东师大图书馆缺失，不能查到具体期号，但是在第六卷的1~6卷索引里，有具体的页码。

续表

文章名	刊物名称	发表时间	期别/卷号	备注
《老方法还能用吗？》	《小学教育月刊》	1926 年	第二卷第三期	
《怎样的训练才是具体的训练》	《小学教育月刊》	1926 年	第二卷第六期	
《小学算术的六化教学法》	《小学教育月刊》	1927 年	第二卷第七期	
《小学教育的实际问题》（再续）	《小学教育月刊》	1927 年	第二卷第八期	与尚公学校同事孙慕坚、杨鼎鸿合写
《略谈珠算技法必须改革》①	《珠算通讯》	1963 年	不详	
《珠算拨珠操练法介绍》	《福建教育》	1964 年	第七期	
《口、珠、笔三种算法应该合教》	《珠算教学研究通讯》	1966 年	不详	
《我国算盘的发生与发展》	《珠算教学研究通讯》	1966 年	不详	与余介石共同执笔写成
《从珠算的历史发展谈珠算教学的改革》	《珠算教学研究通讯》	1966 年	不详	第 13~16 页，与余介石共同执笔写成
《精讲多练新解》	《华东师范大学学报（哲学社会科学版）》	1982 年	第六期	
《三算结合教学的昨、今、明》	《华东师范大学学报》（教科版）	1984 年	第二期	
《我与商务印书馆》		1987 年		收在《商务印书馆九十年》，第 287~288 页
《六个矮儿子》	《小朋友》	1987 年	第八期	获得该刊物评出的 1987 年"好作品奖"；1988 年 5 月，获得"儿童文学园丁奖"

---

① 他写过很多的关于小学数学、珠算教学的文章，比如《编制算术教案》、《消灭计算错误》、《小学数学教学法的探讨》、《节约上课时间》等等很多文章，多发表在《浙江教育》（小学版）、《江苏教育》、《上海教育》等刊物上，但是，因为时代久远，这些刊物不能查到，所以，就没有列入表中。